D1670434

Volker Römermann

COVID-19 Abmilderungsgesetze

COVID-19 Abmilderungsgesetze

Gesetz zur Abmilderung der Folgen der COVID-19-Pandemie im Zivil-, Insolvenz- und Strafverfahrensrecht, Gesetz zur Abmilderung der Folgen der COVID-19-Pandemie im Veranstaltungsvertragsrecht u. a.

Kommentar

von

Prof. Dr. Volker Römermann

2020

C.H.BECK

www. beck.de

ISBN 978 3 406 76096 9

© 2020 Verlag C. H. Beck oHG
Wilhelmstraße 9, 80801 München

Druck und Bindung: Beltz Bad Langensalza GmbH
Am Fliegerhorst 8, 99947 Bad Langensalza

Satz: Jung Crossmedia GmbH
Gewerbestraße 17, 35633 Lahnau

CO₂
neutral

chbeck.de/nachhaltig

Gedruckt auf säurefreiem, alterungsbeständigem. Papier
(hergestellt aus chlorfrei gebleichtem Zellstoff)

Vorwort zur ersten Auflage

Der Titel dieses Kommentars ist ungewöhnlich und außergewöhnlich sind auch die Zeiten und ist der Anlass, die ihn umrahmen und den Anstoß zu dem Werk gaben. Covid-19-Abmilderungsgesetze, das ist eine Sammlung von Gesetzen, die eines eint: Sie wurden – typischerweise im Eilverfahren – erlassen, um den dramatischen Konsequenzen des Covid-19-Virus Einhalt zu gebieten, sie zumindest zu lindern. „Gesetz zur Abmilderung der Folgen der Covid-19-Pandemie im", so beginnen die Gesetzesüberschriften und bezeichnen sodann Normen, in deren Herrschaftsbereich die neuen Vorschriften zum Teil tief eingreifen. Den Beginn machte dabei das Abmilderungsgesetz vom 27. März 2020, knapp zwei Wochen nur nach der Fernsehansprache der deutschen Bundeskanzlerin, die auch dem letzten Betrachter nun jäh vor Augen führte, wie ernst es um Deutschland stand und mit welcher Kategorie staatlicher Eingriffe nun unmittelbar zu rechnen war.

Schon am Tage nach der Fernsehansprache vom 12. März 2020 wurden im Bundesministerium der Justiz und für Verbraucherschutz die Arbeiten an einem Gesetz aufgenommen, welches in nie dagewesener Weise die Insolvenzantragspflichten hinausschieben sollte (es gab historische Vorbilder, zu denen aber im Detail erhebliche Unterschiede bestanden und die auch nicht ansatzweise dieselbe Dimension erreichten). Zahlreiche Auslegungsfragen begleiten seither das erste Abmilderungsgesetz, das doch – nicht zuletzt wegen der Neuerungen im Insolvenz-, Gesellschafts- und Mietrecht – eine der bedeutungsvollsten Akte der Wirtschaftsgesetzgebung der letzten Jahrzehnte darstellte. Da erschien es für die Praxis hilfreich, vielleicht sogar ein Stück weit geboten, durch Erläuterungen den Inhalt der neuen Gesetze sukzessive zu erschließen.

Die klassische Gliederung des Kommentarwerkes verbot sich, weil der Gesetzgeber selbst nicht strategisch-systematisch vorgeht, sondern opportunistisch nach den an ihn herangetragenen Anliegen, dem objektiven Bedarf, der Dringlichkeit vorgeht. Deswegen wurden – für einen Kommentar unüblich – inhaltliche Schwerpunkte gebildet, denen die Normen jeweils zugeordnet werden konnten.

Der Kommentar behandelt in erster Auflage die Covid-19-Abmilderungsgesetze vom 27. März und 15. Mai 2020. Der Gesetzgeber war seither nicht untätig, zu nennen ist nicht zuletzt die Einführung eines – dort allerdings freiwilligen – Gutscheins im Falle der Absage einer Reise. Zu erwarten ist also eine Ergänzung des Inhalts in späteren Auflagen.

Herausgeber und Autoren hoffen, mit dem Kommentar einen Beitrag für den Umgang der Rechtsanwender mit den neuen Regeln geleistet zu haben. Sie danken dem Verlag C. H. Beck mit dem Lektorat, Roland Klaes und Christina Wolfer, für ihre unermüdliche Unterstützung, ohne die dieses Werk sicher nicht in dieser kurzen Zeit hätte vorgelegt werden können, und für ihre Sorgfalt bei der kritischen Durchsicht der Kommentierung.

Hamburg/Hannover, im Juli 2020 *Volker Römermann*

V

Inhaltsverzeichnis

Bearbeiterverzeichnis

Teil 1: Prof. Dr. Volker Römermann

Teil 2: Prof. Dr. Volker Römermann/Lars Grupe

Teil 3: A. Dr. Mario Nawroth

       B. Dr. Andreas Kästner

       C. Dr. Andreas Kästner

       D. Prof. Dr. Volker Römermann

Teil 4: Christine Scheel/David-Alexander Busch

Abkürzungsverzeichnis

Abkürzungsverzeichnis

Abkürzungsverzeichnis

Teil 1: Insolvenzrecht

Übersicht

Teil 1: Insolvenzrecht

Gesetz zur vorübergehenden Aussetzung der Insolvenzantragspflicht und zur Begrenzung der Organhaftung bei einer durch die COVID-19-Pandemie bedingten Insolvenz COVID-19-Insolvenzaussetzungsgesetz – COVInsAG)

in der Fassung vom 27. März 2020 BGBl. I Nr. 14 S. 569

§ 1 Aussetzung der Insolvenzantragspflicht

Die Pflicht zur Stellung eines Insolvenzantrags nach § 15 a der Insolvenzordnung und nach § 42 Absatz 2 des Bürgerlichen Gesetzbuchs ist bis zum 30. September 2020 ausgesetzt. Dies gilt nicht, wenn die Insolvenzreife nicht auf den Folgen der Ausbreitung des SARS-CoV-2-Virus (COVID-19-Pandemie) beruht oder wenn keine Aussichten darauf bestehen, eine bestehende Zahlungsunfähigkeit zu beseitigen. War der Schuldner am 31. Dezember 2019 nicht zahlungsunfähig, wird vermutet, dass die Insolvenzreife auf den Auswirkungen der COVID-19-Pandemie beruht und Aussichten darauf bestehen, eine bestehende Zahlungsunfähigkeit zu beseitigen. Ist der Schuldner eine natürliche Person, so ist § 290 Absatz 1 Nummer 4 der Insolvenzordnung mit der Maßgabe anzuwenden, dass auf die Verzögerung der Eröffnung des Insolvenzverfahrens im Zeitraum zwischen dem 1. März 2020 und dem 30. September 2020 keine Versagung der Restschuldbefreiung gestützt werden kann. Die Sätze 2 und 3 gelten entsprechend.

I. Hintergrund und Entstehungsgeschichte des COVInsAG

Nachdem zunächst China von der COVID-19-Pandemie betroffen worden war, **1** traten in Deutschland die ersten Fälle des neuartigen **SARS-CoV-2-Virus im Januar 2020** und sodann – nachdem die ursprünglich Betroffenen schon wieder genesen waren – im Februar 2020 auf. Erst **am 12. März** wurde in der Bevölkerung durch Erklärungen der deutschen Bundeskanzlerin deutlich, welche Ausmaße die Pandemie gewinnen und welchen Einfluss sie auf das wirtschaftliche Geschehen nehmen könnte.

Bereits einen Tag später wurde im **Bundesministerium der Justiz** und für **1a** Verbraucherschutz an Normen gearbeitet,[1] die in Anlehnung an frühere Vorbilder – etwa im Zusammenhang mit Hochwasserkatastrophen von 2002, 2013 und 2016[2] – die Insolvenzantragspflicht vorübergehend aussetzen sollten.[3] Mit einer **Pressemitteilung** des BMJV vom 16. März 2020 wurde die Öffentlichkeit über diese Planun-

---

[1] Eingehend zur Entstehungsgeschichte der im BMJV verantwortliche Ministerialrat *Alexander Bornemann,* jurisPR–InsR 9/2020 Anm. 1.

[2] Z. B. Neuntes Gesetz zur Änderung des Zweiten Buches Sozialgesetzbuch – Rechtsvereinfachung – sowie zur vorübergehenden Aussetzung der Insolvenzantragspflicht vom 26. Juli 2016, BGBl. 2016 I, 1824.

[3] Zum „Eilgesetz" COVInsAG näher *Bitter* ZIP 2020, 685 ff.

gen unterrichtet.[4] Die Bundesjustizministerin wird darin u. a. wie folgt zitiert: „Wir wollen verhindern, dass Unternehmen nur deshalb Insolvenz anmelden müssen, weil die von der Bundesregierung beschlossenen Hilfen nicht rechtzeitig bei ihnen ankommen. Die reguläre Drei-Wochen-Frist der Insolvenzordnung ist für diese Fälle zu kurz bemessen." Voraussetzung für die Aussetzung sollte ausweislich der Pressemitteilung sein, „dass der Insolvenzgrund auf den Auswirkungen der Corona-Epidemie beruht und dass aufgrund einer Beantragung öffentlicher Hilfen bzw. ernsthafter Finanzierungs- oder Sanierungsverhandlungen eines Antragspflichtigen begründete Aussichten auf Sanierung bestehen".

2   Am Abend des 20.3.2020 wurde eine **„Formulierungshilfe" der Bundesregierung** mit dem Bearbeitungsstand 20.3.2020 21:12 Uhr[5] bekannt, die einem von der Mitte des Bundestages einzubringenden Gesetzentwurf eines weitreichenden Pakets zugrunde zu legen sein würde, das in seinem Artikel 1 insbesondere die befristete Aussetzung der Insolvenzantragspflicht regeln sollte. Die Formulierungshilfe trug in ihrem Art. 1 zunächst die Bezeichnung „Gesetz zur vorübergehenden Aussetzung der Insolvenzantragspflicht und zur Begrenzung der Organhaftung bei einer durch die Covid-19-Pandemie bedingten Insolvenz (Corona-Insolvenz-Aussetzungsgesetz – **CorInsAG**)". Sie wurde noch einmal verändert, im Namen an die schließlich verabschiedete Bezeichnung angepasst und um ein Element zur Verbraucherinsolvenz in § 1 COVInsAG ergänzt. Bei dieser **überarbeiteten Fassung der Formulierungshilfe** der Bundesregierung mit dem Bearbeitungsstand: 21.3.2020 18:14 Uhr[6] gab es inhaltlich noch eine erhebliche Veränderung im Hinblick auf § 2 Abs. 1 Nr. 3 COVInsAG (siehe näher dort → Rn. 41).

3   Die **Fraktionen der CDU/CSU und SPD** brachten den **Gesetzentwurf** mit Bundestags-Drucksache 19/18110 vom 24.3.2020 in den Deutschen Bundestag ein. Mit Bundestags-Drucksache 19/18129 vom 25.3.2020 gab der **Ausschuss für Recht** und Verbraucherschutz (6. Ausschuss) zu dem Gesetzentwurf eine Beschlussempfehlung ab. Diese Empfehlung lautete, den Entwurf mit einer geringfügigen, das COVInsAG nicht betreffenden Modifikation anzunehmen. Dem folgte der Deutsche **Bundestag** am 26.3.2020 und am 27.3.2020 beschloss der **Bundesrat,** den Vermittlungsausschuss gem. Art. 77 Abs. 2 GG nicht anzurufen.[7] Das Gesetz wurde noch am selben Tage **ausgefertigt** und im Bundesgesetzblatt (BGBl I 2020, 569) **verkündet.**

II. Zielsetzung des COVInsAG

4   Die Ausbreitung des Virus hatte, wie der Gesetzentwurf zutreffend hervorhebt,[8] bei Verabschiedung des Gesetzes in der Bundesrepublik Deutschland bereits zu ganz

---

[4] Pressemitteilung des BMJV vom 16. März 2020: „Insolvenzantragspflicht für durch die Corona-Epidemie geschädigte Unternehmen aussetzen", abrufbar unter https://www.bmjv.de/SharedDocs/Pressemitteilungen/DE/2020/031620_Insolvenzantragspflicht.html.

[5] Abgedruckt in *Römermann,* Leitfaden für Unternehmen in der Covid-19-Pandemie, Anhang 1.

[6] Abgedruckt in *Römermann,* Leitfaden für Unternehmen in der Covid-19-Pandemie, Anhang 2.

[7] Bundesrat-Drucks. 153/20.

[8] Begr. FraktionsE, Bundestags-Drucksache 19/18110, S. 1.

erheblichen **Einschränkungen** in allen Bereichen des **Wirtschaftslebens** geführt. Zur Eindämmung des Anstiegs der Infektionen mit dem SARS-CoV-2-Virus hatten Behörden im März 2020 die Schließung einer Vielzahl von Gastronomiebetrieben und Einzelhandelsgeschäften angeordnet sowie zahlreiche öffentliche Veranstaltungen untersagt. Gesundheitsbehörden hatten für Menschen, die sich mit diesem Virus infiziert oder Kontakt mit Infizierten hatten, häusliche Quarantäne angeordnet. In der Folge hatten Unternehmen aller Art ihr Geschäft beschränkt oder eingestellt.

Die Bundesregierung sah daraufhin für Unternehmer, Einzelunternehmer, andere kleine, mittlere und große Unternehmen sowie Kreditinstitute verschiedene wirtschaftliche **Unterstützungsmaßnahmen** vor, von denen einige in dem Gesetz zur Abmilderung der Folgen der COVID-19-Pandemie im Zivil-, Insolvenz- und Strafverfahrensrecht vom 27.3.2020 gebündelt wurden.   5

Ziel der vorgeschlagenen insolvenzrechtlichen Regelungen war es, die **Fortführung** von Unternehmen, die infolge der COVID-19-Pandemie insolvent geworden waren oder wirtschaftliche Schwierigkeiten hatten, zu ermöglichen und zu erleichtern.   6

Dazu stellt die Begründung des Gesetzentwurfes[9] fest, dass die COVID-19-Pandemie negative wirtschaftliche Auswirkungen für viele Unternehmen entfaltete, die Insolvenzen nach sich ziehen könnten. Im Insolvenzfall könnten nicht nur Gläubiger einen **Insolvenzantrag** stellen (§ 14 InsO), sondern es wären die Geschäftsleiter von haftungsbeschränkten Unternehmensträgern in straf- und haftungsbewehrter Weise zur Stellung eines Insolvenzantrags verpflichtet. Weitere **Haftungsgefahren** resultierten aus gesellschaftsrechtlichen Zahlungsverboten bei eingetretener Insolvenzreife (§ 64 Satz 1 GmbHG, § 92 Abs. 2 Satz 1 AktG, § 130a Abs. 1 Satz 1, auch i.V. mit § 177a Satz 1 HGB und § 99 Satz 1 GenG). Auch die Vorstände von Vereinen unterlägen haftungsbewehrten Insolvenzantragspflichten (§ 42 Abs. 2 BGB). Die im März 2020 bestehenden **Unsicherheiten** erschwerten zudem die Erstellung verlässlicher Prognosen und Planungen, auf welche sich die Vergabe von Sanierungskrediten hätte stützen können. Folglich wäre die **Sanierungskreditvergabe** auch mit Haftungs- und Anfechtungsrisiken verbunden, welche die Bereitschaft zur Kreditvergabe weiter hemmten. Die Bereitschaft von Gesellschaftern zu Gewährung von Darlehen würde durch die Rangsubordination des § 39 Abs. 1 Nr. 5 InsO und flankierende Einschränkungen (§§ 44a, 135 Abs. 1 Nr. 2 InsO) gehemmt. Schließlich bestünde bei eingetretener Insolvenzreife das Risiko, dass Gläubiger und Vertragspartner des Schuldners erhaltene Leistungen und Zahlungen in einem späteren Insolvenzverfahren infolge einer Insolvenzanfechtung wieder herausgeben müssten. Das könnte die Aufrechterhaltung von Geschäftsbeziehungen zum Schuldner gefährden.   7

III. Insbesondere: Zweck des § 1 COVInsAG

Den von der COVID-19-Pandemie betroffenen Unternehmen und ihren organschaftlichen Vertretern sollte **Zeit gegeben** werden, um die notwendigen Vorkehrungen zur Beseitigung der Insolvenzreife zu treffen, insbesondere um zu diesem Zwecke **staatliche Hilfen** in Anspruch zu nehmen oder Finanzierungs-   8

---

[9] Begr. FraktionsE, Bundestags-Drucksache 19/18110, S. 2f.

oder Sanierungsarrangements mit Gläubigern und Kapitalgebern zu treffen.[10] Auch sollten durch die Einschränkung von Haftungs- und Anfechtungsrisiken die Voraussetzungen dafür geschaffen werden, dass solchen Unternehmen Sanierungskredite gewährt werden könnten und dass die Geschäftsverbindungen zum Schuldner nicht abgebrochen würden.

9   Die straf- und haftungsbewehrte Insolvenzantragspflicht der Geschäftsleiter haftungsbeschränkter Unternehmensträger wurde für einen vorübergehenden Zeitraum suspendiert. Auf diese Weise erhielten die Unternehmen Gelegenheit, die **Insolvenz,** insbesondere unter Inanspruchnahme der bereitzustellenden staatlichen Hilfen, gegebenenfalls aber auch im Zuge von Sanierungs- oder Finanzierungsvereinbarungen **abzuwenden.**[11] Die Antragspflichtigen wurden zusätzlich durch die Vermutung entlastet, wonach bei bestehender Zahlungsfähigkeit zum 31. Dezember 2019 grundsätzlich davon auszugehen ist, dass die spätere Insolvenzreife auf der COVID-19-Pandemie beruht und Aussichten darauf bestehen, eine bestehende Zahlungsunfähigkeit zu beseitigen.

10   Um die Geschäftsleiter haftungsbeschränkter Unternehmensträger vor weiteren Haftungsgefahren zu schützen, wurden auch die an die Insolvenzreife geknüpften **Zahlungsverbote** nach § 64 Satz 1 GmbHG, § 92 Abs. 2 Satz 1 AktG, § 130 a Abs. 1 Satz 1, auch i. V. mit § 177 a Satz 1 HGB und § 99 Satz 1 GenG unter bestimmten Voraussetzungen für den Zeitraum der Aussetzung der Antragspflicht **ausgesetzt.**

11   Zudem wurden **neue Kredite** anfechtungs- und haftungsrechtlich privilegiert, um einen Anreiz für die Gewährung solcher Kredite zu setzen. Auch sollten Vertragsparteien, die bereits in einer Geschäftsbeziehung zu dem betroffenen Unternehmen standen, durch eine **Einschränkung der Anfechtbarkeit** von Vorgängen im Rahmen dieser Geschäftsbeziehung motiviert werden, die Geschäftsbeziehung fortzusetzen.

12   Anfechtungstatbestände wurden vorübergehend, wie es zu Recht in der Entwurfsbegründung heißt: „sehr weitgehend ausgeschlossen".[12] Die damit verbundenen **Nachteile für die Gläubigergesamtheit** in einer möglichen Folgeinsolvenz seien „hinzunehmen, um einen Zusammenbruch ganzer Wirtschaftszweige zu vermeiden, der aufgrund des andernfalls fehlenden Zugangs zu notwendigen neuen Krediten oder der Erschwerung der Fortführung der Geschäfte drohen würde".

IV. Aussetzung der Insolvenzantragspflicht

1. Insolvenzantragspflichten, Satz 1

13   **a) Grundsatz.** Satz 1 des § 1 COVInsAG setzt die straf- und haftungsbewehrten Insolvenzantragspflichten in zwei Fällen aus:
- § 15 a InsO
- § 42 Abs. 2 BGB

14   **b) Antragspflichten nach § 15 a InsO. aa) Betroffene Gesellschaften.** Betroffen sind zunächst die GmbH, die AG, Genossenschaft, aber nach § 15 a Abs. 2

---

[10] Begr. FraktionsE, Bundestags-Drucksache 19/18110, S. 17.
[11] Begr. FraktionsE, Bundestags-Drucksache 19/18110, S. 19.
[12] Begr. FraktionsE, Bundestags-Drucksache 19/18110, S. 20.

InsO auch die GmbH & Co. KG (näher Nerlich/Römermann/*Mönning,* § 15 a Rn. 13, 14).

bb) Internationale Rechtsformen. Dem Anwendungsbereich des Gesetzes **15** unterfallen auch die Europäische Gesellschaft (SE), die Europäische Genossenschaft (SCE) und die Europäische Wirtschaftliche Interessenvereinigung (EWIV), da deren Rechtsgrundlagen auf die betroffenen nationalen Vorschriften verweisen.[13]

cc) Antragspflichtige Personen. Die Bestimmung des § 15 a InsO sieht Insol- **16** venzantragspflichten verschiedener Personen und Organe vor. Die Gesetzesbegründung[14] zu § 1 COVInsAG spricht von einer Antragspflicht der „Geschäftsleiter", trifft damit aber nur einen Teil des Regelungsgehalts. In § 15 a Abs. 3 InsO ist etwa auch eine Antragspflicht der Gesellschafter einer GmbH vorgesehen. Der Wortlaut, aber auch Sinn und Zweck des § 1 Satz 1 COVInsAG umfassen sämtliche in § 15 a InsO benannten Fälle.

c) Antragspflichten nach § 42 Abs. 2 BGB. Von der Aussetzung erfasst ist **17** ferner die Antragspflicht der Vorstände von Vereinen und anderen Rechtsträgern (zum Beispiel Stiftungen), für die § 42 Abs. 2 BGB nach § 15 a Abs. 7 InsO entsprechend anwendbar ist.[15]

2. Zeitraum, Satz 1

Die Insolvenzantragspflicht wird für einen vorübergehenden **Zeitraum bis** **18** **zum 30. September 2020** ausgesetzt.

Dieser Zeitraum kann nach § 4 COVInsAG durch Rechtsverordnung des BMJV **19** bis zum 31.3.2021 **verlängert** werden (näher bei § 4).

Bis zum Inkrafttreten des COVInsAG galt nach § 15 a Abs. 1 Satz 1 InsO eine **20** strenge **Anknüpfung der Insolvenzantragspflicht** an den Zeitpunkt der Insolvenzreife. Wird eine juristische Person zahlungsunfähig oder überschuldet, so haben nach dieser Vorschrift die Mitglieder des Vertretungsorgans oder die Abwickler ohne schuldhaftes Zögern, spätestens aber drei Wochen nach Eintritt der Zahlungsunfähigkeit oder Überschuldung, einen Eröffnungsantrag zu stellen.

In den Hochwasser-Katastrophen-Gesetzen wurde eine **andere Anknüpfung** gewählt. Beispielsweise hieß es im Neunten Gesetz zur Änderung des Zweiten Buches Sozialgesetzbuch – Rechtsvereinfachung – sowie zur vorübergehenden Aussetzung der Insolvenzantragspflicht vom 26. Juli 2016 in Artikel 3 a Gesetz über die vorübergehende Aussetzung der Insolvenzantragspflicht bei hochwasser- und starkregenfallbedingter Insolvenz § 1: „Beruht der Eintritt einer Zahlungsunfähigkeit oder Überschuldung auf den Auswirkungen der Starkregenfälle und Hochwasser im Mai und Juni 2016, so ist die nach § 15 a der Insolvenzordnung bestehende Pflicht zur Stellung eines Insolvenzantrags ausgesetzt, solange die Antragspflichtigen ernsthafte Finanzierungs- oder Sanierungsverhandlungen führen und dadurch begründete Aussichten auf Sanierung bestehen, längstens jedoch bis zum Ablauf des 31. Dezember 2016." Das COVInsAG vermeidet im Gegensatz zu dieser Norm, an der sich die Grundidee des COVInsAG eigentlich orientiert, die Verknüpfung von Verhandlungen mit der Aussetzung der Insolvenzantragspflicht. Die Hochwas-

---

13   Begr. FraktionsE, Bundestags-Drucksache 19/18110, S. 22.
14   Begr. FraktionsE, Bundestags-Drucksache 19/18110, S. 22.
15   Begr. FraktionsE, Bundestags-Drucksache 19/18110, S. 22.

ser-Gesetzgebung ließ noch die Verbindung zu § 15 a Abs. 1 InsO („ohne schuldhaftes Zögern") erkennen und es ging lediglich um die Verlängerung des im Grunde auf drei Wochen limitierten Zeitraumes; das COVInsAG entkoppelt das Verschulden von der Höchstdauer der Aussetzung.

21   Durch das COVInsAG wird an dieser Stelle ein **neues Konzept** angewandt. Nicht mehr der Zeitpunkt der Insolvenzreife ist von Relevanz, sondern der Zeitraum, in welchem das Unternehmen besteht. Ganz losgelöst vom Tage des Insolvenzeintritts, wird die Antragspflicht erst mit dem 1.10.2020 wieder in Gang gesetzt.

3. Ziel und Folgen der Aussetzung der Insolvenzantragspflicht

22   Auf diese Weise sollen die Unternehmen Gelegenheit erhalten, die Insolvenz, insbesondere unter Inanspruchnahme der bereitzustellenden staatlichen Hilfen, gegebenenfalls aber auch im Zuge von Sanierungs- oder Finanzierungsvereinbarungen zu beseitigen.[16] Das bedeutet: Der Gesetzgeber nimmt es bewusst und gewollt hin, dass **insolvente Unternehmen** noch über Zeiträume von – mit Verlängerung bis zum 31.3.2021 – über einem Jahr (ab 1.1.2020 wegen der Vermutungsregel) **am Markt teilnehmen,** dort z.B. Bestellungen tätigen und Aufträge entgegennehmen.

4. Ausnahmen, Satz 2

23   **a) Grundsatz.** Die Aussetzung gilt nach § 1 Satz 2 COVInsAG nicht, wenn die Insolvenzreife nicht auf die Auswirkungen der COVID-19-Pandemie zurückzuführen ist oder wenn keine Aussichten darauf bestehen, eine eingetretene Zahlungsunfähigkeit zu beseitigen.

24   Unter der **Insolvenzreife** sind, auch wenn der Begriff in der Insolvenzordnung nicht definiert ist, nach allgemeinem Sprachgebrauch und im Kontext des § 1 COVInsAG die Zahlungsunfähigkeit (§ 17 InsO) und die Überschuldung (§ 19 InsO) zu verstehen.[17]

25   Damit sind **zwei Voraussetzungen** zu prüfen:
- Auf den Zeitpunkt des Eintritts der **Insolvenzreife** ist festzustellen, worauf dies **beruht.**
- Außerdem ist von Relevanz, ob **Aussichten** darauf bestehen, eine bestehende Zahlungsunfähigkeit zu beseitigen.

26   Während der kurzen Entstehungszeit des Gesetzes hatte es durchaus Überlegungen gegeben, auf Voraussetzungen für die Aussetzung der Insolvenzantragspflicht gänzlich zu verzichten, sofern nur die Insolvenzreife in der Zeit der Pandemie eingetreten wäre.[18] Das wurde indes verworfen und stattdessen wurden die zwei Kriterien eingeführt. Die Verknüpfung der zwei Kriterien mit einer gesetzlichen Vermutung wird von *Bitter* als eine gewisse Öffnung in Richtung seines Vorschlages, auf die Kriterien zu verzichten, gedeutet.[19]

---

[16] Begr. FraktionsE, Bundestags-Drucksache 19/18110, S. 22.
[17] Schmidt/*Löser,* COVID-19, § 14 Sanierung und Insolvenz Rn. 21; *Thole* ZIP 2020, 650, 653.
[18] So der Vorschlag von *Bitter;* vgl. seinen Bericht, ZIP 2020, 685, 687.
[19] *Bitter* ZIP 2020, 685, 687.

b) Feststellung. Wenn das **Insolvenzgericht** nach Eingang des Insolvenz- 27
antrages einen Sachverständigen bestimmt, so gibt es ihm typischerweise auf, Insolvenzgründe zu untersuchen. Wie die Insolvenzreife eingetreten ist, wurde nach
bisheriger Handhabung zunächst kaum thematisiert. Die Gründe waren im Wesentlichen erst später relevant, wenn es um die zivilrechtliche Haftung oder die
strafrechtliche Verantwortung der Geschäftsführer geht. Wer etwa durch Miss-
management eine GmbH in Krise und Insolvenz führt, haftet nach § 43 GmbHG,
bei Herbeiführung der Zahlungsunfähigkeit auch nach § 64 GmbHG, und macht
sich in diesem Zusammenhang oft insbesondere nach § 283 StGB wegen Bankrotts
strafbar. Für die Erfüllung des Tatbestandes der Insolvenzverschleppung nach § 15 a
InsO sind die Gründe im Wesentlichen ohne Bedeutung; dort kann es allenfalls um
die Frage gehen, ob die Verspätung auf einem Verschulden des Geschäftsführers beruht.

Nun sollen also die **Ursachen der Insolvenz** selbst darüber entscheiden, wann 28
eine Insolvenzantragspflicht einsetzt. Damit wird diese Frage zu einem **Schwerpunkt der Aufgabenstellung für Sachverständige.** Nur so kann das Gericht
die notwendigen Informationen darüber gewinnen, ob der Insolvenzantrag rechtzeitig gestellt und ob von der Geschäftsführung auch im weiteren Verlauf des Verfahrens eine rechtskonforme Ausübung ihrer Aufgaben zu erwarten ist.

c) Keine Kausalität der Pandemie. Ist die Insolvenzreife nicht auf die Aus- 29
wirkungen der COVID-19-Pandemie zurückzuführen, so gilt die Aussetzung
nach § 1 Satz 1 COVInsAG nicht. In diesen Fällen bleibt es also bei dem **Rege-
lungssystem des § 15 a InsO.**

Die Insolvenzreife ist „nicht" auf die Auswirkungen der Pandemie zurückzufüh- 30
ren, wenn ein Zusammenhang zwischen der Pandemie und der Insolvenz schlecht-
hin ausgeschlossen werden kann. Häufig ist eine Krise nicht nur durch einen Umstand ausgelöst, sondern das **Resultat vieler Elemente,** die zusammenkommen.
Das Gesetz will den betroffenen Geschäftsführern hier durch eine Vermutung helfen, die in § 1 Satz 3 COVInsAG niedergelegt ist. Es genügt für die Anwendung der
Aussetzung der Insolvenzantragspflicht, wenn die Auswirkungen der Pandemie in
irgendeiner Weise mitursächlich sind.

Beispiele für relevante Auswirkungen der Pandemie: 31

- Behördliche Schließung des Betriebes, z. B. durch Allgemeinverfügung oder Bescheid der
  zuständigen Behörde
- Behördliche Schließung eines Teilbetriebes
- Behördliche Anordnungen, die den Geschäftsbetrieb teilweise untersagen
- Behördliche Anordnung der Quarantäne für den Geschäftsführer
- Behördliche Anordnung der Quarantäne für maßgebliche Mitarbeiter
- Überdurchschnittlicher Krankenstand im Zusammenhang mit der Pandemie
- Ausfall von Lieferanten oder Lieferprobleme, die auf der Pandemie beruhen
- Schwierigkeiten mit geschäftlichen Kontakten im Ausland (z. B. Lieferanten oder Kunden)
  aufgrund dortiger behördlicher Maßnahmen und Anordnungen
- Schlechtere Erreichbarkeit für Kunden, z.B. wegen Ausgangssperren oder Störungen des
  öffentlichen Verkehrs
- Ein Ursachenzusammenhang wird zum Teil schon aufgrund der **Branchenbetroffenheit**
  des Unternehmens vermutet, insbesondere bei:[20]

---

[20] Römermann/*Montag,* Leitfaden für Unternehmen in der Covid-19-Pandemie, Teil 2
Rn. 39.

- o Reiseunternehmen, Hotellerie und sonstiges Touristikgewerbe, Personentransportgewerbe
- o Non-Food-Einzelhandel (insbesondere Textilhandel oder sonstiger Handel mit saisonbezogenen Waren),
- o Sport-, Kultur- und Bildungseinrichtungen bzw. Vereine in diesem Bereich,
- o Theater, Museen, Kinos,
- o Konzertveranstalter, Künstler,
- o Gastronomie,
- o Speditionsgewerbe,
- o Fitnesscenter und selbständige Trainer,
- o Friseure, Kosmetikstudios etc.,
- Kliniken und Pflegeeinrichtungen

Beispiele für einen Ausschluss der Relevanz der Pandemie:

- Insolvenzreife bereits zu einem Zeitpunkt, zu dem die Pandemie in Deutschland noch keine Auswirkungen hatte, bei einem Unternehmen, für das lediglich der deutsche Markt von Bedeutung ist (alle Lieferanten, Kunden und Mitarbeiter haben ihren Sitz in Deutschland)
- Strafbare Untreue des Buchhalters führt zu einem Liquiditätsabfluss, der nicht mehr kompensiert werden kann
- Zum Teil wird bei Branchen, die vermutlich eher von der Krise profitieren, die Relevanz der Pandemie im Zweifel verneint, etwa:[21]
  - o Online-Handel,
  - o IT- bzw. Digitalisierungsdienstleister,
  - o Hersteller und Händler im Bereich Sanitärprodukte.

32   Neben die eindeutigen Fälle treten diejenigen, bei denen **Zweifel an der Kausalität** bestehen können. Dazu gehören etwa:

33   **Allgemeine Umsatzrückgänge** aufgrund rückläufiger Nachfrage, z. B. wegen sinkender Kaufkraft. Durch die Pandemie sind erhebliche Ertragseinbrüche bei Unternehmen eingetreten und Entlassungen sowie Kurzarbeit haben auch in der Arbeitnehmerschaft zu spürbaren Einbußen geführt. Das bewirkt eine Senkung der Budgets für Anschaffungen und damit geringere Umsätze in Unternehmen.

34   **Mitverursachung.** Wirtschaftliche Schwierigkeiten eines Unternehmens sind selten monokausal. Trifft die Pandemie mit anderen Problemen im Unternehmen zusammen, stellt sich die Frage, ob eine bloße Mitverursachung durch die Auswirkungen von COVID-19 ausreicht.[22] Die bisherige Literatur ist sich im Ansatz darüber einig, dass für die Kausalität eine Mitursächlichkeit der Pandemieauswirkungen ausreicht.

35   Im Detail finden sich dann indes unterschiedliche **Differenzierungsansätze.** Nach *Montag* muss die Miturschlichkeit der Pandemie „nicht zwingend überwiegend sein … Die auf die COVID-19-Pandemie zurückzuführenden Umstände dürfen aber nicht nur eine reine Nebenursache sein, die in ihrer Bedeutung deutlich hinter die eigentlichen Insolvenzursachen zurücktritt."[23]

36   Zuweilen wird auf **hypothetische Alternativverläufe** abgestellt.[24] Nach *Montag* tritt die Pandemie „in ihrer Bedeutung deutlich hinter die eigentlichen Insolvenzursachen zurück …, wenn die Insolvenzreife auch ohne die COVID-19-Pandemie vor-

---

[21] Römermann/*Montag* Leitfaden für Unternehmen in der Covid-19-Pandemie, Teil 2 Rn. 39.
[22] *Bitter,* ZIP 2020, 685, 687.
[23] Römermann/*Montag* Leitfaden für Unternehmen in der Covid-19-Pandemie, Teil 2 Rn. 38.
[24] So etwa Schmidt/*Löser,* COVID-19, § 14 Sanierung und Insolvenz Rn. 26; tendenziell a. A. – aber nicht kategorisch – *Bornemann,* jurisPR-InsR 9/2020 Anm. 1.

gelegen hätte. In der Praxis zeichnen sich schwierige Abgrenzungen ab in Fällen, in denen die COVID-19-Pandemie die Insolvenz nur beschleunigt hat oder nur „der letzte Tropfen" war, der das Fass zum Überlaufen brachte".[25] Zur Vermeidung von Missbrauchsfällen sei stets zu fordern, „dass bei einem der Pandemieauswirkungen das Unternehmen realistische Aussichten gehabt hätte, zu überleben. Die Auswirkungen müssen damit eine Erheblichkeitsschwelle überschreiten und eine nicht wegdenkbare Bedingung darstellen, ohne die eine Insolvenz vermeidbar gewesen wäre (sogenannte „conditio sine qua non")." Ist eine alternative Kausalität denkbar, nach der das Unternehmen auch ohne die COVID-19-Krise sicher in die Insolvenz geraten wäre, sei die COVID-19-Pandemie damit keine „conditio sine qua non".[26]

Montag: „Zu weitgehend wäre es, die Fortgeltung der Antragspflicht davon ab-   **37** hängig zu machen, dass ein Zusammenhang der Insolvenz mit der COVID-19-Pandemie schlicht auszuschließen ist. Da in vielen Fällen Beeinträchtigungen von Lieferanten- und/oder Kundenbeziehungen vorliegen werden, wäre es faktisch unmöglich, die Situation des Unternehmens losgelöst von der Pandemiekrise zu betrachten."[27]

Andere[28] lassen für die Kausalität der Pandemie „jede Verursachung, insbeson-   **38** dere auch eine mittelbare", ausreichen.[29] Das ergebe sich indirekt aus den allein formal (Beweislast, Vermutung, Daten) anknüpfenden Nachweisanforderungen für den Entlastungsbeweis bzw. die Widerlegung der Vermutung. Dieser formale Ansatz mache auch Diskussionen über den **Umfang der Verursachung** der Insolvenzreife durch die Coronakrise entbehrlich.[30] Auch hypothetische Ursachen spielten – jedenfalls im Ergebnis – keine Rolle.[31]

Gerade in der Zeit der in Deutschland beginnenden Pandemie werden Schlie-   **39** ßungsanordnungen von Behörden oftmals **ohne hinreichende Rechtsgrundlage** z. B. im Infektionsschutzgesetz ergangen sein. In solchen Fällen stellt sich die Frage, ob der betroffene Unternehmer zumindest durch Widerspruch, weitergehend aber womöglich auch durch Klage alles hätte unternehmen müssen, um diese Anordnung aufheben zu lassen. Falls ein – ggfs. offenkundig – rechtswidriger Bescheid hingenommen wird, könnte die Verursachung der wirtschaftlichen Krise des Unternehmens weniger in der Pandemie als vielmehr in der **Passivität der Geschäftsführung** zu sehen sein. Davon ist indes nicht auszugehen. Einem Geschäftsführer – in aller Regel einem juristischen Laien also – ist es nicht zuzumuten, eine eigenständige Beurteilung der Rechtmäßigkeit des Verwaltungshandelns vorzunehmen. Anders könnte sich die Lage nur in Evidenzfällen darstellen.

d) Keine Aussichten auf Zahlungsfähigkeit. aa) Verhältnis zur Fort-   **40** **führungsprognose nach § 19 Abs. 2 Satz 1 InsO.** Die Vorausschau aus § 1 COVInsAG und jene Fortführungsprognose, die seit 2008 für das Merkmal der

---

[25]   Römermann/*Montag* Leitfaden für Unternehmen in der Covid-19-Pandemie, Teil 2 Rn. 38.
[26]   Römermann/*Montag* Leitfaden für Unternehmen in der Covid-19-Pandemie, Teil 2 Rn. 38.
[27]   Römermann/*Montag* Leitfaden für Unternehmen in der Covid-19-Pandemie, Teil 2 Rn. 38.
[28]   Uhlenbruck/*Hirte,* COVInsAG § 1 Rn. 23.
[29]   So auch *Hölzle/Schulenberg,* ZIP 2020, 633, 636; Schmidt/*Löser,* COVID-19, § 14 Sanierung und Insolvenz Rn. 25.
[30]   Uhlenbruck/*Hirte,* 15. Aufl. 2020, COVInsAG § 1 Rn. 23; *Thole* ZIP 2020, 650, 652; wohl abw. *Hölzle/Schulenberg,* ZIP 2020, 633, 637.
[31]   Uhlenbruck/*Hirte,* 15. Aufl. 2020, COVInsAG § 1 Rn. 23; *Thole* ZIP 2020, 650, 652.

Überschuldung von Bedeutung ist, unterscheiden sich grundlegend. Nach § 19 Abs. 2 Satz 1 InsO liegt „Überschuldung … vor, wenn das Vermögen des Schuldners die bestehenden Verbindlichkeiten nicht mehr deckt, es sei denn, die Fortführung des Unternehmens ist nach den Umständen überwiegend wahrscheinlich." Dort ist es erforderlich, dass die Finanzplanung zumindest mittelfristig die **Perspektive der nachhaltigen Zahlungsfähigkeit** eröffnet, dh für das laufende und das folgende Geschäftsjahr[32]. Eine „Fortführung" iSd § 19 Abs. 2 Satz 1 InsO wird durch die „wirtschaftliche Lebensfähigkeit" des Unternehmens im Sinne zukünftiger Zahlungsfähigkeit vorgegeben,[33] allerdings nicht – entgegen vereinzelten Stimmen im Schrifttum – durch die Ertragskraft.[34] Die in § 19 Abs. 2 InsO bezeichnete Prognose bezieht längere Zeiträume ein.

41   **bb) „Beseitigung" der Zahlungsunfähigkeit: Zeitraum.** Die Bestimmung des § 1 COVInsAG verlangt hingegen lediglich die „Beseitigung" der Zahlungsunfähigkeit. Dieser Begriff deutet auf ein **punktuelles Zeitverständnis** hin, nicht auf eine mittel- oder gar langfristige Perspektive. Auch aus der Gesetzesbegründung folgt eine großzügige, hilfsorientierte Motivation des Gesetzgebers. Danach muss es ausreichen, wenn zu einem bestimmten Zeitpunkt die Zahlungsunfähigkeit überwunden werden kann.[35]

42   Tendenziell abweichend *Montag*, nach dem eine „nur punktuelle Beseitigung der Illiquidität durch Aufnahme neuer Kredite … nicht ausreichend sein" könne.[36] Die Planung müsse „zeitlich über den Aussetzungszeitraum hinausgehen und belegen, dass sich das Unternehmen danach aufgrund eines tragfähigen Konzepts bei stabiler Ertragslage selbst finanzieren kann".

43   Zuweilen wird eine **„nachhaltige"** Wiederherstellung der Zahlungsfähigkeit gefordert,[37] ohne dass allerdings immer konkret erkennbar wird, wie dieser aus der Forstwirtschaft in die Politik und den allgemeinen Sprachgebrauch eingewanderte Topos konkret zu verstehen wäre.

44   **cc) Zahlungsunfähigkeit.** Zum Begriff der Zahlungsunfähigkeit und zur Abgrenzung zur Zahlungsfähigkeit siehe → Nerlich/Römermann/*Mönning/Gutheil*, § 17 Rn. 11 ff.

45   **dd) Aussichten.** Auch wenn das COVInsAG nach seiner Zielsetzung und dem Tenor seiner Begründung großzügig mit den Voraussetzungen der Aussetzung der Insolvenzantragspflicht umzugehen scheint, gibt es in den Materialien an einer Stelle auch einen Anhaltspunkt für ein gegenteiliges Verständnis. Im Zusammenhang mit der Frage, ob die durch Art. 6 Abs. 1 des Gesetzes angeordnete Rückwirkung des COVInsAG verfassungskonform sei, argumentieren die Entwurfsverfasser wie folgt:[38] Die Insolvenzantragspflicht werde nicht vollständig ausgesetzt, sondern allein „unter der **engen Voraussetzung,** dass Aussicht auf eine Sanierung des Unternehmens" bestehe.

---

[32] Dazu Nerlich/Römermann/*Mönning*, § 19 Rn. 45.

[33] Nerlich/Römermann/*Mönning*, § 19 Rn. 19 f.

[34] Näher – im Ergebnis wie hier – MüKoInsO/*Drukarczyk/Schüler* § 19 Rn. 69 ff. mwN.

[35] *Brünkmans* ZInsO 2020, 797, 799 (bis zum 31.12.2020).

[36] Römermann/*Montag* Leitfaden für Unternehmen in der Covid-19-Pandemie, Teil 2 Rn. 46.

[37] Uhlenbruck/*Hirte*, 15. Aufl. 2020, COVInsAG § 1 Rn. 24.

[38] Begr. FraktionsE, Bundestags-Drucksache 19/18110, S. 42; Hervorhebung nicht im Original.

Der Wortlaut der Norm spricht hingegen – neben der Zielsetzung des COVIn- **46** sAG insgesamt – für eine Interpretation, die einen **weiten Anwendungsbereich** der Aussetzung der Insolvenzantragspflicht eröffnet. „Keine" Aussichten bestehen, wenn die Wiederherstellung der Zahlungsfähigkeit ganz unwahrscheinlich ist. Dazu muss eine Prognose erstellt werden. Es bedarf keiner großen Wahrscheinlichkeit, schon gar keiner überwiegenden Wahrscheinlichkeit der Beseitigung der Zahlungsunfähigkeit. Die bei § 19 Abs. 2 InsO anzustellenden Überlegungen, wie eine Wahrscheinlichkeit ermittelt und – noch schwieriger – wie die Seriosität einer positiven Prognose im Nachhinein fair und angemessen überprüft werden könnte,[39] erübrigen sich im Kontext des § 1 COVInsAG. Die Aussetzung ist nach diesem Verständnis nur dann nicht gegeben, wenn eine **Wiederherstellung** der Zahlungsunfähigkeit **gänzlich unwahrscheinlich** erscheint.

Das wird gestützt durch die – kurze – **Entstehungsgeschichte** des Wortlautes **47** der Norm. *Bitter* berichtet als einer der vom BMJV hinzugezogenen Berater über die in der Letztfassung vorgenommene „Abschwächung gegenüber dem ursprünglichen Konzept", die „neben der Beweislastumkehr zusätzlich darin [liege], dass keine „begründeten Aussichten auf Sanierung" auf der Basis „ernsthafter Finanzierungs- oder Sanierungsverhandlungen" mehr erforderlich sind, sondern viel allgemeiner nur „Aussichten" verlangt werden, „eine bestehende Zahlungsunfähigkeit zu beseitigen".

Eine Wahrscheinlichkeit von 20 bis 30%, die bestehende Zahlungsunfähigkeit **48** zu beseitigen, soll nach *Borries*[40] ausreichend sein, damit die Voraussetzungen für eine Aussetzung der Antragspflicht vorliegen.

ee) Frist bis zur Beseitigung der Zahlungsunfähigkeit. Streitig ist die **49** Frage, **innerhalb welcher Frist** die Zahlungsfähigkeit wieder hergestellt werden muss. Für die „Aussichten …, eine bestehende Zahlungsunfähigkeit zu beseitigen", in § 1 COVInsAG gibt es **keine zeitlichen Vorgaben.** Allerdings statuiert das Gesetz ab dem 1. Oktober 2020 oder – bei der zu erwartenden Verlängerung – ab dem 1. April 2021 auch für Unternehmen, die von den Folgen der Pandemie betroffen sind, eine Insolvenzantragspflicht, wenn zu diesem Zeitpunkt die Zahlungsunfähigkeit fortbesteht. Dieser Tag dürfte demnach das Ende des Betrachtungszeitraumes für die Möglichkeit der Wiederherstellung der Zahlungsfähigkeit markieren.[41] Nach **anderer Ansicht**[42] soll sich die „Aussicht" auf Wiederherstellung der Zahlungsfähigkeit binnen **drei Monaten** beziehen; diese Frist wird in Anlehnung an § 3 COVInsAG gewählt. Eine weitere Meinung schlägt den 31. Dezember 2020 als relevanten Stichtag für die Beseitigung der Liquiditätslücke vor.[43]

ff) Fortlaufende Prüfung der Aussicht. Die Vorschrift des § 1 COVInsAG **50** legt nicht fest, wann die „Aussicht" zu prüfen und festzustellen ist. Zwei Alternativen kommen in Betracht:
- Die **einmalige Prüfung** auf den Stichtag der Insolvenzreife. Wird die Aussicht auf Beseitigung der Zahlungsunfähigkeit für diesen Tag angenommen, tritt die Aussetzung der Antragspflicht in Kraft und wird auch später nicht erneut geprüft.

---

[39] Dazu etwa MüKoInsO/*Drukarczyk/Schüler* § 19 Rn. 74 ff.
[40] Uhlenbruck/*Borries*, COVInsAG § 2 Rn. 14.
[41] *Thole*, ZIP 2020, 650, 653; *Bitter*, ZIP 2020, 685, 690.
[42] *Gehrlein* DB 2020, 713, 714 bei Fn. 14.
[43] *Brinkmans* ZInsO 2020, 797, 799.

- Die **jederzeitige Prüfung** vom Tage der Insolvenzreife bis zum Ende des Aussetzungszeitraumes. Diese Variante wird vom Schrifttum einhellig angenommen.[44] Stellt sich bei der Prüfung heraus, dass keine Aussicht mehr besteht, so ist der Antrag unverzüglich zu stellen; die Maximalfrist von drei Wochen in § 15 a Abs. 1 InsO kommt nicht zur Anwendung, weil jede Verzögerung voraussetzen würde, dass eine Chance auf Sanierung binnen der drei Wochen besteht. Wenn aber keine Aussichten auf Wiederherstellung der Zahlungsfähigkeit mehr bestehen, wird es in aller Regel an einer realistischen Sanierungschance mangeln.

51   Im **Schrifttum** wird zum Teil danach **differenziert,** ob die Insolvenzreife wegen Zahlungsunfähigkeit oder **Überschuldung** eingetreten ist. So schreibt *Löser:* „Ist der betroffene Schuldner dagegen „nur" überschuldet, aber nicht zahlungsunfähig, dann kann die Ausnahme des § 1 S. 2 Alt. 2 COVInsAG nicht eingreifen mit der Folge, dass die Insolvenzantragspflicht ohne Weiteres bis zum 30.9.2020 ausgesetzt ist."[45] Die ursprüngliche Überschuldung sagt jedoch nichts darüber aus, ob nicht im weiteren Verlauf die Zahlungsunfähigkeit hinzutritt. Im Hinblick auf eine Überwachungspflicht sind vor diesem Hintergrund keine Unterschiede erkennbar.

52   **e) Kritik.** Herkömmlich ist lediglich die Entstehung der Insolvenzlage ein Kriterium für das Einsetzen einer Insolvenzantragspflicht. Es erschließt sich nicht, welche Relevanz das Kriterium der Aussichten auf Wiederherstellung der Zahlungsfähigkeit haben könnte. In einer Vielzahl von Insolvenzen nach den §§ 17 bis 19 InsO ist eine Beseitigung der Insolvenzgründe möglich und das ist als Sanierung auch eines der Ziele des Insolvenzverfahrens in einem modernen Verständnis seit Inkrafttreten der Insolvenzordnung im Jahre 1999. Die Aussicht auf eine solche Sanierung soll daher Insolvenzverfahren nicht verhindern, sondern gehört zu außerhalb wie innerhalb eines Insolvenzverfahrens befindlichen Unternehmen dazu. Vor diesem Hintergrund sollte auf das **Kriterium der Aussichten** auf Beseitigung der Zahlungsunfähigkeit bei einer Korrektur des COVInsAG **verzichtet** werden.

5. Vermutung, Satz 3

53   **a) Motive des Gesetzgebers.** Der Gesetzgeber hilft den betroffenen Geschäftsleitern durch eine Vermutung, die kaum widerlegt werden kann. Da unklar sein könne, so heißt es in der Entwurfsbegründung,[46] ob die Insolvenz auf den Auswirkungen der COVID-19-Pandemie beruhe oder nicht, und sich bei den bestehenden Unsicherheiten auch schwer Prognosen treffen ließen, sollten die **Antragspflichtigen** weitergehend durch die Vermutung **entlastet** werden, dass bei bestehender Zahlungsfähigkeit am 31. Dezember 2019 davon auszugehen sei, dass die spätere Insolvenzreife auf der COVID-19-Pandemie beruhe und Aussichten darauf bestünden, eine bestehende Zahlungsunfähigkeit zu beseitigen. Damit solle gewährleistet werden, dass die bei Verabschiedung des Gesetzes bestehenden Un-

---

[44] Römermann/*Montag,* Leitfaden für Unternehmen in der Covid-19-Pandemie, Teil 2 Rn. 44; *Hölzle/Schulenberg,* ZIP 2020, 633, 648; BeckOK InsO/*Wolfer,* 19. Ed. 15.4.2020, COVInsAG § 1 Rn. 8; Schmidt/*Löser* COVID-19, § 14 Sanierung und Insolvenz Rn. 15.

[45] Schmidt/*Löser* COVID-19, § 14 Sanierung und Insolvenz Rn. 16; *Gehrlein* DB 2020, 713, 715.

[46] Begr. FraktionsE, Bundestags-Drucksache 19/18110, S. 22.

sicherheiten und Schwierigkeiten hinsichtlich des Nachweises der Kausalität und der Prognostizierbarkeit der weiteren Entwicklungen in keiner Weise zulasten des Antragspflichtigen gingen.

b) Zeitpunkt. aa) Stichtag 31. Dezember 2019. An der gesetzlichen Ver- 54 mutung fällt zunächst auf, dass sie auf den Stichtag 31. Dezember 2019 und dann allein auf die Zahlungsunfähigkeit abstellt.[47]

Dieses – gegenüber dem zunächst erwogenen Datum des 13. März 2020 – deut- 55 lich frühere Datum soll der Tatsache Rechnung tragen, dass bereits ab diesem Zeitpunkt staatliche Hilfen möglich gewesen seien.[48] Hätte man das ursprünglich erwogene Datum beibehalten, wäre es nach *Hirte* möglich gewesen, dass trotz der Möglichkeit staatlicher Hilfe – jedenfalls zunächst – Insolvenzantrag hätte gestellt werden müssen.

War ein Unternehmen bereits am 31. Dezember 2019 zahlungsunfähig, dann 56 kann das schon deswegen mit der Pandemie nichts zu tun haben, weil sich die Auswirkungen der Pandemie in Deutschland im Wesentlichen erst ab Ende Februar 2020 zeigten (im Januar 2020 war lediglich das Unternehmen *Webasto* in Stockdorf bei München betroffen; alle dortigen Mitarbeiter waren Ende Januar 2020 geheilt). Auch eine Insolvenzsituation im Januar oder Februar kann daher nach dem **historischen Geschehensverlauf** im Grunde nichts mit dem Virus zu tun haben. Gleichwohl begründet das Gesetz genau diese Vermutung. Nach der Grundidee des Gesetzentwurfes sollte ein Stichtag gewählt werden, der so früh liegt, dass mit Sicherheit jeder einzelne Corona-Fall darunter fällt. Dabei wird dann in Kauf genommen, dass umgekehrt für zahlreiche Unternehmen, deren Insolvenzeintritt zu Jahresbeginn 2020 eigentlich nicht mit dem Virus in Verbindung zu bringen wäre, nun genau das vermutet wird.

Nach *Hirte*[49] soll die vom Gesetzgeber festgeschriebene Vermutung nicht im ge- 57 samten Zeitraum gleich stark wirken.

bb) Überschuldung ohne Relevanz. Wenn ein Unternehmen im Dezember 58 2019 in Insolvenzreife geraten ist, kann das an zwei Tatbeständen liegen: Der Zahlungsunfähigkeit nach § 17 InsO und der Überschuldung nach § 19 InsO. Der Gesetzentwurf stellt in seiner Vermutungsregel nicht auf die Insolvenzreife, sondern auf nur einen der Insolvenzgründe ab: die Zahlungsunfähigkeit. War der Schuldner zum Stichtag bereits zahlungsunfähig, dann bleibt es dabei und eine Vermutung, wonach Corona der Auslöser gewesen wäre, gilt nicht.

War er hingegen am 31. Dezember 2019 wegen Überschuldung und nicht we- 59 gen Zahlungsunfähigkeit insolvent, dann bleibt es nach dem eindeutigen Wortlaut des § 1 Satz 3 COVInsAG („War der Schuldner am 31. Dezember 2019 nicht zahlungsunfähig") bei der gesetzlichen Vermutung, dass die Insolvenzreife auf den **Auswirkungen der COVID-19-Pandemie** beruht. Das überrascht, denn bei Überschuldung im Jahre 2019 ist nach der **historischen Faktenlage** schlicht aus-

---

[47] Vgl. *Bitter,* ZIP 2020, 685, 688: „auf den ersten Blick merkwürdige Regelung"; krit. auch BeckOK InsO/*Wolfer,* 19. Ed. 15. 4. 2020, COVInsAG § 1 Rn. 3.

[48] Uhlenbruck/*Hirte,* COVInsAG § 1 Rn. 27; *Hirte,* Rede anlässlich der 2./3. Lesung des Gesetzes, Deutscher Bundestag, Plen.-Prot. 19/154, S. 19155 (A), 19156 (B); *Hölzle/Schulenberg,* ZIP 2020, 633, 638; vgl. *Thole* ZIP 2020, 650, 651, der die Wahl des Datums jedoch mit dem – hier nach Angabe von *Hirte,* der am Gesetzgebungsverfahren beteiligt war, nur zufälligen – Zusammenfallen mit dem Bilanzstichtag erklärt.

[49] Uhlenbruck/*Hirte,* COVInsAG § 1 Rn. 27.

geschlossen, dass die Insolvenzreife auf der frühestens im Januar 2020 eingetretenen Pandemie beruhen könnte.

60   Zum Teil wird in der Literatur aus diesem Umstand abgeleitet, dass die Vermutung des Satzes 3 in Fällen der bloßen Überschuldung gar nicht eingreifen würde.[50] Indes ist der Wortlaut insoweit klar und es gibt kein Anzeichen dafür, dass der Gesetzgeber den Anwendungsbereich des Satzes 3 insoweit hätte beschränken wollen.[51]

61   In dieser Struktur kommt eine **gesetzgeberische Wertentscheidung** zum Vorschein: Nach seiner Einschätzung ist die Erfüllung des Tatbestandes der Überschuldung schlicht irrelevant. Das ist durchaus nachvollziehbar, auch wenn die Überschuldung unverändert in § 19 InsO als Eröffnungsgrund fungiert. Schon im Zuge der **Finanzmarktkrise** von 2008 hatte sich die Einschätzung des Gesetzgebers zum Tatbestand der Überschuldung grundlegend gewandelt. Durch Art. 5 FMStG[52] war die Vorschrift durch Einfügung der Fortführungsprognose nicht nur leicht umgebaut, sondern ganz grundsätzlich angepasst worden. In der Praxis hat die Überschuldung seither spürbar an Bedeutung abgenommen. Die Distanzierung des Gesetzgebers von seinem Eröffnungsgrund setzt sich nun mit dem COVInsAG fort.

62   Den Schritt, die Überschuldung als Tatbestand des Insolvenzrechts abzuschaffen, wie es seit Jahren gelegentlich in der juristischen Diskussion gefordert wird,[53] geht das Gesetz indes nicht.[54] Auswirkungen auf die Auslegung der Fortführungsprognose *de lege lata* sind vor diesem Hintergrund schwer zu rechtfertigen (für eine „krisenadjustierte Fortbestehensprognose" allerdings *Hirte*[55] und *Hölzle/Schulenberg*[56]).

63   **cc) Prognose bezüglich der Zahlungsfähigkeit.** Unklar ist im Hinblick auf die Prognose, ob die Zahlungsunfähigkeit beseitigt werden kann, der richtige Zeitpunkt der Betrachtung. Beide Sätze der Vorschrift sind im **Präsens** formuliert. Das ist zumindest im dritten Satz des § 1 COVInsAG alles andere als selbstverständlich, wird hier doch der Blick zurück auf den Stichtag 31. Dezember 2019 gewagt. War der Schuldner also zu einem früheren Zeitpunkt nicht zahlungsunfähig, so „bestehen" nach dem Gesetzeswortlaut Aussichten auf Sanierung. Daraus wird zunächst abzuleiten sein, dass es auf eine optimistische Prognose zum 31. Dezember 2019 nicht ankommt, mit anderen Worten: Die Zahlungsfähigkeit zum 31. Dezember 2019 führt zum jeweiligen späteren Betrachtungszeitpunkt – ggfs. also noch im September 2020 oder gar im März 2021 – zu einer Bejahung der positiven Prognose.

---

[50] *Gehrlein,* DB 2020, 713, 716.

[51] Wie hier Schmidt/*Löser,* COVID-19, § 14 Sanierung und Insolvenz Rn. 50.

[52] Gesetz zur Umsetzung eines Maßnahmenpakets zur Stabilisierung des Finanzmarktes (Finanzmarktstabilisierungsgesetz – FMStG) vom 17. Oktober 2008 (BGBl. 2008 I, S. 1982).

[53] Z. B. *Frystatzki* NZI 2011, 521.

[54] Vgl. BeckOK InsO/*Wolfer,* 19. Ed. 15.4.2020, COVInsAG § 1 Rn. 10.1: „Faktisch hat der Gesetzgeber damit vorübergehend die Insolvenzantragspflicht wegen Überschuldung ausgesetzt, was die gelegentliche Diskussion um die Abschaffung dieses Antragsgrunds weiter befeuern dürfte".

[55] Uhlenbruck/*Hirte,* COVInsAG § 1 Rn. 4.

[56] *Hölzle/Schulenberg,* ZIP 2020, 633, 639.

c) Widerlegung. aa) Widerlegung nach dem Willen des Gesetzgebers 64
kaum möglich. Die gesetzliche Vermutung ist widerleglich. Die Begründung des
Gesetzentwurfs stellt in diesem Zusammenhang Voraussetzungen auf, die eine
Widerlegung fast unmöglich erscheinen lassen. Es heißt dort: „Allerdings kann
angesichts des Zwecks der Vermutung, den Antragspflichtigen von den Nachweis-
und Prognoseschwierigkeiten effektiv zu entlasten, eine Widerlegung nur in solchen Fällen in Betracht kommen, bei denen kein Zweifel daran bestehen kann,
dass die COVID-19-Pandemie nicht ursächlich für die Insolvenzreife war und dass
die Beseitigung einer eingetretenen Insolvenzreife nicht gelingen konnte. Es sind
insoweit höchste Anforderungen zu stellen."[57]

bb) Stellungnahme. Diese Formulierungen deuten im Grunde eher auf eine 65
Fiktion denn auf eine Vermutung. Der Wortlaut des § 1 Satz 3 COVInsAG bringt
das allerdings nicht in dieser Schärfe zum Ausdruck. Dort heißt es lediglich „wird
vermutet", ohne dass die Intensität dieser Vermutung in irgendeiner Weise näher
eingegrenzt würde. Nach der **historischen Auslegung** gilt somit ein extrem
strenger Maßstab, nach der vorrangigen **Wortlautauslegung** bleibt es hingegen
bei den bekannten Maßstäben für die Feststellung der Indizien, die zugunsten der
Widerlegung sprechen.

cc) Anzeichen für eine Widerlegung. Die gesetzliche Vermutung kann in 66
mehrerlei Hinsicht beseitigt werden:
- Der Insolvenzverwalter weist nach, dass **schon am 31.12.2019 Zahlungsunfähigkeit** vorlag.
- Der Insolvenzverwalter weist nach, dass die **Pandemie keinen Einfluss** auf den
  Gang der Geschäfte des schuldnerischen Unternehmens hatte.
  Hierfür gelten die **allgemeinen Regeln.** So kann z.B. durch Betriebswirt- 66a
schaftliche Auswertungen und eingegangene Rechnungen im Vergleich zum Kassenbestand nachgewiesen werden, dass bereits **vor dem 31.12.2019 Zahlungsunfähigkeit** bestand.
  Ferner kann dadurch, dass der Betrieb in der Zeit nach Januar 2020 weder ganz 67
noch teilweise geschlossen werden musste, keinerlei behördliche Anordnungen bezüglich dieses Betriebes getroffen wurden und das Personal uneingeschränkt zur
Verfügung stand, der **Nachweis** erbracht werden, dass die **Insolvenz unabhängig
von der Pandemie** eingetreten ist. Es gibt durchaus Branchen, die von den Ereig-
nissen im Zusammenhang mit der Pandemie sogar profitiert haben, etwa der Ver-
sandhandel oder die Digitalisierungsanbieter.
  Im Hinblick auf das Kriterium der „Aussicht" auf Beseitigung der Zahlungs- 68
unfähigkeit wird teilweise mit den allgemeinen **Kontrollpflichten** der Geschäftsführung in Unternehmen argumentiert. „Bei Fehlen einer prüfbaren Liquiditäts-
planung kann selbst dann, wenn entsprechend der Vermutung des § 1 Satz 3
COVInsAG am 31.12.2019 keine Zahlungsunfähigkeit vorgelegen hat, die Zahlungsfähigkeit im Jahr 2020 nicht einfach unterstellt werden. Die Vermutungsregel
dient der Entlastung der Geschäftsleiter, um einen krisenbedingt in wirtschaftliche
Schwierigkeiten geratenen Geschäftsbetrieb ordnungsgemäß weiterführen zu können, nicht aber dazu, ein Unternehmen unter Verstoß gegen die Planungspflichten
der Geschäftsleitung wie „im Blindflug" fortzuführen."[58]

---

[57] Begr. FraktionsE, Bundestags-Drucksache 19/18110, S. 22.
[58] Römermann/*Montag* Leitfaden für Unternehmen in der Covid-19-Pandemie Teil 2 Rn. 47.

69   In der Literatur wird für mögliche **Fallgruppen** im Zeitraum zwischen dem 1. Januar und dem 13. März 2020 (Tag nach der Rede der Bundeskanzlerin), mit deren Hilfe die Vermutung des Satzes 3 widerlegt werden könne, zuweilen maßgeblich auf die jeweiligen Warnungen der Weltgesundheitsorganisation abgestellt.[59] Indes hat die allgemeine gesundheitliche Lage typischerweise mit der konkreten Situation des jeweils in den Blick zu nehmenden Unternehmens zu tun.

6. Beweislast

70   Die Vermutungsregelung des § 1 Satz 3 COVInsAG lässt die **allgemeinen Regeln** zur Verteilung der Beweislast unberührt. Auch wenn der Schuldner zum 31. Dezember 2019 zahlungsunfähig war, bleibt es nach der Entwurfsbegründung[60] dabei, dass das Nichtberuhen der Insolvenzreife auf den Folgen der COVID-19-Pandemie oder das Fehlen von Aussichten auf eine Beseitigung der Zahlungsunfähigkeit von demjenigen zu beweisen ist, **der sich darauf beruft,** dass eine Verletzung der Insolvenzantragspflicht vorliegt.

71   Wer Ansprüche aus einer verspäteten Insolvenzantragstellung herleiten möchte – in Betracht kommt im Wesentlichen der **Insolvenzverwalter** –, muss also **beweisen,** dass die Voraussetzungen für den Anspruch vorliegen. Das geschieht in folgender **Abstufung:**

- Grundsätzlich muss der Insolvenzverwalter vortragen und beweisen, dass es zum relevanten Zeitpunkt überhaupt eine **Insolvenzreife** gab.
- In einem zweiten Schritt wird dann in § 1 Satz 1 COVInsAG die **Aussetzung** genannt. Sie ist für den in Anspruch genommenen Geschäftsführer günstig, da sie die Wirkung der Insolvenzreife für den relevanten Zeitraum praktisch wieder aufhebt. Da das Gesetz die Aussetzung anordnet, ist insoweit vom Geschäftsführer nichts zu beweisen.
- Sodann kommt eine **doppelte Negation:** Das gelte nicht, wenn die Insolvenzreife nicht auf der Pandemie beruhe. Die Nichtgeltung der Aussetzungsregel ist vom Insolvenzverwalter nachzuweisen, da er nur dann, wenn die Aussetzung nicht zum Tragen kommt, mit Erfolg Ansprüche geltend machen kann. Inhaltlich ist nach der soeben genannten Bestimmung also die fehlende Kausalität der Pandemie für die Insolvenzreife vorzubringen und zu untermauern. Der Insolvenzverwalter muss somit im Detail darlegen, warum die Insolvenz auf Umständen beruht, die von der Pandemie unabhängig sind.

72   Streitig ist die Frage, ob hinsichtlich der Beweislast weiter nach Insolvenzgrund und -zeitpunkt zu differenzieren ist. *Hölzle/Schulenberg* wollen die Beweislast des § 19 Abs. 2 Satz 1 InsO für den Zeitraum vor dem 1. 3. 2020 für den Fall verändern, dass sich ein Anspruchsteller auf die Überschuldung stützt: Der Geschäftsführer sei – wie vor Inkrafttreten des COVInsAG – verpflichtet, die positive Fortführungsprognose zu untermauern und ggfs. zu beweisen.[61] Nach Auffassung von *Bitter* reagiert das COVInsAG hingegen nur nach dem 1. 3. 2020 entstandene Prognoseunsicherheiten.[62]

---

[59]   Uhlenbruck/*Hirte,* COVInsAG § 1 Rn. 29 unter Hinweis auf seine Anregung im Gesetzgebungsverfahren, diese Fallgruppenbildung dem BMJV im Rahmen einer Rechtsverordnung zu überlassen.

[60]   Begr. FraktionsE, Bundestags-Drucksache 19/18110, S. 22.

[61]   *Hölzle/Schulenberg,* ZIP 2020, 633, 637; vgl. auch *Thole,* ZIP 2020, 650, 654.

[62]   *Bitter,* ZIP 2020, 685, 688.

7. Freiwilliger Insolvenzantrag

Liegen die Voraussetzungen des § 1 COVInsAG vor und stellt das Unternehmen **73** dennoch schon vor dem 30. September 2020 einen Insolvenzantrag, dann gehorcht es damit keiner Pflicht, sondern es handelt freiwillig. Das ist **zulässig.**

In solchen Fällen ist – ähnlich wie bisher bei freiwilligen Insolvenzanträgen we- **74** gen drohender Zahlungsunfähigkeit nach § 18 InsO – die **Mitwirkung aller vertretungsbefugten Organmitglieder** zu fordern.[63]

Etwaige **gesellschaftsrechtliche Beschränkungen** im Innenverhältnis sind für **75** das Insolvenzgericht ohne Belang,[64] insoweit drohen lediglich dem Geschäftsführer Konsequenzen, wenn er ohne Einwilligung der Gesellschafterversammlung einen freiwilligen Antrag gestellt hat.[65]

8. Sonstige Insolvenzantragsrechte

a) Bestehende Antragsrechte von Gläubigern. Soweit Gläubiger antrags- **76** berechtigt sind, gilt § 3 COVInsAG.

b) Antrag ohne Insolvenzantragspflicht. Unternehmen und Unternehmer, **77** welche der Insolvenzantragspflicht aufgrund ihrer Rechtsform nicht unterliegen, bleiben von § 1 COVInsAG unberührt. Sie sind nicht gehindert, freiwillig Insolvenzantrag zu stellen. Zu der freiwilligen Antragstellung von Unternehmen, die unter § 1 COVInsAG fallen, siehe oben → Rn. 73 ff.

c) BaFin. Wenn die nach § 15 a InsO bestehende Pflicht zur Stellung eines In- **78** solvenzantrags nach § 1 ausgesetzt ist, sind die Bundesanstalt für Finanzdienstleistungsaufsicht beziehungsweise die zuständigen Aufsichtsbehörden nicht verpflichtet, aber auch nicht daran gehindert, das ihnen nach § 46b Abs. 1 KWG, § 43 Abs. 1 KAGB i. V. mit § 46b Abs. 1 KWG, § 21 Abs. 4 und 5 ZAG und § 312 Abs. 1 VAG zustehende Antragsrecht zu nutzen.[66]

V. Schuldner als natürliche Person, Sätze 4 und 5

1. Hintergrund

Natürliche Personen unterliegen keiner Insolvenzantragspflicht. Allerdings kann **79** die Unterlassung eines Insolvenzantrags zur **Versagung der Restschuldbefreiung** nach § 290 Abs. 1 Nr. 4 InsO führen. Dabei geht es nicht um Insolvenzverschleppung durch unterlassene Antragstellung, sondern lediglich um aktive Verhaltensweisen des Schuldners, der Gläubiger von Insolvenzanträgen abhält, ohne dass eine realistische Aussicht auf Besserung der wirtschaftlichen Lage besteht.[67] Für eine Versagung ist außerdem erforderlich, dass sich durch dieses Schuldnerverhalten die an die Gläubiger auszuschüttende Quote mindert.

[63] Römermann/*Montag* Leitfaden für Unternehmen in der Covid-19-Pandemie, Teil 2 Rn. 84.
[64] Wohl a. A. Uhlenbruck/*Hirte*, COVInsAG § 1 Rn. 6: Antrag „nur mit Zustimmung der im Innenverhältnis dafür zuständigen Gesellschaftsorgane zulässig".
[65] Näher Uhlenbruck/*Mock* § 18 Rn. 75 ff.
[66] Begr. FraktionsE, Bundestags-Drucksache 19/18110, S. 22 f.
[67] Römermann/*Montag* Leitfaden für Unternehmen in der Covid-19-Pandemie, Teil 2 Rn. 91.

80   Aus den gleichen Gründen, die eine Aussetzung der Insolvenzantragspflicht nach § 15 a InsO und § 42 Absatz 2 BGB rechtfertigen, ist nach Ansicht des Gesetzgebers[68] auch eine Aussetzung der **nachteiligen Rechtsfolgen** einer Verzögerung der Eröffnung des Insolvenzverfahrens nach § 290 Abs. 1 Nr. 4 InsO geboten. Wer von der durch § 1 COVInsAG eröffneten Möglichkeit einer späten Antragstellung Gebrauch gemacht hat, soll dadurch also nicht seine Restschuldbefreiung riskieren.

2. Regelungsgehalt

81   Auf eine Verzögerung der Eröffnung des Insolvenzverfahrens im Zeitraum zwischen dem 1. März 2020 und dem 30. September 2020 kann keine Versagung der Restschuldbefreiung gestützt werden. Dies gilt nicht, wenn die Insolvenzreife nicht auf den Folgen der Ausbreitung des SARS-CoV-2-Virus (COVID-19-Pandemie) beruht oder wenn keine Aussichten darauf bestehen, eine vorliegende Zahlungsunfähigkeit zu beseitigen.

82 **Beispiele:**

Die Zahlungsunfähigkeit beruht beispielsweise dann auf der Pandemie, wenn
- der Schuldner eine betriebsbedingte Kündigung erhalten hat, weil der Betrieb, in dem er beschäftigt war, durch behördliche Auflage geschlossen wurde
- der Schuldner an COVID-19 erkrankt ist und dadurch Einnahmenausfälle hinnehmen musste
- der Betrieb, in dem der Schuldner beschäftigt ist, Kurzarbeit angemeldet hat und der Schuldner hierdurch Einbußen an Einnahmen hinnehmen musste.

3. Vermutung

83   War der Schuldner am 31. Dezember 2019 nicht zahlungsunfähig, wird vermutet, dass die Insolvenzreife auf den Auswirkungen der COVID-19-Pandemie beruht und Aussichten darauf bestehen, eine vorliegende Zahlungsunfähigkeit zu beseitigen. Näher zu dieser Vermutung und ihrer Widerlegung oben.

§ 2 **Folgen der Aussetzung**

(1) **Soweit nach § 1 die Pflicht zur Stellung eines Insolvenzantrags ausgesetzt ist,**
1. **gelten Zahlungen, die im ordnungsgemäßen Geschäftsgang erfolgen, insbesondere solche Zahlungen, die der Aufrechterhaltung oder Wiederaufnahme des Geschäftsbetriebes oder der Umsetzung eines Sanierungskonzepts dienen, als mit der Sorgfalt eines ordentlichen und gewissenhaften Geschäftsleiters im Sinne des § 64 Satz 2 des Gesetzes betreffend die Gesellschaften mit beschränkter Haftung, des § 92 Absatz 2 Satz 2 des Aktiengesetzes, des § 130a Absatz 1 Satz 2, auch in Verbindung mit § 177a Satz 1, des Handelsgesetzbuchs und des § 99 Satz 2 des Genossenschaftsgesetzes vereinbar;**
2. **gilt die bis zum 30. September 2023 erfolgende Rückgewähr eines im Aussetzungszeitraum gewährten neuen Kredits sowie die im Aussetzungszeitraum erfolgte Bestellung von Sicherheiten zur Absicherung**

---

[68] Begr. FraktionsE, Bundestags-Drucksache 19/18110, S. 22.

solcher Kredite als nicht gläubigerbenachteiligend; dies gilt auch für die Rückgewähr von Gesellschafterdarlehen und Zahlungen auf Forderungen aus Rechtshandlungen, die einem solchen Darlehen wirtschaftlich entsprechen, nicht aber deren Besicherung; § 39 Absatz 1 Nummer 5 und § 44 a der Insolvenzordnung finden insoweit in Insolvenzverfahren über das Vermögen des Schuldners, die bis zum 30. September 2023 beantragt wurden, keine Anwendung;

3. sind Kreditgewährungen und Besicherungen im Aussetzungszeitraum nicht als sittenwidriger Beitrag zur Insolvenzverschleppung anzusehen;

4. sind Rechtshandlungen, die den anderen Teil eine Sicherung oder Befriedigung gewährt oder ermöglicht haben, die dieser in der Art und zu der Zeit beanspruchen konnte, in einem späteren Insolvenzverfahren nicht anfechtbar; dies gilt nicht, wenn dem anderen Teil bekannt war, dass die Sanierungs- und Finanzierungsbemühungen des Schuldners nicht zur Beseitigung einer eingetretenen Zahlungsunfähigkeit geeignet gewesen sind. Entsprechendes gilt für
   a) Leistungen an Erfüllungs statt oder erfüllungshalber;
   b) Zahlungen durch einen Dritten auf Anweisung des Schuldners;
   c) die Bestellung einer anderen als der ursprünglich vereinbarten Sicherheit, wenn diese nicht werthaltiger ist;
   d) die Verkürzung von Zahlungszielen und
   e) die Gewährung von Zahlungserleichterungen.

(2) Absatz 1 Nummer 2, 3 und 4 gilt auch für Unternehmen, die keiner Antragspflicht unterliegen, sowie für Schuldner, die weder zahlungsunfähig noch überschuldet sind.

(3) Absatz 1 Nummer 2 und 3 gilt im Fall von Krediten, die von der Kreditanstalt für Wiederaufbau und ihren Finanzierungspartnern oder von anderen Institutionen im Rahmen staatlicher Hilfsprogramme anlässlich der Covid-19-Pandemie gewährt werden, auch dann, wenn der Kredit nach dem Ende des Aussetzungszeitraums gewährt oder besichert wird, und unbefristet für deren Rückgewähr.

I. Hintergrund und Zweck des § 2 COVInsAG

An die Aussetzung der Insolvenzantragspflicht werden durch § 2 weitere Folgen **84** geknüpft, welche nach der Begründung des Gesetzentwurfes[69] die Erreichung des durch die Aussetzung verfolgten Ziels absichern, betroffenen Unternehmen unter den gegebenen Umständen die Möglichkeit zu geben, das Unternehmen **fortzuführen** und die **Insolvenzlage zu beseitigen.** Auch diese Vorschrift wurde gemäß Art. 6 Abs. 1 des Abmilderungsgesetzes vom 27. 3. 2020 rückwirkend zum 1. März 2020 in Kraft gesetzt.

Aus der Begründung des Gesetzentwurfes ergibt sich, dass sich dessen Verfasser **85** der **Reichweite ihrer Eingriffe** in das System des Insolvenzrechts durchaus bewusst waren. Dort heißt es:[70] „Anfechtungstatbestände werden vorübergehend sehr weitgehend ausgeschlossen. Die damit verbundenen Nachteile für die Gläubi-

---

[69] Begr. FraktionsE, Bundestags-Drucksache 19/18110, S. 23.
[70] Begr. FraktionsE, Bundestags-Drucksache 19/18110, S. 20.

gergesamtheit in einer möglichen Folgeinsolvenz sind hinzunehmen, um einen Zusammenbruch ganzer Wirtschaftszweige zu vermeiden, der aufgrund des andernfalls fehlenden Zugangs zu notwendigen neuen Krediten oder der Erschwerung der Fortführung der Geschäfte drohen würde."

II. Haftungsfreistellung für ordnungsgemäße Zahlungen, Abs. 1 Nr. 1

1. Regelungsgehalt und Zweck

86   Nach Nummer 1 gelten Zahlungen, die im ordnungsgemäßen Geschäftsgang erfolgen, insbesondere solche Zahlungen, die der Aufrechterhaltung oder Wiederaufnahme des Geschäftsbetriebes oder der Umsetzung eines Sanierungskonzepts dienen, als mit der Sorgfalt eines ordentlichen und gewissenhaften Geschäftsleiters im Sinne der § 64 Satz 2 GmbHG, § 92 Absatz 2 Satz 2 AktG, § 130a Absatz 1 Satz 2, auch i. V. mit § 177a Satz 1, HGB und § 99 Satz 2 GenG vereinbar.

87   Die Anknüpfung in § 2 Abs. 1 COVInsAG an § 1 COVInsAG mit dem Wort **„soweit"** („Soweit nach § 1 die Pflicht zur Stellung eines Insolvenzantrags ausgesetzt ist"), ist **verunglückt**[71] und wird zuweilen sogar als „irreführend" bezeichnet.[72] Das Gesetz kennt keine partielle Aussetzung, z. B. in Bezug nur auf einzelne Antragsgründe.[73] Die Wirkungen des § 2 COVInsAG enden auch nicht zwingend mit dem Ende der Aussetzung nach § 1 COVInsAG, wie sich z. B. aus § 2 Abs. 1 Nr. 2 COVInsAG schon dem Wortlaut nach ergibt.

88   Geschäftsleiter sollen nach der Entwurfsbegründung[74] bei der Fortführung des Unternehmens nicht durch die engen Grenzen der genannten Vorschriften beschränkt werden. Sie sollen vielmehr die **erforderlichen Maßnahmen** ergreifen können, um das Unternehmen im ordentlichen Geschäftsgang **fortzuführen.** Das schließt nicht nur Maßnahmen der Aufrechterhaltung oder Wiederaufnahme des Geschäftsbetriebs ein, sondern auch Maßnahmen im Zuge der Neuausrichtung des Geschäfts im Rahmen einer Sanierung.

2. Zahlungen

89   „Zahlungen" sind im Normkontext des § 2 Abs. 1 Nr. 1 COVInsAG ebenso zu interpretieren wie in den dort **in Bezug genommenen Vorschriften,** insbesondere § 64 GmbHG.

90   Der Begriff der „Zahlungen" wird dort von der überwiegenden Ansicht **weit ausgelegt.**[75] Jede masseschmälernde Vermögensleistung aus dem Gesellschaftsvermögen genügt, sowohl Geldleistungen als auch sonstige Leistungen zu Lasten des Gesellschaftsvermögens. Die Schmälerung kann durch eine Handlung des Geschäftsführers eintreten, aber auch ohne seine persönliche Mitwirkung, wenn er den Abfluss nur hätte verhindern können.

---

[71] Als offensichtliche Ungenauigkeit bezeichnet die Formulierung *Bornemann,* jurisPR-InsR 9/2020 Anm. 1.

[72] Uhlenbruck/*Hirte,* COVInsAG § 2 Rn. 6.

[73] Uhlenbruck/*Hirte,* COVInsAG § 2 Rn. 6; *Hölzle/Schulenberg,* ZIP 2020, 633, 639.

[74] Begr. FraktionsE, Bundestags-Drucksache 19/18110, S. 23.

[75] Michalski/*Nerlich* GmbHG § 64 Rn. 14.

Beispiele für Zahlungen:[76]
- Geldleistungen, insbesondere Barauszahlungen aus dem Kassenbestand.
- Leistungen erfüllungshalber oder an Zahlung statt,
- Gewährung dinglicher Sicherheiten,
- Forderungsabtretung,
- Übertragung von Wirtschaftsgütern
- eine von der Gesellschaft erklärte Aufrechnung.
- Bei einem kreditorisch geführten Bankkonto beispielsweise Banküberweisungen an Gläubiger
- oder Abbuchung im Wege des Lastschriftverfahrens.
- Zahlungseingang auf dem debitorischen Konto, weil die kontoführende Bank dadurch ihre Darlehensverbindlichkeit zurückführt.

Beispiele, wo keine Zahlung vorliegt:[77]
- Bei einem debitorischen Konto Auszahlungen, Umbuchungen, etc., sofern die Bank nicht über Gesellschaftssicherheiten verfügt.
- Neue Verbindlichkeiten, wie Schuldanerkenntnis, Schuldversprechen oder Vereinbarungsdarlehen
- Zahlungen aus Mitteln Dritter
- Gegenseitige Verträge.

3. Ordnungsgemäßer Geschäftsgang

Zahlungen im ordnungsgemäßen Geschäftsgang sind sämtliche Leistungen, die **91** der üblichen Sorgfalt des Geschäftsleiters entsprechen.

Beispiele:[78]
- Zahlungen, die kraft Gesetzes geleistet werden müssen, z.B. Abführung von Arbeitnehmerbeiträgen zur Sozialversicherung, auch vor Insolvenzreife entstandene Beitragsrückstände
- Zahlungen zur Erfüllung steuerlicher Pflichten, auch auf Steuerrückstände
- Begleichung der Schulden von Konzerngesellschaften mit Mitteln, die von dieser zu diesem Zweck auf das Geschäftskonto der GmbH gezahlt worden sind
- Leistungen zur Aufrechterhaltung des Betriebs (Löhne, Stromkosten etc.)
- Zahlungen auf Verbindlichkeiten, z.B. bei Dauerschuldverhältnissen
- Erfüllung gegenseitiger Verträge.

Es kommt im Anwendungsbereich des § 2 COVInsAG nicht darauf an, was im **92** Falle einer eingetretenen oder bevorstehenden Insolvenz normalerweise – im Anwendungsbereich des § 15a InsO – gestattet wäre, da § 2 COVInsAG die Geschäftsleiter gegenüber der üblichen Rechtsfolge der Insolvenz gerade **privilegieren** soll.

Beispiele: Nicht im ordnungsgemäßen Geschäftsgang erfolgen beispielsweise Zahlungen, die:
- Als strafbare Untreue zu qualifizieren wären
- Gegen gesetzliche Verbote verstießen, z.B. §§ 30, 31 GmbHG
- Entnahmen von Geldern darstellen, die nicht durch rechtmäßig ergangene Gesellschafterbeschlüsse gedeckt sind

a) Aufrechterhaltung des Geschäftsbetriebes. Zur Aufrechterhaltung des **93** Geschäftsbetriebes dienen insbesondere laufende Zahlungen der Löhne, Gehälter, Miete, Leasingraten etc.

---

[76] Michalski/*Nerlich* GmbHG § 64 Rn. 14 ff.
[77] Michalski/*Nerlich* GmbHG § 64 Rn. 16 f.
[78] Vgl. Henssler/Strohn/*Arnold* GesR § 64 GmbHG Rn. 26 ff.

94   **b) Wiederaufnahme des Geschäftsbetriebes.** Eine Wiederaufnahme kommt etwa in Betracht, wenn der Geschäftsbetrieb durch behördliche Anordnung zeitweise geschlossen werden musste. Beispielsweise haben die Bundesländer im März 2020 Allgemeinverfügungen erlassen, wonach etwa Gaststätten und Hotels geschlossen bleiben mussten.

95   **c) Umsetzung eines Sanierungskonzepts.** Dabei wird nicht auf die Art und Qualität von Sanierungskonzepten abgestellt. Es muss kein Zusammenhang der Sanierungsbemühung mit der Pandemie bestehen, auch wenn das den häufigsten Fall bilden wird. Auch die Kosten für die Erstellung eines Sanierungskonzeptes dürften unter die Vorschrift fallen, nicht lediglich die Umstellung.

96   **d) Dienen.** Durch das Wort „dienen" bringt das Gesetz zum Ausdruck, dass die **Zielsetzung** und nicht der Erfolg der Zahlung entscheidet. Beispielsweise muss die Umsetzung des Sanierungskonzepts weder gelungen sein noch überhaupt nach überwiegender Wahrscheinlichkeit gelingen können. Entscheidend ist der Zweck der Zahlung.

4. Sorgfalt des Geschäftsleiters

97   Zahlungen, die trotz Insolvenzreife mit der Sorgfalt eines ordentlichen Geschäftsmanns vereinbar sind, sind objektiv gerechtfertigt und daher schon nicht pflichtwidrig.[79] Die Verbotsausnahme in den jeweils von § 2 Abs. 1 Nr. 1 COVInsAG in Bezug genommenen Gesetzen soll es den Geschäftsführern ermöglichen, notwendige **Ausgaben zur Fortführung** des Unternehmens zu tätigen.

98   Zahlungen nach § 2 Abs. 1 Nr. 1 COVInsAG „gelten" als mit der Sorgfalt eines ordentlichen und gewissenhaften Geschäftsleiters vereinbar. Das beinhaltet eine gesetzliche **Fiktion.** Sie ist keiner Widerlegung zugänglich.

99   Die **Sorgfalt** bestimmt sich im Sinne folgender Normen:

§ 64 GmbHG Haftung für Zahlungen nach Zahlungsunfähigkeit oder Überschuldung

Die Geschäftsführer sind der Gesellschaft zum Ersatz von Zahlungen verpflichtet, die nach Eintritt der Zahlungsunfähigkeit der Gesellschaft oder nach Feststellung ihrer Überschuldung geleistet werden. Dies gilt nicht von Zahlungen, die auch nach diesem Zeitpunkt mit der Sorgfalt eines ordentlichen Geschäftsmanns vereinbar sind. …

§ 92 AktG Vorstandspflichten bei Verlust, Überschuldung oder Zahlungsunfähigkeit

(1) …

(2) Nachdem die Zahlungsunfähigkeit der Gesellschaft eingetreten ist oder sich ihre Überschuldung ergeben hat, darf der Vorstand keine Zahlungen leisten. Dies gilt nicht von Zahlungen, die auch nach diesem Zeitpunkt mit der Sorgfalt eines ordentlichen und gewissenhaften Geschäftsleiters vereinbar sind. …

§ 130a HGB [Antragspflicht bei Zahlungsunfähigkeit oder Überschuldung]

(1) Nachdem bei einer Gesellschaft, bei der kein Gesellschafter eine natürliche Person ist, die Zahlungsunfähigkeit eingetreten ist oder sich ihre Überschuldung ergeben hat, dürfen die organschaftlichen Vertreter der zur Vertretung der Gesellschaft ermäch-

---

[79] MüKoGmbHG/*H.-F. Müller* § 64 Rn. 153.

tigten Gesellschafter und die Liquidatoren für die Gesellschaft keine Zahlungen leisten. Dies gilt nicht von Zahlungen, die auch nach diesem Zeitpunkt mit der Sorgfalt eines ordentlichen und gewissenhaften Geschäftsleiters vereinbar sind …

§ 177a HGB [Angaben auf Geschäftsbriefen; Antragspflicht bei Zahlungsunfähigkeit oder Überschuldung]

Die §§ 125a und 130a gelten auch für die Gesellschaft, bei der ein Kommanditist eine natürliche Person ist, § 130a jedoch mit der Maßgabe, dass anstelle des Absatzes 1 Satz 4 der § 172 Abs. 6 Satz 2 anzuwenden ist …

§ 99 GenG Zahlungsverbot bei Zahlungsunfähigkeit oder Überschuldung

Der Vorstand darf keine Zahlung mehr leisten, sobald die Genossenschaft zahlungsunfähig geworden ist oder sich eine Überschuldung ergeben hat, die für die Genossenschaft nach § 98 Grund für die Eröffnung des Insolvenzverfahrens ist. Dies gilt nicht für Zahlungen, die auch nach diesem Zeitpunkt mit der Sorgfalt eines ordentlichen und gewissenhaften Geschäftsleiters einer Genossenschaft vereinbar sind.

5. Reichweite der Haftungsfreistellung

Im Anwendungsbereich des § 2 Abs. 1 Nr. 1 COVInsAG ist eine **Haftung** der Geschäftsleiter **ausgeschlossen,** soweit die dort in Bezug genommenen Vorschriften anderenfalls Haftungsrisiken begründen würden.   **100**

In diesem Zusammenhang ist allerdings zu beachten, dass **nicht nur § 64 GmbHG** zur persönlichen Haftung führen kann.   **101**

War beispielsweise das Sanierungskonzept nicht hinreichend durchdacht, dann haftet der Geschäftsführer nach **§ 43 GmbHG** der Gesellschaft auf Schadensersatz. Die Beurteilung der Qualität von Sanierungskonzepten durch die Rechtsprechung erfolgt zwangsläufig nachgelagert und damit zu einem Zeitpunkt, zu dem der Betrachter schon weiß, wie sich die Situation seit der Planung verändert hat. Auch wenn die Rechtsprechung des BGH betont, es würde nach der *Business Judgement Rule* ein Ermessen der Geschäftsführung anerkannt,[80] lässt sich nicht vermeiden, dass die zwischenzeitlich gewonnenen Erkenntnisse einfließen, wenn es um die Würdigung früherer Prognosen geht.   **102**

Ferner kommt eine **deliktische** Anknüpfung der persönlichen Haftung gegenüber Dritten in Betracht.[81] Das gilt insbesondere, soweit das Unternehmen trotz bestehender Zahlungsunfähigkeit weiter geführt wird und   **103**

- neue Verträge abschließt (Eingehungsbetrug, § 263 StGB, sofern der Geschäftsführer den potenziellen Vertragspartner nicht im Vorfeld über die Unsicherheit der Bezahlung aufklärt), Haftung aus § 311 Abs. 2 BGB (culpa in contrahendo);[82]
- Sozialversicherungsbeiträge der Arbeitnehmer nicht abführt, § 266a StGB;
- Sonstige Fälle der Dritthaftung aus § 826 BGB.

Auch eine Haftung der Geschäftsleiter im Innenverhältnis gegenüber aktuellen oder in die juristische Person erst noch eintretenden Mitgliedern aus § 823 Abs. 2 BGB iVm § 15a InsO kommt in Betracht.[83]   **104**

---

[80] Näher Michalski/*Ziemons* GmbHG § 43 Rn. 134 ff. mwN.
[81] Uhlenbruck/*Hirte,* COVInsAG § 1 Rn. 11 ff.
[82] Uhlenbruck/*Hirte,* COVInsAG § 1 Rn. 11.
[83] Uhlenbruck/*Hirte,* COVInsAG § 1 Rn. 16.

III. Keine Anfechtung bei neuen Krediten, Abs. 1 Nr. 2

1. Zweck der Norm

105   Die Regelung schützt nach der Entwurfsbegründung[84] die Geber von neuen Krediten, einschließlich von Warenkrediten und anderen Formen der Leistungserbringung auf Ziel. Sie sollen nicht befürchten müssen, zur Rückgewähr zwischenzeitlicher Leistungen verpflichtet zu werden oder den Zugriff auf die bei der Vergabe der neuen Kredite gewährten Sicherheiten zu verlieren, wenn die Bemühungen um eine Rettung des Unternehmens der Kreditnehmerin oder des Kreditnehmers scheitern und deshalb doch ein **Insolvenzverfahren eröffnet** wird. Scheitert der Versuch einer Fortführung oder Sanierung, kommt es also zum Insolvenzverfahren, liefen solche Darlehensgeber nämlich normalerweise das **Risiko,** auf einen Quotenanspruch verwiesen zu werden. Soweit sie zwischenzeitlich Zinsen erhalten hätten, läge die Gefahr nahe, dass ein Insolvenzverwalter diese Zahlungen im Wege der Anfechtung zurückholte. Das alles wird durch die Neuregelung verhindert.

2. Im Aussetzungszeitraum gewährt: Vermutung und Widerlegungsmöglichkeit

106   Das Gesetz spricht von „im Aussetzungszeitraum gewährten" Krediten. Diese Formulierung könnte darauf hindeuten, dass die Privilegierung schon dann zum Tragen kommt, wenn die Kreditgewährung in den **relevanten Zeitraum** fällt.

107   Die Verfasser des Gesetzentwurfes verstehen es indes **anders.** Die Begründung des Entwurfes hält insoweit fest:[85] „Tatbestandlich knüpft die Regelung zunächst an § 1 an, sodass die dortigen Voraussetzungen einschließlich der Beweislastregelungen gelten, aber den Kreditgebern auch die dortigen Vermutungen zugutekommen."

108   Daraus folgt: Die Entwurfsverfasser wollen dem Kreditgeber zwar die Vermutung des § 1 COVInsAG zugutekommen lassen, öffnen aber zugleich das Tor zur potenziellen **Widerlegung.** Legt der Insolvenzverwalter dar, dass die Insolvenzreife des Unternehmens partout nichts mit der Pandemie zu tun hatte, dann entfällt die Aussetzung der Antragspflicht und auch neue Kredite genießen keine besondere Behandlung.

109   Das ist durchaus nicht selbstverständlich und kann in der **Praxis zu Problemen** führen. Die Vermutung überfordert im Anwendungsbereich des § 1 COVInsAG den betroffenen Geschäftsführer nicht, denn er muss stets wissen, wie es um das Unternehmen steht und worauf eine Schieflage gründet. Anders aber im Anwendungsbereich des § 2 COVInsAG: Hier geht es nicht unbedingt um die Privilegierung von „Insidern", sondern auch und nicht selten um diejenigen, die z.B. als Banken oder Investoren dem Unternehmen frisches Geld **von außen** zur Verfügung stellen. Sie müssen sich, wenn sie mit einer Debatte um die Entstehung der Unternehmenskrise rechnen müssen, umso genauer vorab informieren, um präzise zu dokumentieren, welchen Einfluss die Pandemie darauf hatte.

---

[84]   Begr. FraktionsE, Bundestags-Drucksache 19/18110, S. 23.
[85]   Begr. FraktionsE, Bundestags-Drucksache 19/18110, S. 23.

Kritik: Der Gesetzgeber, dem sonst simple Mechanismen am Herzen liegen, **110** hätte hier statt der Anknüpfung an Beweislast und Vermutung schlicht auf den Zeitraum der Darlehensgewährung abstellen können. Ausweislich der Begründung ist das nicht gewollt und es ist daher absehbar, dass die Praxis den – unbestimmten – Wortlaut des § 2 Abs. 1 Nr. 2 COVInsAG vor dem Hintergrund der historischen Entwicklung der Norm im Sinne der Gesetzesverfasser interpretieren wird.

3. Neuer Kredit

Von der Privilegierung erfasst sind „neue" Kredite, die im Aussetzungszeitraum **111** gewährt werden. Das bedeutet: **Frisches Geld.** Die Regelung zielt nämlich darauf ab, Banken und andere Kreditgeber zu motivieren, Krisenunternehmen zusätzliche Liquidität zur Verfügung zu stellen.[86]

Negativ-Beispiele. Keinen „neuen Kredit" stellen dar:[87] **112**

* Novation
* Prolongation
* wirtschaftlich vergleichbare Sachverhalte wie etwa ein Hin- und Herzahlen.

Die **Rückgewähr** des Kredits muss **bis zum 30. September 2023** erfolgen.

Ziel dieser Festlegung ist es, Rechtsunsicherheiten zu vermeiden, die insbeson- **113** dere im Rahmen des § 39 Abs. 4 Satz 2 InsO mit dem Begriff der „nachhaltigen Sanierung" der Gesellschaft verbunden sind. Bei einer offenen, nicht an ein Datum geknüpften Regelung hätten sich die Geldgeber womöglich bei Abflauen der durch die Pandemie ausgelösten Wirtschaftskrise sonst gehalten gesehen, rasch die von ihnen gewährten Mittel zurückzufordern, was wiederum der Nachhaltigkeit der Sanierung des betreffenden Unternehmens hätte beeinträchtigen können.[88]

Der **Wortlaut der Norm** ist im Hinblick auf die Rückzahlungsfrist etwas **weit** **114** **geraten,** wenn man berücksichtigt, dass die von COVID-19 ausgelöste Wirtschaftskrise womöglich bereits längere Zeit vor dem 30. September 2023 vorüber sein könnte. Bei Gewährung finanzieller Mittel oder Bestellung von Sicherheiten nach (weitgehender) Beendigung der Krise gibt es keinen Anlass mehr für eine Privilegierung der daraus resultierenden Handlungen.

Vor diesem Hintergrund gibt es Bestrebungen in der Literatur, den **Anwen-** **115** **dungsbereich** des § 2 Abs. 1 Nr. 2 COVInsAG zu **reduzieren.** *Thole* will die restriktiven Tatbestandsmerkmale des § 2 Abs. 1 Nr. 4 COVInsAG praktisch bei dessen Nr. 2 ebenfalls bereits berücksichtigen.[89] *Bitter* schränkt § 2 Abs. 1 Nr. 2 COVInsAG „im Wege der teleologischen Reduktion ein. Da die Kreditgeber nur von den Rechtsunsicherheiten befreit werden sollten, die sich im Hinblick auf die Beurteilung der Sanierungsaussichten in der aktuellen Krisensituation ergeben, ist die unwiderlegliche Vermutung der fehlenden Gläubigerbenachteiligung im ersten Halbsatz jener Vorschrift in zeitlicher Hinsicht auf solche Umstände zu beschränken, welche sich im Aussetzungszeitraum ergeben."[90]

---

[86] Begr. FraktionsE, Bundestags-Drucksache 19/18110, S. 23.
[87] Begr. FraktionsE, Bundestags-Drucksache 19/18110, S. 23.
[88] *Bitter,* ZIP 2020, 685, 694.
[89] *Thole,* ZIP 2020, 650, 656.
[90] *Bitter,* ZIP 2020, 685, 694.

116   **Hin- und Herzahlen:**

- Erfolgt das „Hin- und Herzahlen" nicht durch dieselbe Person, sondern unter **Einschaltung Dritter,** insbesondere Treuhänder oder nahestehender Personen, dann ergeben sich schwer lösbare Abgrenzungsfälle.[91]
- Zwar ist die Rückzahlung des ursprünglichen Kredits nicht nach Nr. 2 privilegiert, wie sich aus dem Wort „neu" ergibt. Allerdings genießt der neu gewährte Kredit das Privileg nach § 2 Abs. 1 Nr. 2 COVInsAG und ist dementsprechend nicht anfechtbar.[92] Es ginge zu weit und würde kein angemessenes Ziel mehr verfolgen, würde man in einem solchen Fall sowohl die Rückzahlung des ursprünglichen Kredits als auch die Besicherung und Rückzahlung des neuen Kredits den allgemeinen Anfechtungsregeln unterwerfen. Anders kann es bei missbräuchlichen Gestaltungen liegen.

117   Ein bloßer **Wechsel der Art des Kredits** reicht nicht aus, um einen „neuen Kredit" anzunehmen. *Bitter* schlägt insoweit eine wirtschaftliche Betrachtung vor: „Wird beispielsweise ein echter Kredit i. S. v. § 488 BGB durch eine der oben genannten Arten wirtschaftlicher Kreditierung, etwa durch einen Warenkredit, von Seiten desselben Kreditgebers ersetzt oder umgekehrt, so ist auch in diesem Fall zu fragen, in welchem Umfang der Kreditgeber „unterm Strich" zusätzlich ins Risiko gegangen ist."[93]

118   **Problemfall: Erstmalige Stundung.** *Bitter* erörtert folgende Konstellation: Die Gesellschaft hat „beispielsweise von einem Lieferanten, sei er Gesellschafter oder nicht, Ware mit einem regulären Zahlungsziel bezogen und nun [wird] im Aussetzungszeitraum der Kaufpreisanspruch erstmalig gestundet, weil der Empfänger der Leistung nicht zahlen kann (insbesondere bedingt durch die Corona-Krise), [in dieser Konstellation] ist zu entscheiden, ob darin ein neuer Kredit liegt. Klar ist der Fall nur, wenn sich der Lieferant zur Erbringung seiner Leistung mit unüblich langem Zahlungsziel ebenfalls erst im Aussetzungszeitraum bereiterklärt hat, denn dann ist er das mit dieser Zahlungsabrede verbundene Insolvenzrisiko (Abweichung von §§ 320, 321 BGB) zusätzlich eingegangen. Das Gesetz will insoweit … gerade nicht nur den klassischen Kredit, sondern auch den Warenkredit privilegieren."[94]

119   Leistung mit einer **Stundung der Gegenleistung:**

- Bei **Zahlungsziel** von über drei Monaten wird man ohne Weiteres von einer Kreditierung ausgehen können, wobei es keine Rolle spielt, ob von Anfang an gestundet wurde oder später.[95]
- Zum Teil[96] wird nach Sinn und Zweck der Privilegierung eine Kreditierung bei Warenkrediten oder sonstigen Leistungen auf Zeit darüber hinaus immer dann angenommen, wenn **kein Bargeschäft** mehr vorliegt (also ab einem Zahlungsziel von 30 Tagen). So soll sichergestellt werden, dass Vorleistungen von Vertragspartnern entweder über das Bargeschäft, über die Privilegierung nach Nr. 4 oder über die Regelung der Nr. 2 vor einer Anfechtung geschützt werden. Durch ein derart weitreichendes Verständnis werden zwar – vermeintlich – bestehende „Schutzlücken" geschlossen. Tatsächlich wird dadurch aber auf das Tat-

---

[91] *Bitter,* ZIP 2020, 685, 696 mit Beispielsfällen.
[92] Uhlenbruck/*Borries,* 15. Aufl. 2020, COVInsAG § 2 Rn. 25.
[93] *Bitter,* ZIP 2020, 685, 696.
[94] *Bitter,* ZIP 2020, 685, 696.
[95] Uhlenbruck/*Borries,* 15. Aufl. 2020, COVInsAG § 2 Rn. 18.
[96] Uhlenbruck/*Borries,* 15. Aufl. 2020, COVInsAG § 2 Rn. 18.

bestandsmerkmal des „Kredits" vollständig verzichtet. Für einen „Kredit" ist mehr zu fordern als die bloße Vorleistung des jeweiligen Vertragspartners.

Schweigen des Gläubigers. Nach Teilen des Schrifttums soll es für die An- 120 nahme eines Kredits ausreichen, wenn der Gläubiger die Forderung nicht betreibt, ohne dass es auf eine (ausdrückliche) Stundungsvereinbarung ankommt.[97] Denn Vertragspartner, die dem Schuldner weiterhin Kredit geben, sollten privilegiert werden und das müsse unabhängig davon gelten, ob sie dies auf Grund einer ausdrücklichen Vereinbarung oder stillschweigend täten, und auch unabhängig davon, ob sie sich des Kreditierungsrisikos bewusst oder nur blauäugig gewesen seien. Denn es könne nicht sein, dass nur derjenige privilegiert werde, der rechtlich gut beraten sei. Diese Ansicht überzeugt indes nicht. Ein „Kredit" ist mehr als das bloße Schweigen und das Fehlen eines Drängens auf Zahlung. Ein einfaches Nichtbetreiben lässt keine Willenserklärung erkennen, die für die Annahme eines Kredits indes erforderlich wäre.

Problemfall: Mehrfache Gewährung und Rückführung **(Kontokorrent,** 121 **Cash-Pool).**

Bei mehrfacher Gewährung und Rückführung eines Darlehens, insbesondere 122 im **Cash-Pool,** „beschränkt sich die Anfechtbarkeit gem. § 135 Abs. 1 Nr. 2 InsO im Grundsatz auf denjenigen Betrag, der sich als Differenz zwischen dem Höchstsaldo der Kreditierung im Jahreszeitraum des § 135 Abs. 1 Nr. 2 InsO und dem Endsaldo ergibt."[98]

Besteht bereits aus der Zeit vor der Pandemie bzw. vor Inkrafttreten des Gesetzes 123 (1. März 2020) eine **Kreditlinie,** so reicht es für die Annahme eines neuen Kredits im Sinne der Norm nach Sinn und Zweck der Regelung aus, wenn der Kreditgeber diese Kreditlinie nicht sperrt oder kündigt, sondern den Schuldner Gelder ziehen lässt.[99]

4. Neue Sicherheiten

Neben neuen Krediten sind von der Norm auch die hierfür gewährten Sicher- 124 heiten umfasst. Sie müssen zur Absicherung „solcher Kredite", also der „neuen Kredite" im Sinne der Norm bestellt worden sein.

5. Gesellschafter-Leistungen, Halbsatz 2

a) Zweck. Die Vorschrift des § 2 Abs. 1 Nr. 2 Halbsatz 2 COVInsAG stellt zu- 125 nächst klar, dass die Privilegierung des Halbsatzes 1 auch für die Rückgewähr von **Gesellschafterdarlehen** und Zahlungen auf Forderungen aus Rechtshandlungen gilt, die einem solchen Darlehen wirtschaftlich entsprechen. Auch der Gesellschafter soll damit Anreize erhalten, sein Unternehmen zu retten, indem er frische Liquidität zur Verfügung stellt.

b) Neue Kredite. Auch bei den Gesellschafterkrediten muss es sich um neue 126 Kredite handeln. Nicht erfasst ist daher insbesondere die Prolongation oder Neuvergabe eines bislang nachrangigen Gesellschafterdarlehens zum Zwecke oder mit der Wirkung einer Rangaufwertung.[100]

---

[97] Uhlenbruck/*Borries,* 15. Aufl. 2020, COVInsAG § 2 Rn. 18.
[98] *Bitter,* ZIP 2020, 685, 697.
[99] Uhlenbruck/*Borries,* 15. Aufl. 2020, COVInsAG § 2 Rn. 23; *Thole,* ZIP 2020, 650, 655.
[100] Begr. FraktionsE, Bundestags-Drucksache 19/18110, S. 23.

127   **c) Zeitliche Komponente.** Die Privilegierung gilt in zeitlicher Hinsicht indes nur für Unternehmen, bei denen ein Insolvenzantrag bis spätestens 30. September 2023 gestellt wird. Diese Befristung trägt dem Charakter des Gesetzes als Hilfsmaßnahme in der Corona-Krise Rechnung.

128   **d) Sicherheiten.** Von der Privilegierung **nicht erfasst** ist die Stellung von Sicherheiten für Gesellschafterdarlehen aus dem Vermögen der Gesellschaft. Der Wortlaut des § 2 Abs. 1 Nr. 2 COVInsAG ist insoweit eindeutig und die Begründung des Gesetzentwurfes hebt diese Unterscheidung noch einmal explizit hervor.[101] Insbesondere schließe Halbsatz 3 deswegen nicht die Anwendung des § 135 Abs. 1 Nr. 1 InsO aus.

129   Hintergrund dieser Herausnahme des § 135 Abs. 1 Nr. 1 InsO ist der Umstand, „dass von den Gesellschaftern mehr verlangt wird als von den externen Kreditgebern, weil den Gesellschaftern im Gegenzug auch ein weitergehendes Privileg – die Ausnahme vom grundsätzlich sinnvollen Gesellschafterdarlehensrecht – gewährt wird: Sie sollen ihr zusätzliches Insolvenzrisiko ohne die Möglichkeit der (partiellen) Absicherung durch Kreditsicherheiten eingehen. Der „Preis" ist erhöht, weil sie im Gegenzug auch mehr bekommen: Die außerhalb der jetzigen Sondersituation nicht gerechtfertigte Gleichstellung mit jenen Drittkreditgebern."[102]

6. Nichtanwendung von Vorschriften, Halbsatz 3

130   Auch neue Gesellschafterdarlehen oder Forderungen aus wirtschaftlich vergleichbaren Rechtshandlungen wären grundsätzlich in der Insolvenz **nachrangig** (§ 39 Abs. 1 Nr. 5 InsO); die Vorschrift des § 2 Abs. 1 Nr. 2 Halbsatz 3 COVInsAG hebt diesen Nachrang auf. Das dient dem Zweck, auch Gesellschaftern Anreize zu bieten, dem Unternehmen in der Krise Liquidität zuzuführen.[103]

131   Aus den gleichen Gründen wird der Gläubiger, der nach **§ 44 a InsO** nur anteilsmäßige Befriedigung aus der Insolvenzmasse verlangen könnte, soweit er bei der Inanspruchnahme der Sicherheit oder des Bürgen ausgefallen ist, privilegiert.

7. Rechtsfolge: Keine Gläubigerbenachteiligung

132   Für alle in der Vorschrift genannten neuen Kredite und neuen Sicherheiten (außer Gesellschaftersicherheiten) „gilt", dass die Gläubigerbenachteiligung und damit die Anfechtung nach den §§ 129 ff. InsO ausgeschlossen sind. Durch diese **Fiktion**, die keiner Widerlegung zugänglich ist, werden die Geldgeber vor Risiken abgeschirmt.

8. Zeitlicher und gegenständlicher Umfang

133   Die Freistellung von der Anfechtung gilt sowohl für Zahlungen zur Rückführung des überlassenen **Kapitals** als auch für angemessene **Zinszahlungen**.[104]

134   Da lediglich kurz- und mittelfristige Unterstützungsmaßnahmen geschützt werden sollen, müssen die **Zahlungen bis zum 30. September 2023** vorgenommen

---

[101]   Begr. FraktionsE, Bundestags-Drucksache 19/18110, S. 23.
[102]   *Bitter,* ZIP 2020, 685, 695.
[103]   Begr. FraktionsE, Bundestags-Drucksache 19/18110, S. 23.
[104]   Begr. FraktionsE, Bundestags-Drucksache 19/18110, S. 23.

sein. Dem insoweit zeitlich beschränkten Schutz der Sanierungsfinanzierung entspricht die Beschränkung der Rangaufwertung von neuen Gesellschafterkrediten auf Insolvenzverfahren, die bis zum 30. September 2023 beantragt worden sein werden. [105]

IV. Keine Sittenwidrigkeit neuer Geldmittel, Abs. 1 Nr. 3

1. Hintergrund, Entstehungsgeschichte und Zweck

Durch diese Regelung soll die **Rechtssicherheit** für die Geber neuer Finanzierungen in der Krise erhöht werden.[106]   **135**

Die Vorschrift antwortete nach dem Willen der Verfasser der **ersten „Formulierungshilfe"** der Bundesregierung vom 20. März 2020 auf eine Sentenz des BGH aus dem Jahre 1995.[107] Dort war entschieden worden, dass die Gewährung von Sicherheiten zugunsten eines Gläubigers unter bestimmten Umständen sittenwidrig sein und Haftungsansprüche anderer Gläubiger auslösen könne.   **136**

Der Leitsatz der **Entscheidung aus dem Jahre 1995** lautet: „Tritt ein Unternehmer, dessen baldiger Konkurs wahrscheinlich ist, sicherungshalber seine gesamten – auch künftigen – Kundenforderungen und damit sein letztes pfändbares Vermögen, ohne dass neue Mittel zugeführt wurden, an einen Gläubiger ab, so ist die Abtretung regelmäßig sittenwidrig, wenn dieser sich mindestens grob fahrlässig über die Erkenntnis der drohenden Insolvenz des Schuldners hinweggesetzt hat."   **137**

Der **Wortlaut der ersten Formulierungshilfe** war dementsprechend wie folgt formuliert worden: „… 3. ist die Kreditgewährung und Besicherung unter den Voraussetzungen der Nummer 2 nicht als sittenwidrig anzusehen".   **138**

Mit dem Bearbeitungsstand: 21.3.2020 18:14 Uhr gab es sodann eine überarbeitete, **zweite Fassung der Formulierungshilfe** der Bundesregierung, die, identisch mit dem in den Bundestag eingebrachten Gesetzentwurf, dann schon die Formulierung aufwies, wie sie schließlich verabschiedet wurde. In dieser Entwurfsbegründung wird auf die BGH-Entscheidung aus dem Jahre 1995 **nicht mehr Bezug genommen.** In der Detailbegründung zur Nr. 3 wird lediglich darauf hingewiesen, dass die Voraussetzungen eines Sittenverstoßes (§§ 138, 826 BGB) bei der Gewährung von Krediten und/oder deren Besicherung[108] im Rahmen der finanziellen Stützung von Unternehmen, die durch die Corona-Krise in eine akute Schieflage geraten sind, ohnehin in aller Regel nicht vorliegen werden.   **139**

2. Kreditgewährungen und Besicherungen

Von der Vorschrift sind nach dem Willen der Gesetzesverfasser auch Prolongationen und Novationen erfasst.[109]   **140**

---

[105] Begr. FraktionsE, Bundestags-Drucksache 19/18110, S. 23f.
[106] Begr. FraktionsE, Bundestags-Drucksache 19/18110, S. 24.
[107] BGH, Urteil vom 16. März 1995 – IX ZR 72/94, NJW 1995, 1668.
[108] Begr. FraktionsE, Bundestags-Drucksache 19/18110, S. 24 verweist insoweit auf BGH, Urteil vom 12. April 2016 – XI ZR 305/14 –, BGHZ 210, 30 Rn. 39ff.
[109] Begr. FraktionsE, Bundestags-Drucksache 19/18110, S. 24.

In der Literatur ist das umstritten.[110] *Thole*[111] und *Bitter* folgen dem Willen der Entwurfsverfasser. „Der in einer früheren Textfassung (21.3.2020, 18:14 Uhr) enthaltene Verweis auf Nr. 2 („unter den Voraussetzungen der Nr. 2") wurde bewusst nicht in den endgültigen Text der Nr. 3 übernommen, wie auch die Begründung … deutlich macht".[112]

3. Kein sittenwidriger Beitrag zur Insolvenzverschleppung

141   Das Gesetz arbeitet mit einer unwiderleglichen Qualifikation: Weder Kreditgewährung noch Besicherung sind sittenwidrig. Damit werden insbesondere die **Rechtsfolgen nach § 138 BGB sowie § 826 BGB ausgeschlossen.**

142   Anders als noch die **Formulierungshilfe** der Bundesregierung vom **20. März 2020** verengt der schließlich verabschiedete Wortlaut der Norm den Anwendungsbereich auf den Fall des „Beitrages" zur Insolvenzverschleppung.

143   Der Inhalt der Norm ist insoweit nicht sofort verständlich. Im Aussetzungszeitraum, auf den in der Vorschrift explizit Bezug genommen wird, ist eine **Insolvenzverschleppung im Grunde nicht denkbar,** da die Aussetzung der Insolvenzantragspflicht eine Verschleppung ausschließt. Wenn schon die Haupttat nicht in Betracht kommt, gilt das erst recht für Beihilfetaten oder – in der Sprache der Nr. 3 – „Beiträge".

144   Das gilt indes nur für Unternehmen, welche auch die **Voraussetzungen für die Aussetzung** erfüllen. Bei Unternehmen, deren Zahlungsunfähigkeit schon vor dem 31. Dezember 2019 bestand oder die keine Aussichten auf Beseitigung der Zahlungsunfähigkeit bieten, gelten die üblichen Regeln des § 15a InsO. Ihre Geschäftsleiter können durchaus Insolvenzverschleppung begehen. Der Begriff des „Aussetzungszeitraumes" in § 2 Abs. 1 Nr. 3 COVInsAG ist nach diesem Verständnis **rein zeitlich** einzuordnen.

145   In einer solchen Konstellation, in welcher der Geschäftsleiter im Zeitraum zwischen dem 1. März 2020 und dem 30. September 2020 bzw. – nach Verlängerung – 31. März 2021 **Insolvenzverschleppung** begeht, soll eine Kreditgewährung nicht der Qualifikation als sittenwidrig verfallen.

4. Ausnahmsweise Sittenwidrigkeit

146   Die Vorschrift schließt nicht per se eine Qualifikation von Finanzierungszusagen durch Geldgeber als sittenwidrig aus.

147   Insbesondere kann danach die Kreditgewährung wegen Wucherzinsen weiterhin sittenwidrig sein.[113]

---

[110] Gegen eine Erstreckung auf Prolongationen und Novationen: *Hölzle/Schulenberg,* ZIP 2020, 633, 646f.

[111] *Thole,* ZIP 2020, 650, 656.

[112] *Bitter,* ZIP 2020, 685, 695 in Fn. 113.

[113] *Bitter,* ZIP 2020, 685, 693.

V. Sonstige Freistellungen von der Anfechtung, Abs. 1 Nr. 4

1. Hintergrund und Zweck

Ein Bedürfnis für einen **Anfechtungsschutz** besteht nach der Entwurfsbegrün- **148** dung[114] auch in bestimmten Fällen, in denen kein neuer Kredit im Sinne der Nummer 2 vorliegt. Dies betreffe z.B. Vertragspartner von Dauerschuldverhältnissen wie Vermieter sowie Leasinggeber, aber auch Lieferanten. Wenn solche **Vertragspartner** befürchten müssten, erhaltene Zahlungen im Falle des Scheiterns der Sanierungsbemühungen des Krisenunternehmens mit anschließender Eröffnung des Insolvenzverfahrens aufgrund einer Anfechtung zurückzahlen zu müssen, wären sie nach Ansicht der Entwurfsverfasser geneigt, die Vertragsbeziehung auf dem schnellsten Wege zu beenden, was wiederum die Sanierungsbemühungen vereiteln würde.

2. Umfang der Freistellung

a) Leistungen an Erfüllungs statt oder erfüllungshalber. Ausdrücklich vor **149** Anfechtungen geschützt werden auch Leistungen an Erfüllungs statt oder erfüllungshalber sowie Forderungsabtretungen statt Barzahlungen, weil solche der Leistung des Geschuldeten wirtschaftlich gleichstehen.[115]

Beispiele (vgl. Nerlich/Römermann/*Nerlich* § 131 Rn. 18–20):
* Lieferung eigener Waren anstelle einer Geldleistung
* Abtretung einer Forderung als Sicherheit, aus der sich der Gläubiger befriedigen soll
* Übertragung bestimmter Vermögensstücke zur Abgeltung beruflicher Mitarbeit im Geschäft
* Hingabe eines Kundenwechsels
* Hingabe eines Kundenschecks
* Wechsel

Ohnehin nicht der Anfechtung nach § 131 InsO unterliegen Leistungen, die **150** im Rechtsverkehr üblich sind, wie z.B. die Banküberweisung oder die Übergabe eines eigenen Schecks oder Zahlung durch Einziehungsermächtigung, auch wenn sie als Leistung erfüllungshalber oder an Erfüllungs statt zu qualifizieren sind (Nerlich/Römermann/*Nerlich* § 131 Rn. 19).

b) Zahlungen durch einen Dritten auf Anweisung des Schuldners. Zah- **151** lungen eines Dritten sind, wenn sie auf Anweisung des Schuldners erfolgen, eigenen Leistungen des Schuldners gleichzustellen und somit ebenfalls anfechtungsfrei.

c) Bestellung einer anderen als der ursprünglich vereinbarten Sicher- 152 heit, wenn diese nicht werthaltiger ist. Auch die Auswechslung einer Sicherheit ohne Erhöhung des Sicherheitswerts wird geschützt, um die aus Sicht der Entwurfsverfasser[116] betriebswirtschaftlich sinnvolle Verwendung von Sicherungsgegenständen durch den Schuldner nicht zu behindern.

---

[114] Begr. FraktionsE, Bundestags-Drucksache 19/18110, S. 24.
[115] Begr. FraktionsE, Bundestags-Drucksache 19/18110, S. 24.
[116] Begr. FraktionsE, Bundestags-Drucksache 19/18110, S. 24.

153   **d) Verkürzung von Zahlungszielen.** Der Schutz einer Verkürzung von Zahlungszielen verfolgt nach der Entwurfsbegründung[117] den Zweck, Vertragspartnern einen weitergehenden Anreiz für eine **Fortsetzung der Vertragsbeziehungen** zu bieten. Wenn z.B. ein Lieferant betriebsnotwendiger Bauteile nur dann zur Weiterbelieferung des schuldnerischen Unternehmens bereit sei, wenn die bisher in einem Rahmenvertrag vereinbarten Zahlungsfristen verkürzt würden, sollte er nicht allein deshalb zu einer vollständigen Vertragsbeendigung gedrängt werden, weil er sich durch die Vertragsanpassung Anfechtungsrisiken aussetzen würde.

154   **e) Gewährung von Zahlungserleichterungen.** Der Schutz wird nach der Entwurfsbegründung[118] auf die Gewährung von Zahlungserleichterungen erstreckt, weil solche die **Liquidität** des Unternehmens stärken und insoweit ähnlich wirken wie die Gewährung neuer Kredite.

155   Zur Auslegung der Bestimmung schreibt *Bornemann:*[119] „Zu folgenschwereren Auslegungsfragen kann demgegenüber § 2 Abs. 1 Nr. 4 Buchst. e COVInsAG Anlass geben, da die dort von einer Anfechtung ausgenommenen Zahlungserleichterungen für sich genommen gar keinem Anfechtungsrisiko unterliegen. Hier wird erst unter Hinzuziehung der Gesetzesbegründung deutlich, dass es darum ging, die Geschäftspartner des Schuldners vor den Anfechtungsrisiken zu schützen, die sich im Nachgang zur Gewährung einer Zahlungserleichterung ergeben können".

3. Weiterhin mögliche Anfechtungen

156   Weiterhin möglich bleibt nach der Entwurfsbegründung[120] die Anfechtung bestimmter in der Aufzählung nicht genannter **inkongruenter Deckungen.** Außerdem könne eine Anfechtung weiterhin erfolgen, wenn dem anderen Teil **bekannt** war, dass die Sanierungs- und Finanzierungsbemühungen des Schuldners oder des Schuldners nicht zur Beseitigung der Insolvenzreife geeignet gewesen sind.

157   Die **Beweislast** dafür liege bei demjenigen, der sich auf die Anfechtbarkeit berufen möchte. Der andere Teil müsse sich nicht davon überzeugen, dass die Schuldnerin oder der Schuldner geeignete Sanierungs- und Finanzierungsbemühungen entfalte; nur die nachgewiesene positive Kenntnis vom Fehlen von Sanierungs- und Finanzierungsbemühungen oder von der offensichtlichen Ungeeignetheit der Sanierungs- und Finanzierungsbemühungen würde den Anfechtungsschutz entfallen lassen.

158   Im Ergebnis ist die **Anfechtung** kongruenter Deckungen oder Besicherungen im Schutzbereich des COVInsAG **faktisch ausgesetzt,** da dem Insolvenzverwalter der Beweis, dass dem Anfechtungsgegner die Aussichtslosigkeit der Sanierungs- und Finanzierungsbemühungen des Schuldners zur Beseitigung einer eingetretenen Zahlungsunfähigkeit bekannt war, kaum gelingen wird; umso weniger, je weitreichender die in Anspruch genommenen staatlichen Hilfspakete sind.

---

[117]   Begr. FraktionsE, Bundestags-Drucksache 19/18110, S. 24.
[118]   Begr. FraktionsE, Bundestags-Drucksache 19/18110, S. 24.
[119]   *Bornemann,* jurisPR–InsR 9/2020 Anm. 1.
[120]   Begr. FraktionsE, Bundestags-Drucksache 19/18110, S. 24.

VI. Anwendung auf nicht antragspflichtige Unternehmen, Abs. 2

Die Beschränkung von Anfechtungsrisiken durch § 2 Abs. 1 Nrn. 2, 3 und 4 **159** COVInsAG knüpft zunächst an die Aussetzung der Insolvenzantragspflicht nach § 1 COVInsAG an. Dort wiederum wird auf die Gründe für die Insolvenzreife Bezug genommen. Um zur Anwendung des § 2 Abs. 1 Nrn. 2, 3 und 4 COVInsAG zu gelangen, müssen daher **zwei Voraussetzungen** erfüllt sein: Insolvenzantragspflicht, § 15a InsO, und Insolvenzreife.

Die Auswirkungen der COVID-19-Pandemie treffen allerdings gleichermaßen **160** Unternehmen, die in einer Rechtsform organisiert sind, welche **keine Insolvenzantragspflicht kennt,** beispielsweise Einzelhandelskaufleute und Kommanditgesellschaften mit einer natürlichen Person als Komplementärin. Sie sind nicht weniger schutzbedürftig als diejenigen mit Insolvenzantragspflicht. Außerdem setzt die Schutzbedürftigkeit nicht erst im Moment der Insolvenz ein, sondern schon dann, wenn sich **ernsthafte wirtschaftliche Schwierigkeiten** aufgrund der Pandemie zeigen.

Das Gesetz trägt allen betroffenen Unternehmen Rechnung, indem auf beide **161** Voraussetzungen im Ergebnis **verzichtet** wird. Auch wenn Absatz 1 der Vorschrift auf der Aussetzung der Insolvenzantragspflicht nach § 1 COVInsAG basiert, gelten nach Absatz 2 der Vorschrift die Bestimmungen in § 2 Abs. 1 Nrn. 2, 3 und 4 COVInsAG auch für Unternehmen, die keiner Antragspflicht unterliegen sowie für Schuldner, die weder zahlungsunfähig noch überschuldet sind. Damit soll sämtlichen Arten von Unternehmen in jeder Phase der wirtschaftlichen Krise der Zugang zu weiterer Liquidität und zu Leistungen von Vertragspartnern geöffnet werden.[121]

Kritik: Gesetzestechnisch mutet es, wenn das in den Blick genommen wird, **162** recht kompliziert an, dass etwa die Beschneidung von Anfechtungsmöglichkeiten in § 2 Abs. 1 COVInsAG zunächst tatbestandlich an die Aussetzung der Insolvenzantragspflicht in § 1 COVInsAG anknüpft, um sodann in § 2 Abs. 2 COVInsAG auf diese Voraussetzung wieder zu verzichten.

VII. Entfristung für Finanzierungen im Rahmen der staatlichen Hilfsprogramme

1. Hintergrund und Zweck

Die Vorschrift stellt Finanzierungen, die im Rahmen der staatlichen Hilfspro- **163** gramme gewährt werden, von den Fristen des Absatzes 1 Nr. 2 frei. Insgesamt müsse gewährleistet sein, so heißt es dazu in der Entwurfsbegründung,[122] dass die im Rahmen der staatlichen Hilfsprogramme gewährten Kredite in den Genuss der Haftungs- und Anfechtungsbeschränkungen des Absatzes 1 Nummern 2 und 3 kämen.

---

[121]   Begr. FraktionsE, Bundestags-Drucksache 19/18110, S. 24.
[122]   Begr. FraktionsE, Bundestags-Drucksache 19/18110, S. 25.

2. Kreditgeber

164 Nach dem Hausbankprinzip werden Hilfen der **Kreditanstalt für Wiederaufbau** regelmäßig unter Beteiligung der Hausbank des Kreditnehmers gewährt. Der Verzicht auf zeitliche Beschränkungen gilt nicht nur für die von der Kreditanstalt für Wiederaufbau bereitgestellten Teile der Finanzierung, sondern auch für die **von Dritten bereitzustellenden** Teile davon.

165 Darüber hinaus wird aber auch **jede sonstige Institution** vor der Anfechtung geschützt. Eine Eingrenzung des Anwendungsbereichs ergibt sich indes aus dem Umstand, dass es sich um staatliche Hilfsprogramme handeln muss.

3. Anlass der Kreditvergabe

166 Der Kredit muss im Rahmen staatlicher Hilfsprogramme anlässlich der CO-VID-19-Pandemie gewährt worden sein. Die Zielsetzung muss sich ausdrücklich aus der Zielsetzung des Hilfsprogramms ergeben.

4. Freistellung von zeitlichen Beschränkungen

167 Die zeitlichen Beschränkungen des Absatzes 1 Nummern 2 und 3 gelten für Finanzierungen nicht, die im Rahmen der staatlichen Hilfsprogramme gewährt werden.

168 In beiden Nummern wird für die relevante Kreditgewährung oder Besicherung auf den **Aussetzungszeitraum** Bezug genommen, also nach § 1 COVInsAG der Zeitraum vom 1. März 2020 bis zum 30. September 2020 mit der in § 4 COVInsAG eingeräumten Verlängerungsmöglichkeit bis zum 31. März 2021.

169 In Nr. 2 wird darüber hinaus auf den 30. September 2023 abgestellt, und das gleich in mehrfacher Hinsicht: Als spätester Tag der **Rückzahlung** und als Frist für die Stellung des **Insolvenzantrages**.

170 Durch Absatz 3 wird auf jegliche **zeitliche Eingrenzung verzichtet**:
- Der Tag der **Kreditgewährung** ist ohne Relevanz.
- Der Tag der **Besicherung** ist ohne Relevanz.
- Der Tag der **Rückzahlung** ist ohne Relevanz.

171 Das bedeutet insbesondere, dass auch Kreditvergaben nach dem Auslaufen des Aussetzungszeitraums erfasst sind und dass der Schutz sich auch auf Rückzahlungszeiträume nach dem 30. September 2023 erstreckt. Die Gesetzesbegründung hält die Entfristung für die Kreditvergabe, deren Besicherung und Rückgewähr für gerechtfertigt angesichts der im Rahmen der **Vergabekontrolle** bestehenden Kontroll- und Steuerungsmöglichkeiten.[123]

§ 3 Eröffnungsgrund bei Gläubigerinsolvenzanträgen

Bei zwischen dem 28. März 2020 und dem 28. Juni 2020 gestellten Gläubigerinsolvenzanträgen setzt die Eröffnung des Insolvenzverfahrens voraus, dass der Eröffnungsgrund bereits am 1. März 2020 vorlag.

---

[123] Begr. FraktionsE, Bundestags-Drucksache 19/18110, S. 25.

I. Hintergrund und Zweck

Durch diese Regelung soll für einen Zeitraum von drei Monaten verhindert 172
werden, dass von der COVID-19-Pandemie betroffene Unternehmen, die am
1. März 2020 noch nicht insolvent waren, durch Gläubigerinsolvenzanträge **in ein
Insolvenzverfahren gezwungen** werden können.[124] Hierdurch wird zum einen
die vorübergehende Aussetzung der Insolvenzantragspflicht flankiert, zum anderen
soll dem Umstand Rechnung getragen werden, dass mit Hilfe von Hilfs- und **Sta-
bilisierungsmaßnahmen** und sonstiger Sanierungs- oder Finanzierungsmaßnah-
men die Insolvenzreife wieder beseitigt werden kann.

Die Einschränkung der Gläubigerinsolvenzanträge ist auf drei Monate befristet, 173
um den damit verbundenen **Eingriff in die Gläubigerrechte** zu beschränken.[125]

II. Gläubigeranträge

Soweit **außerhalb der Insolvenzordnung** geregelte Antragsrechte bestehen, 174
bleiben sie unberührt.[126] Das gilt für das Insolvenzantragsrecht der Bundesanstalt
für Finanzdienstleistungsaufsicht und der zuständigen Aufsichtsbehörden, insbesondere für Antragsrechte nach § 46b Abs. 1 KWG und § 312 Abs. 1 VAG.

Da es bei Gläubigeranträgen im Zeitraum bis 28. Juni 2020 maßgeblich darauf 175
ankommt, ob ein Eröffnungsgrund bereits am 1. März 2020 vorlag, wird es sinnvoll
sein, wenn die Insolvenzgerichte ihre Gutachteraufträge um einen entsprechenden
Auftrag explizit ergänzen.

III. Voraussetzung (nur) für die Eröffnung

Ein zwischen dem 28. März 2020 und dem 28. Juni 2020 gestellter Insolvenz- 176
antrag eines Gläubigers ist zulässig. Das Gesetz ordnet insoweit lediglich eine dritte
Voraussetzung für die Eröffnung – neben dem Eröffnungsgrund und der Kostende-
ckung – an: Einen Eröffnungsgrund, der schon am 1. März 2020 (oder früher) vorlag.

Am Eröffnungsverfahren ändert sich insoweit nichts. Es können – und müssen, 177
soweit das im konkreten Fall geboten erscheint – die üblichen **Sicherungsmaß-
nahmen** ergriffen werden, es wird typischerweise ein Sachverständiger eingesetzt,
die Bestellung eines vorläufigen Insolvenzverwalters – auch des „starken" – ist möglich.

Stellt der Sachverständige fest, dass ein Eröffnungsgrund vorliegt, er aber erst in 178
dem Zeitraum nach dem 1. März 2020 eingetreten ist, so ist zwar der anhängige
Gläubigerantrag vom Gericht zurückzuweisen (sofern er nicht vorher zurück-
genommen wird). Auf einen sodann ab dem 29. Juni 2020 neu gestellten Antrag
hin ist das Verfahren dann aber sofort zu eröffnen, wenn die maßgeblichen sonstigen Fragen durch das Gutachten im vorherigen Verfahren bereits geklärt sind.

---

[124] Begr. FraktionsE, Bundestags-Drucksache 19/18110, S. 25.
[125] Begr. FraktionsE, Bundestags-Drucksache 19/18110, S. 21.
[126] Begr. FraktionsE, Bundestags-Drucksache 19/18110, S. 25.

179   In der Praxis wird § 3 COVInsAG vor diesem Hintergrund nahezu keine Auswirkungen haben. Zwischen Antragstellung und Vorlage eines Gutachtens bzw.
der gerichtlichen Entscheidung darüber vergehen in der Regel ohnehin mehrere
Wochen und in dieser Zeit bleibt auch innerhalb des von § 3 COVInsAG genannten Zeitraumes im Grunde alles unverändert.

IV. Reichweite der rückwirkenden Anwendung

180   Die Vorschrift wurde gemäß Art. 4 Satz 1 rückwirkend zum 1. März 2020 in
Kraft gesetzt. Sie betrifft aber nach ihrem Wortlaut nur Anträge, bei denen am Tag
nach der Verkündung dieses Gesetzes am 27. März 2020 (BGBl. 2020 I, S. 569)
noch nicht über die Eröffnung des Verfahrens entschieden worden ist.[127]

§ 4   Verordnungsermächtigung

**Das Bundesministerium der Justiz und für Verbraucherschutz wird er-
mächtigt, durch Rechtsverordnung ohne Zustimmung des Bundesrates
die Aussetzung der Insolvenzantragspflicht nach § 1 und die Regelung
zum Eröffnungsgrund bei Gläubigerinsolvenzanträgen nach § 3 bis höchstens zum 31. März 2021 zu verlängern, wenn dies aufgrund fortbestehender Nachfrage nach verfügbaren öffentlichen Hilfen, andauernder Finanzierungsschwierigkeiten oder sonstiger Umstände geboten erscheint.**

I. Hintergrund und Zweck

181   Die Pflicht zur Stellung eines Insolvenzantrags nach § 15a InsO und nach § 42
Abs. 2 BGB wird durch § 1 COVInsAG zunächst bis zum 30. September 2020 aus-
gesetzt. Durch § 4 COVInsAG wird für das Bundesministerium der Justiz und für
Verbraucherschutz (BMJV) die Möglichkeit geschaffen, diese Aussetzung durch
Rechtsverordnung ohne Zustimmung des Bundesrates bis höchstens 31. März
2021 zu verlängern.

182   Die Entwurfsbegründung[128] rechtfertigt dies damit, dass **nicht absehbar** sei, ob
sich die Verhältnisse in den nächsten Monaten **hinreichend stabilisiert** haben
würden. Deswegen sollten die Aussetzung der Insolvenzantragspflicht einschließlich der daran anknüpfenden Folgen nach § 2 COVInsAG sowie die Einschränkung
der Möglichkeit zur Versagung der Restschuldbefreiung und die Regelung zum Eröffnungsgrund bei Gläubigerinsolvenzanträgen nach § 3 COVInsAG bis zum
31. März 2021 verlängert werden können, wenn das durch die Aussetzungsregelung
bestehende Bedürfnis danach fortbestehe, die Eröffnung von Insolvenzverfahren zu
vermeiden und die Fortführung von insolvenzreifen Unternehmen zu ermöglichen. Das gelte insbesondere dann, wenn weiterhin Bedarf nach zum Zwecke der
Stabilisierung der Unternehmen zur Verfügung gestellten Hilfsmitteln bestehe oder
anderweitig Aussichten bestünden, die betroffenen Unternehmen außerhalb eines
Insolvenzverfahrens zu stabilisieren und zu sanieren.

---

[127]   Begr. FraktionsE, Bundestags-Drucksache 19/18110, S. 25.
[128]   Begr. FraktionsE, Bundestags-Drucksache 19/18110, S. 25.

II. Anwendungsbereich

Die Verlängerungsmöglichkeit bezieht sich auf das **gesamte Gesetz.** Einer ge- **183**
sonderten Nennung des § 2 COVInsAG im Wortlaut des § 4 COVInsAG bedurfte
es nach Ansicht der Entwurfsverfasser[129] nur deswegen nicht, weil alle Tatbestände
des § 2 COVInsAG unmittelbar oder mittelbar an den Aussetzungszeitraum des § 1
COVInsAG anknüpfen.

III. Voraussetzungen für die Verlängerung

Die Voraussetzungen einer Verlängerung sind **denkbar unbestimmt** formu- **184**
liert. „Nachfrage" nach öffentlichen Hilfen wird es im Grunde immer geben. Gleiches gilt für „Finanzierungsschwierigkeiten" von Unternehmen. Diese Schwierigkeiten sind umso leichter vorhersehbar, als sich die Bundesregierung nahezu
zeitgleich zu einem gigantischen Bürgschafts- und Kreditprogramm entschlossen
hat, um die Wirtschaft von der kurzfristigen Insolvenz zu bewahren. Den Unternehmen werden im Ergebnis in vielen Branchen Darlehenslasten aufgebürdet, von
denen vorhersehbar ist, dass sie nicht bewältigt werden können. Die am Schluss an-
gefügten **„sonstigen Umstände"** lassen dann gleich jede Kontur vermissen. Damit hat das BMJV es in der Hand, ob es die Insolvenzantragspflicht bis Ende März
2021 hinausschieben wird.

IV. Kritik

Angesichts der weitreichenden Eingriffe in Gläubigerrechte, die durch die um- **185**
fangreichen Beschneidungen von Haftung und Anfechtung, aber auch durch die
Verhinderung von Insolvenzanträgen im Anwendungsbereich des § 3 COVInsAG
begründet werden, und der damit verbundenen Berührung insbesondere deren Eigentumsrechte erscheint es durchaus fragwürdig, ob die Entscheidung über solcher
Tragweite nicht **dem Gesetzgeber vorbehalten** bleiben müsste. Bedenklich ist
auch, dass der Gesetzgeber durch die Unbestimmtheit der Verlängerungskriterien
dem Ministerium eine nur schwach begrenzte Entscheidungshoheit eingeräumt
hat. Hängt die Anwendbarkeit eines Gesetzes von dem Erlass einer Rechtsverordnung ab, darf der Gesetzgeber nach Art. 80 Abs. 1 S. 2 GG die Entscheidung über
das „Ob" des Verordnungserlasses **nicht in das freie politische Belieben** des Verordnungsgebers stellen, sondern muss hinreichende Anhaltspunkte für die Entscheidung vorgeben.[130] Selbst wenn § 4 COVInsAG sowie der gesetzgeberische
Gesamtzusammenhang hinreichende Kriterien für die Entscheidung über die Gel-
tungsverlängerung von §§ 1 bis 3 COVInsAG bereitstellen sollten – **verfassungs-
politisch** bliebe die Verordnungsermächtigung verfehlt. Auch in Krisenzeiten
sollte das Parlament seine zentrale demokratische Legitimationsfunktion nach
Möglichkeit wahrnehmen und wesentliche Entscheidungen nicht ohne Not der
Regierung überantworten. Gerade die Entscheidung über die Verlängerung be-

---

[129] Begr. FraktionsE, Bundestags-Drucksache 19/18110, S. 25.
[130] BVerfGE 78, 249 (272 ff.); BVerfG NJW 2019, 3054 (3056).

stehender Krisengesetze kann das Parlament auch unter Zeitdruck gut treffen, da sie regelungstechnisch wenig aufwändig ist und geringeren politischen Beratungsdarf bergen dürfte.

V. Artikel 6 Inkrafttreten, Außerkrafttreten

186 *(1) „Artikel 1 tritt mit Wirkung vom 1. März 2020 in Kraft."*

1. Hintergrund und Zweck

187 Mit dem rückwirkenden Inkrafttreten sollte ausweislich der Entwurfsbegründung[131] dem Umstand Rechnung getragen werden, dass sich das **Gesetzgebungsverfahren nicht schnell genug** zum Abschluss bringen ließ, um auch den Fällen gerecht zu werden, in denen die Frist des § 15a Abs. 1 Satz 1 InsO bereits lief oder schon abgelaufen war, neue Finanzierungen bereits gewährt, Leistungen aufgrund von Vertragsbeziehungen bereits erbracht worden waren oder Zahlungen, welche nach der Neuregelung zulässig sind, bereits getätigt worden sein mussten, um den Geschäftsbetrieb aufrecht zu erhalten.

2. Reichweite der Geltung

188 Das rückwirkende Inkrafttreten betrifft sowohl die Aussetzung der Insolvenzantragspflicht und die Regelung zur Restschuldbefreiung nach § 1 COVInsAG als auch die Folgen der Aussetzung nach § 2 COVInsAG. § 3 COVInsAG tritt zwar auch zum 1. März 2020 in Kraft, betrifft aber nach seinem Wortlaut nur Anträge, bei denen am Tag nach der Verkündung dieses Gesetzes noch nicht über die Eröffnung entschieden wurde.

3. Verfassungsrechtliche Zulässigkeit der Rückwirkung

189 Diese Rückwirkung ist nach Auffassung der Entwurfsverfasser[132] **zulässig.**
190 Zwar handele es sich bei § 15a InsO auch um eine **strafrechtliche Vorschrift.** Da es sich aber um eine Rückwirkung **zugunsten** des Täters handele, sei das Rückwirkungsverbot des Art. 103 Abs. 2 GG nicht betroffen.
191 Im Übrigen trage die Rückwirkung in ihrer konkreten Ausgestaltung den **Interessen der Betroffenen** hinreichend Rechnung. Sie sei unter den Bedingungen der COVID-19-Pandemie eine **erforderliche** und **verhältnismäßige** Vorkehrung, die den Interessen der Beteiligten angemessen Rechnung trage. Die Insolvenzantragspflicht werde nicht vollständig ausgesetzt, sondern allein unter der engen Voraussetzung, dass Aussicht auf eine Sanierung des Unternehmens bestehe.
192 Daher würden insbesondere den **Gläubigern,** die im Übrigen auch weiterhin einen Insolvenzantrag stellen können, **keine übermäßigen Risiken** aufgebürdet. Soweit es um die Aussetzung der Zahlungsverbote geht, beschränke diese zwar Haftungsansprüche gegen Geschäftsleiter und greife somit in Vermögenswerte und daher dem Schutz des Art. 14 GG unterfallende Rechte ein. Ähnliches gelte für die Einschränkungen der Anfechtungsmöglichkeiten, die in einer nachfolgenden In-

---

[131] Begr. FraktionsE, Bundestags-Drucksache 19/18110, S. 41 f.
[132] Begr. FraktionsE, Bundestags-Drucksache 19/18110, S. 42.

solvenz die den Insolvenzgläubigerinnen und Insolvenzgläubigern zur Verfügung stehende Masse verringern.

Es sei in der Rechtsprechung des BVerfG aber anerkannt, dass auch eine echte **193** Rückwirkung **ausnahmsweise zulässig** sei, wenn **überragende Belange des Gemeinwohls,** die dem Prinzip der Rechtssicherheit vorgingen, einen rückwirkenden Grundrechtseingriff erforderten.[133]

Angesichts der außergewöhnlichen Umstände mit dem bundesweiten Verbot aller größeren Veranstaltungen, teilweisen Grenzschließungen, der Schließung von **194** Unternehmen bestimmter Branchen, von Schulen und Kinderbetreuungseinrichtungen drohe eine Welle von Insolvenzen in einem nie dagewesenen Umfang. Um dies zu verhindern, habe die Bundesregierung umfangreiche **öffentliche Hilfen** zugesichert, die aber nur dann ihre **volle Wirksamkeit** entfalten könnten, wenn an sich aussichtsreiche Sanierungen nicht durch Zahlungsverbote vereitelt würden und wenn auch Kreditgeber sowie Vertragspartner bereit seien, Sanierungen zu unterstützen.

4. Außerkrafttreten

Art. 6 Abs. 1 sieht **keine Regelung** zum Außerkrafttreten vor.　　　　　**195**

Zwar kann die Insolvenzantragspflicht höchstens bis zum 31. März 2021 ausgesetzt werden (§ 1 COVInsAG i.V. mit § 4 COVInsAG). Aber an diesen Tatbestand knüpfen sich auch **Rechtsfolgen,** die über den 31. März 2021 wirken sollen. Das gilt namentlich für die haftungs- und anfechtungsrechtliche Privilegierung der Rückzahlung von Darlehen nach § 2 Abs. 1 Nr. 2 und Abs. 3 COVInsAG. Die Bestimmung des § 2 COVInsAG knüpft zwar tatbestandlich an Rechtshandlungen und Sachverhalte während des Aussetzungszeitraums an, im Falle der Darlehensgewährung sollen aber die Rückzahlungen bis zum 31. März 2023 (§ 2 Abs. 1 Nr. 2 COVInsAG) oder gar darüber hinaus (§ 2 Abs. 3 COVInsAG) privilegiert werden.

---

[133] Die Entwurfsbegründung verweist auf BVerfG Beschluss vom 17.12.2013 – 1 BvL 5/08, BVerfGE 135, 1, Rn. 65 m.w.N.

Teil 2. Gesellschaftsrecht

A. Gesetz über Maßnahmen im Gesellschafts-, Genossenschafts-, Vereins-, Stiftungs- und Wohnungseigentumsrecht zur Bekämpfung der Auswirkungen der COVID-19-Pandemie (nachfolgend COVMG)

Übersicht

Römermann / Grupe

Vor § 1 – Allgemeines

I. Anlass und Zielsetzung des COVMG

1   Artikel 2 schafft ein **eigenständiges Artikelgesetz,**[1] welches am 27. März 2020 verkündet wurde und bereits am 28. März 2020 in Kraft getreten ist. Es betrifft die gesellschaftsrechtliche Komponente des alle wirtschaftlichen und gesellschaftlichen Bereiche durchdringenden **Gesetzes zur Abmilderung** der Folgen der CO-VID-19-Pandemie im Zivil-, Insolvenz- und Strafverfahrensrechts (nachfolgend COVFAG).

2   Das aus sechs Artikeln bestehende COVFAG ist neben dem Gesetz zur Errichtung eines Wirtschaftsstabilisierungsfonds (WStFG)[2] die bislang **wesentlichste gesetzgeberische Reaktion** auf die pandemische Ausbreitung des allgemein als „Corona-Virus" oder „COVID-19" bekannten SARS-CoV 2-Virenstammes, das weltweit einschneidende Veränderungen mit sich gebracht hat. Deutschland hatte insbesondere im März und April 2020 zur Verhinderung bzw. Abmilderung der weiteren Ausbreitung weitreichende Maßnahmen zum Schutz der Gesundheit seiner Bevölkerung getroffen, darunter strenge Kontakt- und Versammlungsverbote.

3   Gerade anlässlich dieser **Kontakt- und Versammlungsverbote** wurden indes Gesellschaften unterschiedlicher Rechtsformen massiv in ihrer Handlungsfähigkeit eingeschränkt, da deren Entscheidungen in Form von Gesellschafter- und Mitgliederbeschlüssen bis dahin grundsätzlich auf persönlich-physischen Versammlungen aller Berechtigten beruhten. Vor dem Hintergrund einer Krise verschärft sich diese Problematik deshalb, weil in aller Regel schnelles Agieren und Reagieren insbesondere auch durch außerordentliche Versammlungen – beispielsweise für Kapital- und Umstrukturierungsmaßnahmen erforderlich wird.

---

[1] Anderer Ansicht sind *Simons/Hauser* NZG 2020, 488, 489.
[2] BGBl. 2020 I S. 543. Hierzu *Omlor/Dilek* BB 2020, 1026; *Lieder* ZIP 2020, 837, 845 ff.; *Gottschalk/Ulmer* GWR 2020, 133.

Daneben drohten einzelne Gesellschaften mangels rechtzeitiger Neubestellung   4
der ablaufenden Ämter in die **Führungslosigkeit** zu geraten. Konkret den
Wohnungseigentümergemeinschaften drohte zudem die Planfinanzierung wegzu-
brechen.

Das COVMG soll alldem entgegenwirken und bezweckt, die **Handlungs-**   5
fähigkeit der hiervon umfassten Gesellschaftsformen mit Hilfe unterschiedlicher
Erleichterungen zu erhalten bzw. wiederherzustellen.[3] Dies hat der Gesetzgeber
maßgeblich anhand von Vereinfachungen der Teilnahme an Versammlungen,
Stimmabgabe und Beschlussfassung im elektronischen Wege umgesetzt.

II. Entstehungsgeschichte des COVMG

Als Teil des COVFAG folgt das COVMG dessen Genese.[4] Die **erste Formulie-**   6
rungshilfe der Bundesregierung zum COVMG war am 20. 3. 2020 um 21:12 Uhr
publiziert worden und inhaltlich bereits sehr umfassend. Sie hatte fast alle Aspekte
des später verabschiedeten Gesetzes enthalten, jedoch Stiftungen nicht extra erwähnt und die GmbH gesondert im Rahmen weiterer gesetzgeberischer Maßnahmen zur Wirtschaftsstabilisierung regeln wollen.

Erst die drauffolgende **Formulierungshilfe vom 21. 3. 2020** mit Bearbeitungs-   7
stand von 18:14 Uhr bezog beide, Stiftungen und GmbH, nun explizit mit ein. Davon abgesehen, nahm sie bloß noch geringfügige, punktuelle Änderungen vor.

Die Formulierungshilfe mündete schließlich im Gesetzesentwurf der Re-   8
gierungsfraktionen SPD und CDU/CSU zur BT-Drucksache 19/18110 vom
24. 3. 2020. Am Tag darauf erfolgte die Erste Beratung[5] und Weiterleitung an den
federführenden Ausschuss für Recht und Verbraucherschutz, welcher seine Beschlussempfehlung[6] und den Bericht[7] abgab. Sowohl die Fraktionen AfD als auch
Die Linke brachten im Rahmen der Lesung einige Änderungsanträge[8] ein, welche
indes nicht angenommen wurden.

Die Zweite[9] und Dritte[10] Lesung erfolgten ebenfalls am 25. 3. 2020. Innerhalb   9
der Plenardebatten fand das Gesellschaftsrecht allerdings wenig und nur sehr punk-
tuell Beachtung. Am Tag darauf wurde der Gesetzesbeschluss an den Bundesrat ge-
leitet, der am 27. 3. 2020 den Verzicht auf sein Recht zur Bildung eines Vermitt-
lungsausschusses (Art. 77 Abs. 2 GG) beschloss.[11] Noch an demselben Tag wurde
das COVFAG im Bundesgesetzblatt verkündet (BGBl. 2020 I, S. 569).

---

[3]   FraktE, BT-Drs. 19/18110, S. 3.
[4]   Abrufbar unter http://dipbt.bundestag.de/extrakt/ba/WP19/2605/260576.html. Letzter
      Zugriff am 15. 5. 2020.
[5]   BT-Plenarprotokoll 19/154, S. 19118B – 19119A.
[6]   BT-Drs. 19/18129.
[7]   BT-Drs. 19/18158.
[8]   BT-Drs. 19/18134 – 19/18139.
[9]   BT-Plenarprotokoll 19/154, S. 19149B – 19158A.
[10] BT-Plenarprotokoll 19/154, S. 19157C – 19157D.
[11] BR-Drs. 153/20(B).

III. Anwendungsbereich

1. Körperschaften

10   Das COVMG entfaltet nur für **Körperschaften** Wirkung. Dies betrifft Aktien-gesellschaften, Kommanditgesellschaften auf Aktien, Versicherungsvereine auf Gegenseitigkeit, Europäische Gesellschaften, Gesellschaften mit beschränkter Haftung, Genossenschaften, Vereine, Stiftungen und Wohnungseigentümergemeinschaften.

2. Keine Personenhandelsgesellschaften

11   Personenhandelsgesellschaften wie die Offene Handelsgesellschaft oder die Kommanditgesellschaft in ihrer Ausprägung als GmbH & Co. KG bleiben **ungeregelt.** Dies wäre angesichts ihrer praktischen Bedeutung und Verbreitung indes notwendig gewesen, denn Personenhandelsgesellschaften unterliegen gleichermaßen der konkreten Gefahr von Handlungsunfähigkeit wie Kapitalgesellschaften.

12   Trotz dieser vergleichbaren Interessenlage und der offenkundigen Regelungs-lücke fehlt es zur Bildung einer **Analogie** jedenfalls an deren **Planwidrigkeit.** Dass der Gesetzgeber im Rahmen der Normentstehung über die Existenz von Personengesellschaften in Bilde gewesen sein muss, darf unterstellt werden. Jedenfalls die Kommanditgesellschaften standen ihm bei Erlass des Gesetzes vor Augen, hat er doch immerhin die Kommanditgesellschaft auf Aktien mit ihren personengesell-schaftsrechtlichen Elementen erfasst. Besonders fällt dabei neben dem klaren Wort-laut ins Gewicht, dass der Gesetzgeber auch inhaltlich die unterschiedlichen Gesell-schaftsformen individuell und in recht präzisen Merkmalen adressiert hat, was ihren abschließenden Charakter indiziert. Hinsichtlich nicht erwähnter Gesellschaften er-gäbe sich, selbst wenn man eine Analogiefähigkeit grundsätzlich bejahen sollte, massive Rechtsunsicherheit dahingehend, welche Norm nun anzuwenden wäre.

13   Mangels Analogiefähigkeit sind Personengesellschaften weiterhin etwa auf die **satzungsmäßige Zulässigkeit** der Beschlussfassung gem. § 119 HGB im Umlauf-verfahren oder auf die Zustimmung aller Gesellschafter angewiesen.

§ 1 COVMG   Aktiengesellschaften; Kommanditgesellschaften auf Aktien; Europäische Gesellschaften (SE); Versicherungs-vereine auf Gegenseitigkeit

(1) **Die Entscheidungen über die Teilnahme der Aktionäre an der Haupt-versammlung im Wege elektronischer Kommunikation nach § 118 Absatz 1 Satz 2 des Aktiengesetzes (elektronische Teilnahme), die Stimmabgabe im Wege elektronischer Kommunikation nach § 118 Absatz 2 des Aktiengeset-zes (Briefwahl), die Teilnahme von Mitgliedern des Aufsichtsrats im Wege der Bild- und Tonübertragung nach § 118 Absatz 3 Satz 2 des Aktiengeset-zes und die Zulassung der Bild- und Tonübertragung nach § 118 Absatz 4 des Aktiengesetzes kann der Vorstand der Gesellschaft auch ohne Ermäch-tigung durch die Satzung oder eine Geschäftsordnung treffen.**

(2) **Der Vorstand kann entscheiden, dass die Versammlung ohne phy-sische Präsenz der Aktionäre oder ihrer Bevollmächtigten als virtuelle Hauptversammlung abgehalten wird, sofern**

1. die Bild- und Tonübertragung der gesamten Versammlung erfolgt,
2. die Stimmrechtsausübung der Aktionäre über elektronische Kommunikation (Briefwahl oder elektronische Teilnahme) sowie Vollmachtserteilung möglich ist,
3. den Aktionären eine Fragemöglichkeit im Wege der elektronischen Kommunikation eingeräumt wird,
4. den Aktionären, die ihr Stimmrecht nach Nummer 2 ausgeübt haben, in Abweichung von § 245 Nummer 1 des Aktiengesetzes unter Verzicht auf das Erfordernis des Erscheinens in der Hauptversammlung eine Möglichkeit zum Widerspruch gegen einen Beschluss der Hauptversammlung eingeräumt wird.

Der Vorstand entscheidet nach pflichtgemäßem, freiem Ermessen, welche Fragen er wie beantwortet; er kann auch vorgeben, dass Fragen bis spätestens zwei Tage vor der Versammlung im Wege elektronischer Kommunikation einzureichen sind.

(3) Abweichend von § 123 Absatz 1 Satz 1 und Absatz 2 Satz 5 des Aktiengesetzes kann der Vorstand entscheiden, die Hauptversammlung spätestens am 21. Tag vor dem Tag der Versammlung einzuberufen. Abweichend von § 123 Absatz 4 Satz 2 des Aktiengesetzes hat sich der Nachweis des Anteilsbesitzes bei börsennotierten Gesellschaften auf den Beginn des zwölften Tages vor der Versammlung zu beziehen und muss bei Inhaberaktien der Gesellschaft an die in der Einberufung hierfür mitgeteilte Adresse bis spätestens am vierten Tag vor der Hauptversammlung zugehen, soweit der Vorstand in der Einberufung der Hauptversammlung keine kürzere Frist für den Zugang des Nachweises bei der Gesellschaft vorsieht; abweichende Satzungsbestimmungen sind unbeachtlich. Im Fall der Einberufung mit verkürzter Frist nach Satz 1 hat die Mitteilung nach § 125 Absatz 1 Satz 1 des Aktiengesetzes spätestens zwölf Tage vor der Versammlung und die Mitteilung nach § 125 Absatz 2 des Aktiengesetzes hat an die zu Beginn des zwölften Tages vor der Hauptversammlung im Aktienregister Eingetragenen zu erfolgen. Abweichend von § 122 Absatz 2 des Aktiengesetzes müssen Ergänzungsverlangen im vorgenannten Fall mindestens 14 Tage vor der Versammlung der Gesellschaft zugehen.

(4) Abweichend von § 59 Absatz 1 des Aktiengesetzes kann der Vorstand auch ohne Ermächtigung durch die Satzung entscheiden, einen Abschlag auf den Bilanzgewinn nach Maßgabe von § 59 Absatz 2 des Aktiengesetzes an die Aktionäre zu zahlen.

Satz 1 gilt entsprechend für eine Abschlagszahlung auf die Ausgleichszahlung (§ 304 des Aktiengesetzes) an außenstehende Aktionäre im Rahmen eines Unternehmensvertrags.

(5) Der Vorstand kann entscheiden, dass die Hauptversammlung abweichend von § 175 Absatz 1 Satz 2 des Aktiengesetzes innerhalb des Geschäftsjahres stattfindet.

(6) Die Entscheidungen des Vorstands nach den Absätzen 1 bis 5 bedürfen der Zustimmung des Aufsichtsrats.

Abweichend von § 108 Absatz 4 des Aktiengesetzes kann der Aufsichtsrat den Beschluss über die Zustimmung ungeachtet der Regelungen in der

Satzung oder der Geschäftsordnung ohne physische Anwesenheit der Mitglieder schriftlich, fernmündlich oder in vergleichbarer Weise vornehmen.

(7) Die Anfechtung eines Beschlusses der Hauptversammlung kann unbeschadet der Regelung in § 243 Absatz 3 Nummer 1 des Aktiengesetzes auch nicht auf Verletzungen von § 118 Absatz 1 Satz 3 bis 5, Absatz 2 Satz 2 oder Absatz 4 des Aktiengesetzes, die Verletzung von Formerfordernissen für Mitteilungen nach § 125 des Aktiengesetzes sowie nicht auf eine Verletzung von Absatz 2 gestützt werden, es sei denn, der Gesellschaft ist Vorsatz nachzuweisen.

(8) Für Unternehmen, die in der Rechtsform der Kommanditgesellschaft auf Aktien verfasst sind, gelten die vorstehenden Absätze entsprechend. Für eine Europäische Gesellschaft nach der Verordnung (EG) Nr. 2157/2001 des Rates vom 8. Oktober 2001 über das Statut der Europäischen Gesellschaft (SE) (ABl. L 294 vom 10.11.2001, S. 1), die zuletzt durch die Verordnung (EU) Nr. 517/2013 (ABl. L 158 vom 10.6.2013, S. 1) geändert worden ist, gelten die Absätze 1 bis 7 mit Ausnahme des Absatzes 5 entsprechend. In einer Gesellschaft nach § 20 des SE-Ausführungsgesetzes vom 22. Dezember 2004 (BGBl. I S. 3675), das zuletzt durch Artikel 9 des Gesetzes vom 12. Dezember 2019 (BGBl. I S. 2637) geändert worden ist, (Gesellschaft mit monistischem System) trifft die Entscheidungen nach den Absätzen 1 bis 4 der Verwaltungsrat; Absatz 6 findet auf eine solche Gesellschaft keine Anwendung.

(9) Die Absätze 1 und 2, Absatz 3 Satz 1 und 3 sowie die Absätze 4 bis 7 sind entsprechend auf Versicherungsvereine auf Gegenseitigkeit im Sinne des § 171 des Versicherungsaufsichtsgesetzes anzuwenden.

I. Hintergrund und Zweck

14   Zur Verhinderung bzw. Vermeidung der Handlungsunfähigkeit zielt § 1 COVMG maßgeblich darauf ab, **Kompetenzen** beim Vorstand zu bündeln und die Durchführung von Hauptversammlungen (seien es ordentliche oder außerordentliche) schneller und ortsunabhängig zu gewährleisten.[12] Partiell sollen Liquiditätsengpässe bei Gesellschaft und Aktionären beseitigt werden.

II. Anwendungsbereich

15   Primär trifft § 1 COVMG Bestimmungen zu **Kapitalgesellschaften,** in deren Vordergrund die (volks-) wirtschaftlich bedeutsame Aktiengesellschaft steht. Erfasst werden börsennotierte und auch nicht börsennotierte **Aktiengesellschaften.** Deren Anwendung auf artverwandte Gesellschaften wird in geringem Umfang ergänzt bzw. modifiziert durch § 1 Abs. 8 und 9 COVMG. Dem Grunde nach erfasst werden neben der AG mithin die Kommanditgesellschaft auf Aktien (KGaA), die Europäische Gesellschaft (SE) und der Versicherungsverein auf Gegenseitigkeit (VVaG).

---

[12] FraktE, BT-Drs. 19/18110, S. 5.

Inhaltlich erstreckt sich die Norm im Wesentlichen über Kompetenzzuweisun- 16
gen, die elektronische Teilnahme an Hauptversammlungen und die Stimmabgabe,
Jahresabschlüsse, Zahlung von Vorausdividenden, bis hin zu Beschlussanfechtungs-
modifikationen und Fristen.
    Zeitlich gilt § 1 COVMG bis zum 31.12.2021, vgl. Art. 6 Abs. 2 COVFAG. 17
Einschränkend ist allerdings zu beachten, dass § 1 COVMG gem. § 7 Abs. 1
COVMG zunächst nur auf **im Jahre 2020** stattfindende Hauptversammlungen
und Vorausdividenden anzuwenden ist. Die Option einer Verlängerung ist gem.
§ 8 COVMG durch Verordnung möglich (→ Rn. 385 ff.). Alle weiteren Tatbestände des § 1 COVMG sind bis 31.12.2021 in Kraft.

III. Inhalt

Die Vorschriften des § 1 COVMG gelten grundsätzlich für börsennotierte und 18
nichtbörsennotierte AG und ordentliche sowie außerordentliche **Hauptversammlungen.**[13] § 1 COVMG steht ferner in engem Zusammenhang mit den Besonderheiten bestehender Organpflichten, die sich in Krisensituationen ergeben.[14]
Dies umfasst beispielsweise Krisenfrühwarnsysteme, Risikomanagement und Liqui-
ditätsüberwachung.

1. Extension der Vorstandskompetenzen, Absatz 1

Abs. 1 überträgt dem Vorstand verschiedene Entscheidungskompetenzen. Somit 19
ersetzt Abs. 1 eine ggf. **fehlende Ermächtigung** durch die Satzung oder Geschäftsordnung. Der Wortlaut der Vorschrift knüpft also zunächst an die praxisgängige Situation an, dass eine Satzung ein bestimmtes Procedere wie beispielsweise die Bild-
und Tonübertragung (§ 118 Abs. 4 AktG) explizit zulässt und gegebenenfalls, aber
nicht zwingend, einige grobe Rahmenbedingungen absteckt. Zur (detaillierteren)
Umsetzung dessen wird regelmäßig der Vorstand ermächtigt. Der Satzungsgeber
hat das „Ob" geklärt, der Vorstand nun das „Wie".
    Dieser Fall ist von demjenigen – über den Wortlaut des § 1 Abs. 1 COVMG hin- 20
ausgehenden – Fall zu trennen, dass die **Satzung** überhaupt gar **keine Angaben** zu
einem Thema enthält. Die Verständigung über das „Ob" eines Themas innerhalb
der Satzung ist dabei zunächst Kernrecht und originäre Zuständigkeit der Aktionäre, nicht des Vorstandes. Ob auch in diesem Fall der Vorstand gemäß § 1 Abs. 1
COVMG zu entscheiden berechtigt wird, lässt sich weder dem Wortlaut, noch den
Gesetzesmaterialien des COVMG entnehmen. Auch die aktienrechtlich indizierte
Trennung von „Vorsehen" in der Satzung und „Ermächtigung" des Vorstandes,
wie sie in § 118 Abs. 1, 2 und 4 AktG traditionell ihren Niederschlag findet,[15]
spricht zunächst dagegen. Im Ergebnis wäre dies äußerst misslich, wenn die Satzung
keine Regeln dem Grunde nach trifft, da insoweit sodann keine die Handlungsfähigkeit unterstützenden Maßnahmen getroffen werden könnten. Deshalb bedarf
es angesichts von Sinn und Zweck des COVMG – die Handlungsfähigkeit herzustellen bzw. zu erhalten – eines extensiven Normverständnisses dahingehend, dass
nunmehr auch ohne jedwede Satzungsgrundlage das „Ob" durch den Vorstand be-

---

[13] FraktE, BT-Drs. 19/18110, S. 25.
[14] Ausführlich *Daghles/Haßler,* BB 2020, 1032.
[15] Vgl. auch BeckOGK AktG/*Hoffmann* Stand 15.1.2020, § 118 Rn. 50.

stimmt werden kann. Hierfür spricht zudem, dass der Gesetzgeber des AktG durch die ausdrückliche Ermächtigungsmöglichkeit des Vorstandes davon ausgeht, dass unter praktischen Gesichtspunkten naturgemäß der Vorstand ohnehin bestimmte Themen maßgeblich in seinem Aufgaben- und Einflussbereich halten sollte, vgl. § 118 Abs. 1, 2, 4 AktG. Insofern rechtfertigt sich der Eingriff in die Satzungsautonomie vor dem Hintergrund des Erhalts der gesellschaftlichen Handlungsfähigkeit. Sofern eine Satzung von bestimmten gesetzlich verankerten Möglichkeiten, wie zum Beispiel § 118 Abs. 4 AktG (Ton- und Bildübertragung), gar keinen Gebrauch macht und Derartiges nicht erwähnt, bekommt der Vorstand nach dem COVMG insoweit eine „**originäre**" **Kompetenz**, Bild- und Tonübertragung nach § 118 Abs. 4 AktG dem Grunde und dem Inhalt nach zu regeln und zuzulassen. Schweigt also eine Satzung zu einem in § 1 Abs. 1 COVMG adressierten Thema, darf der Vorstand dieses Thema selbst zulassen und inhaltlich regeln.

21   Die Prüfung erfolgt **in zwei Schritten:** Erstens ist zu fragen, ob die Satzung eine Maßnahme nach § 1 Abs. 1 COVMG regelt. Sodann wird im zweiten Schritt die Entscheidungskompetenz des Vorstandes begründet.

22   **a) Elektronische Teilnahme. aa) Kompetenz und Verfahren.** Die Vorschrift des **§ 118 Abs. 1 S. 2 AktG** erlaubt es der **Satzung,** selbst zu bestimmen oder den Vorstand dazu zu ermächtigen, dass die Aktionäre an der Hauptversammlung auch ohne Anwesenheit an deren Ort und ohne einen Bevollmächtigten teilnehmen und sämtliche oder einzelne ihrer Rechte ganz oder teilweise im Wege elektronischer Kommunikation ausüben können.

23   Hiervon weicht § 1 Abs. 1 COVMG nun ab, indem er erstens eine solche Teilnahmeform auch **ohne Satzungsgrundlage** zulässt und zweitens (nur) den Vorstand zur Entscheidung über diese Maßnahme ermächtigt. Der Vorstand kann diese **Kompetenz** angesichts des klaren Wortlauts nicht auf andere Organe übertragen.

24   Bisher war der ermächtigte Vorstand nicht zur **Bekanntgabe von Änderungen** der elektronischen Vorgehensweise vor jeder Hauptversammlung (mit Ausnahme des § 121 Abs. 3 Nr. 2 b AktG) verpflichtet.[16] Er durfte deshalb auch kurzfristig noch die elektronische Teilnahme (zum Nachteil der auf einen anderen Ablauf eingestellten Aktionäre) ausschließen.[17]

25   Dies kann angesichts der **neuen Ermächtigung** durch den Gesetzgeber dort, wo bisher satzungsbedingt keine Online-Teilnahme-Option oder Vorstandskompetenz bestanden hat, so **nicht mehr gelten.** Denn hierbei wird der Aktionär von den neu geschaffenen Optionen überrascht, da er in der Regel zumindest in den ersten Monaten nach Inkrafttreten das COVMG und damit die Vorstandskompetenz nicht kennen wird.

26   Unter **Aktionärsschutzgesichtspunkten** betroffen wird nicht das nähere Wie der elektronischen Teilnahme, sondern deren Ob – und somit ein potenziell einschneidender Rechtseingriff. Faktisch könnte dies die Teilnahme und sukzessive die Mitwirkung an der Beschlussfassung schon im Vorfeld verhindern. Bei Missachtung droht mithin eine Anfechtungsbefugnis analog § 245 Nr. 2 AktG konstruiert zu werden.[18]

27   Zur Vermeidung daraus resultierender Rechtsstreitigkeiten sollten bei satzungsmäßig bisher nicht vorgesehener elektronischer Teilnahme (oder Vorstandsermäch-

---

[16] Spindler/Stilz/*Hoffmann*, AktG, § 118 Rn. 37.
[17] Spindler/Stilz/*Hoffmann*, AktG, § 118 Rn. 37.
[18] Vgl. Spindler/Stilz/*Hoffmann*, AktG, § 118 Rn. 37.

tigung) die **Aktionäre** mit der Einberufung der Hauptversammlung über die bevorstehenden Teilnahmearten **informiert** werden.

bb) Vertretung. Obwohl der Wortlaut des § 1 Abs. 1 COVMG (im Gegensatz   28
zu dem ihm zugrundeliegenden § 118 Abs. 1 S. 2 AktG) keinen Hinweis auf die
Möglichkeit der **Vertretung** durch einen Bevollmächtigten gibt, sind keine gegen
eine Vertretung sprechenden Anhaltspunkte ersichtlich. Auch die Entwurfsbegründung geht von der Möglichkeit der Bevollmächtigung aus,[19] ebenso wie das Gesetz
andernorts in § 1 Abs. 2 COVMG.

cc) Anwesende Personen. Während die Aktionäre elektronisch teilnehmen   29
können, müssen entgegen der „Soll"-Vorschrift des § 118 Abs. 3 AktG der **Versammlungsleiter,** der beurkundende **Notar** sowie der **Vorstand** am Versammlungsort zusammentreten; der **Aufsichtsrat** muss grundsätzlich ebenfalls vor Ort
sein, darf aber per Bild- und Tonübertragung zugeschaltet werden (vgl. § 118
Abs. 3 S. 2 AktG; § 1 Abs. 1 COVMG).[20] Eine Teilnahmepflicht des **Abschlussprüfers** besteht außer im Fall von § 176 Abs. 2 S. 1 AktG nicht.[21]

b) Stimmabgabe („Briefwahl"). Die Stimmabgabe durch Aktionäre kann   30
satzungsbasiert im Rahmen des § 118 Abs. 2 AktG **schriftlich** oder **elektronisch**
getätigt werden. In beiden Varianten müssen die Aktionäre nicht am Versammlungsort sein. Ausreichend ist, dass den Aktionären ein Kommunikationskanal
(nicht nötig: Zwei-Weg-Kommunikation oder Übertragung der Versammlung) eröffnet wird, der vor oder während der Versammlung eine Stimmabgabe ermöglicht.[22]

Die Stimme kann per Brief in **Schriftform** des § 126 Abs. 1 (oder 3) BGB, aber   31
auch als Email oder mithilfe eines AG-eigenen Internet-Formulars abgegeben werden.[23]

c) Teilnahme des Aufsichtsrats. Ebenfalls kann der **Vorstand** ohne satzungs-   32
mäßige Ermächtigung über die Teilnahme von Aufsichtsratmitgliedern im Wege
der **Zwei-Weg-Kommunikation** (§ 118 Abs. 3 S. 2 AktG) entscheiden.

Die Bestimmung des § 118 Abs. 3 S. 2 AktG ist unter Hinweis auf seine gesetzge-   33
berische Intention bislang tendenziell restriktiv ausgelegt worden. Nach den Gesetzesmaterialien habe in Reaktion auf die Globalisierung primär der Anreiseaufwand
etwa aus dem Ausland begrenzt werden sollen.[24]

Unter Maßgabe des COVMG liegt nunmehr zwecks Gesundheitsschutz nahe,   34
den § 118 Abs. 3 S. 2 AktG einer **großzügigeren Interpretation** zu unterwerfen,
was im Übrigen unschädlich ist. Das Anfechtungsprivileg des § 1 Abs. 7 COVMG
greift hier nicht, so dass die etwaige Anfechtung daher unverändert den allgemeinen Regeln folgt.

d) Bild- und Tonübertragung. Schließlich fällt dem Vorstand die Kompetenz   35
zu, über die Zulassung von Bild- und Tonübertragungen (§ 118 Abs. 4 AktG) ent-

---

[19]　FraktE, BT-Drs. 19/18110, S. 26.
[20]　Hölters/*Drinhausen,* AktG, § 118 Rn. 33; Hüffer/Koch/*Koch,* AktG, § 118 Rn. 21.
[21]　Hüffer/Koch/*Koch,* AktG, § 118 Rn. 23.
[22]　BeckOGK AktG/*Hoffmann,* Stand 15. 1. 2020, § 118 Rn. 46.
[23]　*Noack* NZG 2008, 441, 445.
[24]　Vgl Hüffer/Koch/*Koch,* AktG, § 118 Rn. 22, unter Verweis auf RegBegr., BT-Drs.
　　　14/8769, S. 19.

scheiden, sofern die Satzung zumindest dem Grunde nach Bild- und Tonübertragung erlaubt.

36   Da selbst bei satzungsmäßiger Einräumung der Übertragungsoption der Vorstand oder Versammlungsleiter über die Umstände zu entscheiden hat, entfaltet die Ergänzung der bisherigen Gesetzeslage durch § 1 Abs. 1 COVMG nur dort seinen Effekt, wo **Satzung** oder Geschäftsordnung **Gegenteiliges** vorsehen.

37   Die Bild- und Tonübertragung muss lediglich **einseitig** geschehen und dient der Rechtssicherheit für die ferngebliebenen Aktionäre, die Versammlungsthemen inhaltlich zu kontrollieren.[25] Die inhaltlichen Maßstäbe folgen den sehr restriktiven Statuten über die Zulassung Dritter, wonach insbesondere zuzulassen sind:[26]

- Ausdrücklich in Satzung oder Geschäftsordnung benannte Personen
- Vertreter von Kreditinstituten, Finanzdienstleistungsinstituten und Bausparkassen (§ 44 Abs. 4, 5 KWG)
- Vertreter von Versicherungen (§ 298 VAG)
- Vertreter von Verwertungsgesellschaften (§ 85 Abs. 4 VGG)

38   Das **Anfechtungsrecht** nach § 243 Abs. 1 AktG entfällt auch insoweit grundsätzlich (s. **7.**).

39   **e) Zustimmungserfordernis.** Der Entscheidung des Vorstandes über die Maßnahmen oben zu b) bis d) muss der **Aufsichtsrat** jeweils zustimmen, § 1 Abs. 6 COVMG (→ Rn. 130 ff.).

2. Virtuelle Hauptversammlung, Absatz 2

40   **a) Kompetenzzuweisung.** Die Kompetenz zur Einberufung einer solchen „virtuellen" Versammlung hat allein der **Vorstand,**[27] ohne dass den Aktionären ein Widerspruchsrecht zusteht.[28]

41   Während die Entscheidung über die Einberufung gem. § 121 Abs. 2 S. 1 AktG der einfachen Mehrheit bedarf, ist die Entscheidung darüber, **in welcher Form** (insb. analog oder rein virtuell) grundsätzlich eine Einstimmigkeit erfordernde Geschäftsführungsmaßnahme nach § 77 Abs. 1 AktG.[29]

42   **b) Inhalt. aa) Abwesenheit aller Aktionäre.** Unter aktienrechtlichen Gesichtspunkten „neu" ist die Option, eine **rein virtuelle** Hauptversammlung abzuhalten (Näheres unter → Rn. 56).

43   Gute Argumente sprechen dafür, sie als Variante des Präsenzversammlung und nicht als Versammlung *sui generis* einzuordnen.[30] Obschon Abs. 2 von einer „virtuellen Hauptverhandlung" spricht, ist damit nach dem Willen der Gesetzesverfasser gemeint, dass der Vorstand berechtigt ist, die Hauptversammlung ohne physische Präsenz (nur!) der **Aktionäre** (oder ihrer Bevollmächtigten) abzuhalten.[31] Insofern

---

[25] BeckOGK AktG/*Hoffmann,* Stand 15.1.2020, § 118 Rn. 48 f.
[26] Hierzu ausführlich BeckOGK AktG/*Hoffmann* Stand 15.1.2020, § 118 Rn. 21 ff.; 30 ff.
[27] So auch *Noack/Zetzsche,* AG 2020, 265, 267; *Simons/Hauser,* NZG 2020, 488, 490.
[28] *Simons/Hauser,* NZG 2020, 488, 489.
[29] *Lieder,* ZIP 2020, 837, 839, Abweichungen vom Einstimmigkeitserfordernis können sich aus einer Satzung ergeben.
[30] *Simons/Hauser,* NZG 2020, 488, 489 f.
[31] FraktE, BT-Drs. 19/18110, S. 26.

weicht die hiesige gesetzgeberische Terminologie von dem im Schrifttum[32] richtigerweise vorzufindenden Verständnis der „virtuellen Hauptverhandlung" als für alle (inklusive **Vorstand** und Versammlungsleiter etc.) gänzlich nicht ortsgebundener Versammlung ab.

Die Verantwortung für die Schaffung der **technischen Voraussetzungen** hier- **44** für liegt entsprechend den allgemeinen aktienrechtlichen Vorgaben bei der AG bzw. dem Vorstand,[33] wohingegen ggf. unvorhersehbar auftretende technische Störungen in der Risikosphäre der Aktionäre liegen,[34] § 243 Abs. 3 Nr. 1 AktG. Mithilfe welcher konkreten technischen Maßnahmen die Hauptversammlung abzuhalten ist, hängt dabei von den individuellen und jeweiligen Umständen ab und ist durch den Vorstand zu ermitteln.

bb) Anwesende Personen. Mangels Veränderung durch das COVMG haben **45 Vorstand, Aufsichtsrat und Versammlungsleiter** sowie der beurkundende **Notar**[35] nach wie vor am Ort der Hauptversammlung – und insofern getreu dem Wortlaut („Ort") des § 118 Abs. 1 S. 2 AktG – **physisch präsent** zu sein.[36]

Eine Anwesenheitspflicht des **Abschlussprüfers** im Falle der §§ 173, 176 Abs. 2 **46** AktG besteht nicht, da er nicht den Aktionären gegenüber auskunftspflichtig ist und daher seine Zuschaltung per elektronischer Mittel ausreicht.[37]

Stimmrechtsvertreter dürfen anwesend sein.[38]

Beim Zusammentreten problematisch ist allerdings der praktische Umgang mit **47 Infektionsrisiken** und dem InfSG.

Hierzu wird jüngst vorgeschlagen, die „Soll"-Vorschrift zur Teilnahme von Vor- **48** stands- und Aufsichtsratsmitgliedern (§ 118 Abs. 3 S. 1 AktG) entgegen ihrem herrschend verbreiteten Verständnis als Pflichtvorschrift[39] dahingehend **teleologisch zu erweitern,** dass beide jeweils durch die persönliche Anwesenheit des Vorsitzenden und Stellvertreters ausreichend repräsentiert sind, wenn die übrigen Organmitglieder elektronisch an der Versammlung teilnehmen.[40] Hierfür spreche namentlich der im Rahmen des § 118 Abs. 3 AktG zu berücksichtigende Gesetzeszweck des COVMG, ein Zusammentreten möglichst zu vermeiden.[41] Auch das reflexiv vom COVMG tangierte Schutzgut der Gesundheit und die pandemisch indizierte Gesamtausnahmesituation müssten hier stark gewichtet werden.

Diesem praxistauglichen und im Grundsatz zustimmungswürdigen Ansatz ist in- **49** des neben dem **Wortlaut** des § 1 Abs. 2 COVMG auch § 1 Abs. 6 S. 2 COVMG entgegen zu halten, welcher dem Aufsichtsrat nur innerhalb seiner internen Sitzungen „Virtualität" erlaubt. Ggf. genügt insoweit gar der Rückgriff auf die Satzung,

---

[32] Hölters/*Drinhausen,* AktG, § 118 Rn. 15; wohl auch Spindler/Stilz/*Hoffmann,* AktG, § 118 Rn. 41.

[33] Vgl. Spindler/Stilz/*Hoffmann,* AktG, § 118 Rn. 38.

[34] FraktE, BT-Drs. 19/18110, S. 26.

[35] *Lieder,* ZIP 2020, 837, 840. Zu den Aufgaben des Notars in der Hauptversammlung *Faßbender,* RNotZ 2009, 425.

[36] BReg, BT-Drs. 16/11642, S. 26 f.; vgl. ferner MüKoAktG/*Kubis,* § 118 Rn. 105, 20 mwN; Hölters/*Drinhausen,* AktG, § 118 Rn. 33; Hüffer/Koch/*Koch,* AktG, § 118 Rn. 21.

[37] *Vetter/Tielmann,* NJW 2020, 1175, 1177 mwN.

[38] FraktE, BT-Drs. 19/18110, S. 26.

[39] Hölters/*Drinhausen,* AktG,, § 118 Rn. 33; Hüffer/Koch/*Koch,* AktG, § 118 Rn. 21.

[40] *Noack/Zetzsche,* AG 2020, 265, 268; *Herb/Merkelbach,* DStR 2020, 811, 816; *Lieder,* ZIP 2020, 837, 840; *Simons/Hauser,* NZG 2020, 488, 492.

[41] *Simons/Hauser,* NZG 2020, 488, 492.

sofern diese gem. § 118 Abs. 3 S. 2 AktG Möglichkeiten zur elektronischen Teilnahme bietet. In praktischer Hinsicht kann dem Infektionsschutz durch aufgelockerte Sitzordnung, Trennwände und Aufteilung in Kleinstversammlungen Rechnung getragen werden.[42]

50   **cc) Begriff und Abgrenzung zu Abs. 1.** Das Verhältnis von Abs. 2 zu Abs. 1 des § 1 COVMG bedarf der Klarstellung. Die Vorschrift des § 1 Abs. 1 COVMG löst zunächst nur die Kompetenz zur Entscheidung über die **elektronische Zuschaltung** einzelner Aktionäre von Satzung und Geschäftsordnung. In diesem Zusammenhang erlaubt § 118 Abs. 1 S. 2 AktG bereits nach bisherigem Gesetzesverständnis die elektronische Teilnahme nicht nur des einzelnen, sondern letztlich im Extremfall aller Aktionäre.[43] **Faktisch** entspricht dies im Wesentlichen also einer **„virtuellen" Versammlung** ohne anwesende Aktionäre iSv § 1 Abs. 2 COVMG (mit seinen mannigfaltigen Voraussetzungen).

51   Als **Abgrenzungskriterium** zu § 1 Abs. 2 COVMG gilt neben der Aufhebung des Satzungserfordernisses das Aktionärsrecht auf **physische Versammlungsteilnahme.** Vor dem Hintergrund von § 118 Abs. 1 S. 2 AktG und § 1 Abs. 1 COVMG bleibt es im Falle des Absatzes 1 bei der Wahrung des Rechts der Aktionäre, sich daneben physisch einfinden zu können bzw. zu dürfen. Praktisch werden also alle organisatorischen Vorbereitungen wie Anmietung und Herrichtung eines Saals etc. getroffen.

52   Die Bestimmung des § 1 Abs. 2 COVMG betrifft den darüber hinausgehenden Fall, dass sich der Vorstand dazu entscheidet, die **gesamte Hauptversammlung** für die Aktionäre „virtuell" durchzuführen. Eine Möglichkeit, der Versammlung physisch beizuwohnen, hat der Aktionär somit dann gar nicht mehr. Hierin liegt eine Beschneidung seiner Teilhaberechte. An die Hauptversammlung ohne physische Aktionärsanwesenheit mussten mithin höhere Voraussetzungen geknüpft werden.

53   Der Gesetzgeber hat keine Ausführungen zum Umgang mit **versammlungsbezogenen Rechten** (Verwaltungsrechten) innerhalb der „virtuellen" Hauptversammlung gemacht. Neben der Notwendigkeit des Rechtserhalts und der Missbrauchsprävention spricht der Wortlaut „Versammlung als virtuelle Hauptversammlung" dafür, die versammlungsbezogenen Rechte vollumfänglich auch „virtuell" zuzugestehen.

54   **Problematisch** ist im Hinblick auf § 1 Abs. 1 COVMG, § 118 Abs. 1 S. 2 AktG, dass bei der (nur) elektronischen Teilnahme der Umfang der auf diesem Wege **ausübbaren Rechte** (insb. in der Satzung) genau definiert und **begrenzt** werden kann,[44] wohingegen anwesende Aktionäre all ihre Rechte ausüben dürfen. Mit Schaffung seiner „virtuellen" Hauptversammlung hat der Gesetzgeber versäumt, sich hinsichtlich der „Begrenzbarkeit" dieser auch hier elektronisch übermittelten Stimmrechte zu äußern. Dies gilt umso mehr, als der Gesetzgeber unter § 1 Abs. 2 Nr. 2 COVMG auf die elektronische Teilnahme und Stimmabgabe verwiesen hat.

55   Richtigerweise sind zum Schutz der verfassungsrechtlich (Art. 14 GG) fundierten Aktionärsrechte **vollumfassende Rechte** zuzuerkennen, wie sie dem Umfang nach denjenigen eines physisch anwesenden Aktionärs entsprechen. Dar-

---

[42] *Noack/Zetzsche,* AG 2020, 265, 268.
[43] Hölters/*Drinhausen,* AktG, § 118 Rn. 15; Hüffer/Koch/*Koch,* AktG, § 118 Rn. 10.
[44] Spindler/Stilz/*Hoffmann,* AktG, § 118 Rn. 36.

aus muss folgen, dass im Rahmen einer als „virtuelle" Versammlung durchgeführten Abstimmung etwaige Beschränkungen zur elektronischen Teilnahme nicht greifen.

c) Kritik. Die Bestimmung des § 1 Abs. 2 COVMG repräsentiert eine **ver- 56 passte Chance.** Denn unter Berücksichtigung des Gesetzesanlasses – nämlich der Verhinderung der Ausbreitung des Corona-Virus – wird die Gesundheit der anwesenheitspflichtigen Personen durch deren örtliches Zusammentreten tendenziell gefährdet. Da eine Ansteckung bzw. Erkrankung insb. der Vorstandsmitglieder als Teile des Leitungsorganes für die wirtschaftlichen Geschicke der AG besonders verhängnisvoll wäre und deren Handlungsfähigkeit lähmen würde, hätte es vernünftiger Weise einer Befreiung vom Erfordernis der Anwesenheit bedurft. Die technische Umsetzung beispielsweise per Zuschaltung bereitet keine großen Schwierigkeiten. Der Gesetzgeber hätte die Chance nutzen können, die **Hauptversammlung in Gänze** in die **Digitalisierung** zu überführen. Allerdings hat er neben den Schwierigkeiten, mit denen sich der überwachungspflichtige Notar konfrontiert sähe, wohl diejenigen Aktionäre bedacht, die nicht über die technischen Voraussetzungen verfügen und sich ansonsten hinsichtlich der Eigentumsgarantie aus Art. 14 GG verletzt sehen könnten.[45]

d) Voraussetzungen. Die **virtuelle Hauptversammlung** ist an vier kumu- 57 lative[46] Voraussetzungen geknüpft:

- Erstens muss die **Bild- und Tonübertragung** der gesamten Versammlung erfolgen.
- Zweitens muss die **Stimmrechtsausübung** der Aktionäre über elektronische Kommunikation (Briefwahl oder elektronische Teilnahme) sowie Vollmachtserteilung möglich sein.
- Drittens muss den Aktionären eine **Fragemöglichkeit** im Wege der elektronischen Kommunikation eingeräumt werden.
- Schließlich muss viertens den Aktionären, die ihr Stimmrecht durch elektronische Kommunikation oder Vollmachtserteilung ausgeübt haben, eine Möglichkeit zum **Widerspruch** gegen einen Beschluss der Hauptversammlung eingeräumt werden (in Abweichung von § 245 Nr. 1 AktG entfällt das Erfordernis des Erscheinens in der Hauptversammlung).

Das Feld offener Rechts- und Praxisfragen ist weit. Als Ausgangpunkt können 58 die altbekannten Grundsätze zu den §§ 118 Abs. 1 S. 2, Abs. 2, 4 AktG herangezogen werden, wobei **situationsbedingte Besonderheiten** angemessen zu würdigen sind.

Stellt sich während oder nach der Versammlung heraus, dass eine der vier soeben 59 genannten Voraussetzungen nicht gegeben war, so ist die Hauptversammlung gleichwohl **rechtmäßig**, wenn der Einberufungsbeschluss gem. § 121 Abs. 2 AktG wirksam war.[47]

aa) Bild- und Tonübertragung. Hinsichtlich der Bild- und Tonübertragung 60 gab der Gesetzgeber immerhin den Hinweis, dass sie über die **gesamte Versammlung** laufen muss, also Generaldebatte und Abstimmungen eingeschlossen, wobei

---

[45] Dazu *Beck*, RNotZ 2014, 160, 165 f.

[46] *Simons/Hauser*, NZG 2020, 488, 489.

[47] *Simons/Hauser*, NZG 2020, 488, 489 mwN.

nicht vorausgesetzt wird, dass sie technisch ungestört abläuft und insbesondere bei jedem Aktionär ankommt.[48]

In den **Pausen** muss das Geschehen im Versammlungsraum nicht zwingend übertragen werden.[49]

61   **bb) Stimmabgabe.** Besonderes Augenmerk ist auf die Stimmabgabe zu legen. Die Wendung „Briefwahl oder elektronische Teilnahme" als Unterfälle der elektronischen Kommunikation bildet die offensichtlich gewollte Verknüpfung zu § 118 Abs. 1 S. 2, Abs. 2 AktG.

62   **Beide Formen** sind strikt voneinander zu **trennen.** Ferner sind deren in der Literatur[50] bereits umfassend erörterte Parameter maßgeblich und adäquat auf die rein virtuelle Versammlung zu übertragen.

63   **Stimmrechtsvertretung** (inklusive Intermediäre und Aktionärsvereinigungen)[51] ist legitim, wie bereits aus § 1 Abs. 2 Nr. 2 COVMG folgt.

64   Es genügt, dass die Gesellschaft nur **eine Form** der elektronischen Kommunikation vorsieht, möglich sind aber auch beide Formen.[52]

65   Die Gesellschaft hat die Verpflichtung, die **technischen Voraussetzungen** hierfür zu schaffen.[53] Im Vordergrund steht hier die Sicherheit der eingesetzten Systeme, um Manipulationen abzuwenden. Deshalb müssen also technische Vorkehrungen nach dem Stand der Technik getroffen werden, die neben der Prüfung der Legitimation der Aktionäre durch Authentifizierungsinstrumente auch Schutz gegen unbefugtes Eindringen in das System gewährleisten.

66   **cc) Fragemöglichkeit. (1) Grundsatz:** Auskunftsrecht. Grundsätzlich haben Aktionäre weitreichende Auskunftsrechte gegenüber dem Vorstand. Dieses Recht wird nun weitreichend beschränkt.

67   **(2) Beschränkung auf Fragemöglichkeit.** Ausweislich des Gesetzeswortlautes gibt es kein Fragerecht, sondern lediglich muss die bloße **Möglichkeit,** Fragen zu stellen, gewährleistet werden.[54]

68   Über die Auswahl von Fragen zur Beantwortung entscheidet der **Vorstand.** Ihm kommt dabei ein **freies** Ermessen zu, das seine Grenze in der Pflichtwidrigkeit findet. Insofern verfügt er über einen sehr weitreichenden Entscheidungsspielraum, was die Gesetzesverfasser auch in ihrer Entwurfsbegründung hervorgehoben haben.[55] Die Vorschrift des § 131 AktG wird durch das pflichtgemäße, freie Ermessen des Vorstandes bezüglich der Fragenauswahl verdrängt.

69   Ein **Recht auf Beantwortung** seiner Frage hat der einzelne Aktionär nicht.[56] Dies ist nicht zuletzt aus europarechtlicher Warte heraus kritisch zu beurtei-

---

[48] FraktE, BT-Drs. 19/18110, S. 26.
[49] *Wicke,* DStR 2020, 885, 886.
[50] MüKoAktG/*Kubis,* § 118 Rn. 87 ff.; Hölters/*Drinhausen,* AktG, § 118 Rn. 15 ff.; Spindler/Stilz/*Hoffmann,* AktG, § 118 Rn. 35 ff.
[51] *Noack/Zetzsche,* AG 2020, 265, 268.
[52] FraktE, BT-Drs. 19/18110, S. 26.
[53] Spindler/Stilz/*Hoffmann,* AktG, § 118 Rn. 38.
[54] *Herb/Merkelbach,* DStR 2020, 811, 812; *Simons/Hauser,* NZG 2020, 488, 498; *Wicke,* DStR 2020, 885, 887.
[55] FraktE, BT-Drs. 19/18110, S. 26.
[56] FraktE, BT-Drs. 19/18110, S. 26. Ferner *Schäfer,* NZG 2020, 481, 487.

len.[57] Außerdem läuft die Möglichkeit, Fragen zu stellen, im Ergebnis oft ins Leere, wenn eine Antwort nicht erzwungen werden kann.

(3) Ermessen. Es ist naturgemäß schwierig, die Grenzen des freien, pflicht- 70 gemäßen Ermessens zu ermitteln.[58]

Die Grundsätze des § 131 AktG können lediglich als **Orientierung** dienen, wo- 71 nach das Auskunftsrecht nur über Angelegenheiten der Gesellschaft besteht, soweit sie zur sachgemäßen Beurteilung des Gegenstands der Tagesordnung erforderlich sind.[59] Denn abweichend von § 131 AktG ist das Ermessen nicht bloß pflichtgemäß, sondern überdies auch **frei** auszuüben.

Der Gesetzgeber war angesichts des kaum vorhersehbaren Ausübungsumfangs 72 bemüht, weite Entscheidungsspielräume zu statuieren.

Zulässige **Parameter der Fragenauswahl** sind seiner Ansicht nach jedenfalls 73
- die Bevorzugung quantitativ bedeutender Anteilseigner,
- die Auswahl sinnvoller Fragen,
- der Verzicht auf die Beantwortung fremdsprachiger Fragen oder
- die Beschränkung auf angemeldete Aktionäre.[60]

Die Anwendungsbereiche der §§ 53a bzw. 131 Abs. 2 AktG sind diesbezüglich 74 ungeklärt.[61] Der Vorstand darf auch **Fragen zusammenfassen.** Er kann entscheiden, dass sie bis zwei Tage[62] **vor der Versammlung** per Email bei der AG zuzugehen haben. Dabei bietet sich an, eine eigene E-Mail-Adresse oder ein Kontaktformular auf der Gesellschafts-Homepage einzurichten.[63] Weiterhin dürfen Fragen gem. § 131 Abs. 3 AktG unbeantwortet bleiben.

Abstrakt gültige Parameter zur Konturierung des Ermessens unter dem COVMG 75 zu finden, gestaltet sich als nahezu unlösbarer Versuch. Jedenfalls gelten im Ausgangspunkt weiterhin die bisher anerkannten Fallgruppen (wie beispielsweise neben dem Katalog des § 131 Abs. 3 AktG Rechtsmissbrauch, Unmöglichkeit oder Kollisionen mit Treuepflichten);[64] alles darüber hinaus Gehende unterliegt der Einzelfallbetrachtung. Es empfiehlt sich deshalb für den Vorstand zumindest, **ermessensleitende Grundsätze** aufzustellen und im Zuge der Einberufung öffentlich zu machen.[65]

(4) Formalia. Die Zwei-Tages-**Frist** berechnet sich mangels abweichender 76 Bestimmungen im COVMG nach dem allgemeinen Grundsatz des § 121 Abs. 7 AktG, so dass der Tag des Zugangs nicht zu zählen ist.[66]

Eine besondere **Form** der Fragen gibt das COVMG nicht vor, so dass mannig- 77 faltige Varianten, darunter Email, Brief oder Sprachnachricht, legitim sind. Die Zulassung von Fragen erst ab einem gewissen Zeitpunkt kann festgesetzt werden, so-

---

[57] Hierzu *Lieder*, ZIP 2020, 837, 841, der für börsennotierte AG eine richtlinienkonforme Auslegung anhand des Art. 9 Abs. 1 S. 2 ARRL (RL (EG) 36/2007) hin zu einem Auskunftsrecht für erforderlich hält.

[58] Hierzu auch *Simons/Hauser*, NZG 2020, 488, 496 f.

[59] Henssler/Strohn/*Liebscher*, GesR, § 131 Rn. 5 ff.; *Hoffmann/Becking* in: MüHb-AktG, Bd. 4, § 38 Rn. 16.

[60] FraktE, BT-Drs. 19/18110, S. 26.

[61] Prägnant *Lieder*, ZIP 2020, 837, 842.

[62] Kritisch hierzu *Simons/Hauser*, NZG 2020, 488, 495.

[63] *Mayer/Jenne*, BB 2020, 835, 843.

[64] Ausführlich dazu Spindler/Stilz/*Siems*, AktG, § 131 Rn. 34 ff.; 57 ff.

[65] *Noack/Zetzsche*, AG 2020, 265, 272.

[66] So auch *Simons/Hauser*, NZG 2020, 488, 495 mit einigen Beispielen.

fern für die Einschränkung ein sachlicher Grund besteht und die Fragemöglichkeit durch die zeitliche Begrenzung nicht unzumutbar eingeschränkt wird.[67]

78 **(5) Prozessuales.** Die **erfolgreiche Klage** gem. § 132 AktG wegen Verletzung des Auskunftsrechts in der virtuellen Versammlung wird durch das COVMG **faktisch ausgeschlossen.** Denn zum einen eliminiert § 1 Abs. 2 Nr. 3 COVMG ein solches Auskunftsrecht und zum anderen werden Ermessensverstöße kaum feststellbar oder nachzuweisen sein.[68]

79 **dd) Widerspruch.** Die übrigen aktienrechtlichen Vorschriften bleiben zu wahren. Allerdings gelten entgegen § 245 Nr. 1 AktG (Widerspruch zur Niederschrift) die Abstimmenden als erschienen. Entgegen der bisherigen Rechtspraxis[69] muss der Vorstand eine **(elektronische)** Möglichkeit zum Widerspruch schaffen und bereitstellen – etwa per Email, über eine Software oder ein Portal. Der Widerspruch ist bis zum Ende der Versammlung elektronisch beim beurkundenden **Notar** vorzunehmen.[70]

80 Die Widerspruchsmöglichkeit nach § 131 Abs. 5 AktG bei **Nichtauskunft** wird angesichts des Wortlautes von § 1 Abs. 2 S. 2 Nr. 3 COVMG („Fragemöglichkeit") und darin fehlender Antwortpflicht nicht eingeräumt.[71]

81 **e) Zustimmungserfordernis.** Der **Aufsichtsrat** muss der Entscheidung zustimmen, § 1 Abs. 6 COVMG (→ Rn. 130 ff.).

82 **f) Anträge und Gegenanträge.** Fraglich ist, wie die Aktionärsrechte auf (Gegen-) Antragstellung und Wahlvorschläge nach §§ 126, 127 AktG oder Geschäftsordnungsanträge im Rahmen der virtuellen Hauptversammlung zu beurteilen sind.

83 Hierbei ist zu **differenzieren.** Ist die Stimmabgabe ausschließlich als **Briefwahl** eingerichtet, so sollen Antragsrechte der Aktionäre (grundsätzlich) entfallen können.[72] Dies entspricht dem ausdrücklichen Willen des Gesetzgebers.[73] Dies stellt sich indes vor dem Hintergrund des Art. 14 GG als problematisch dar, weil demnach Eigentumsrechte der Gesellschafter eine massive Beschränkung bis hin zu einer faktischen Enteignung erfahren würden.

84 Richtigerweise soll deswegen jedenfalls etwas anderes gelten, sofern die Gegenanträge und Wahlvorschläge **vorab** ordnungsgemäß eingereicht worden sind, weil der Gesetzgeber nur Anträge „in" der Versammlung hat ausschließen wollen.[74] Dem lässt sich zwar entgegenhalten, dass nach § 126 Abs. 2 S. 1 Nr. 2 bzw. 6 AktG auf der Grundlage eines nicht rechtswirksam „stellbaren" Antrags kein rechtmäßiger Beschluss der Hauptversammlung herbeigeführt werden kann bzw. der Aktionär als in der Hauptversammlung abwesend zu betrachten ist.[75] Da hierin indes

---

[67] *Herb/Merkelbach,* DStR 2020, 811, 812, 813; *Simons/Hauser,* NZG 2020, 488, 496.

[68] *Simons/Hauser,* NZG 2020, 488, 499.

[69] Hölters/*Drinhausen,* AktG, § 118 Rn. 17, unter Verweis auf *Drinhausen/Keinath,* BB 2008, 1238, 1240.

[70] Zu den technischen Optionen *Noack/Zetzsche,* AG 2020, 265, 272.

[71] *Simons/Hauser,* NZG 2020, 488, 498.

[72] *Herb/Merkelbach,* DStR 2020, 811, 813.

[73] FraktE, BT-Drs. 19/18110, S. 26, wo es heißt: „Wird die Versammlung nur mit Briefwahl und Vollmachtsstimmrecht durchgeführt, fallen natürlich alle Antragsrechte „in" der Versammlung weg, denn diese kann es nur bei elektronischer Teilnahme von Aktionären geben.".

[74] *Herb/Merkelbach,* DStR 2020, 811, 813.

[75] Vgl. *Simons/Hauser,* NZG 2020, 488, 494.

eine ganze wesentliche Beschneidung zentraler Oppositionsrechte liegen würde, ist dies **abzulehnen.**

Ferner wird aus praktischer Warte heraus teilweise eine **Pflicht der Verwaltung** 85 dahingehend konstruiert, Stimmrechtsvertreter mit von den vollmachtgebenden Aktionären aktivierbaren Antragskompetenzen auszustatten.[76]

Schließlich liegt eine weitere Option darin, das Stellen vorher ordnungsgemäß 86 angekündigter Anträge in der virtuellen Versammlung **zu fingieren.**[77]

Im Rahmen der **elektronischen Teilnahme** an der virtuellen Versammlung 87 können den Aktionären Antragsrechte zufallen. Unter Hinweis auf das Fehlen einschränkender Vorgaben innerhalb von § 1 Abs. 2 COVMG wird richtigerweise vertreten, dass die zu § 118 Abs. 1 S. 2 AktG entwickelten Grundsätze heranzuziehen seien, wonach satzungsbedingt Einschränkungen der Antragsrechts zulässig seien.[78] Gleichwohl bleibt die Stellung jener Anträge vorab nach den allgemeinen Regeln[79] zulässig.[80] Insofern bleiben den opponierenden Aktionären ihre Rechte erhalten. Hierbei gilt die 14-Tages-Frist des § 126 Abs. 1 S. 1 AktG.[81]

g) Niederschrift über die Versammlung. Über die Niederschrift über die 88 virtuelle Hauptversammlung[82] gelten grundsätzlich dieselben detailreichen Anforderungen wie bei der Präsenzveranstaltung, wobei vor dem Hintergrund der §§ 130 Abs. 2 S. 1, 241 Nr. 2 AktG zu vermerken ist, dass es sich um eine virtuelle Versammlung ohne physische Präsenz der Aktionäre oder ihrer Bevollmächtigten handelt.[83] Hinsichtlich der „Art der Abstimmung" bedarf es möglichst **detailgetreuer Schilderungen,** um Anfechtungsrisiken zu minimieren.[84]

h) Datenschutz. Für die Hauptversammlung – inklusive ihrer virtuellen Spielart – sind die datenschutzrechtlichen Anforderungen auch der Datenschutzgrundverordnung **(DSGVO)** zu beachten.[85]

i) Teilnehmerverzeichnis. Da das COVMG die Bestimmungen über das Teilnehmerverzeichnis (vgl. § 129 AktG) nicht ändert, gilt es auch im Rahmen der virtuellen Versammlung nach § 1 Abs. 2 COVMG.

Bei elektronischer Zuschaltung sind die Aktionäre gem. § 129 Abs. 4 S. 2 AktG 91 nach Ende der virtuellen Hauptversammlung zur **Einsicht** in das Teilnehmerverzeichnis **berechtigt.**[86]

Die Beurteilung der Frage, **welche Aktionäre** in das in das Teilnehmerverzeichnis aufzunehmen sind, richtet sich nach der Art der Stimmrechtsausübung.[87]

Anders als Stimmrechtsvertreter, die nach dem Willen des Gesetzgebers[88] 93 physisch vor Ort sein dürfen, sind **Briefwähler** im Teilnehmerverzeichnis nicht

---

[76] *Noack/Zetzsche* AG 2020, S1 Rn. 32f.
[77] *Simons/Hauser,* NZG 2020, 488, 494.
[78] *Herb/Merkelbach,* DStR 2020, 811, 813f.
[79] Zu den Voraussetzungen Hüffer/Koch/*Koch,* AktG, § 126 Rn. 2ff.
[80] So auch *Herb/Merkelbach,* DStR 2020, 811, 814.
[81] Näheres zur Berechnung Spindler/Stilz/*Rieckers,* AktG, § 126 Rn. 18.
[82] Ausführlich BeckOGK AktG/*Wicke,* Stand 15.1.2020, § 130 Rn. 17ff.
[83] *Wicke,* DStR 2020, 885, 888.
[84] BeckOGK AktG/*Wicke,* Stand 15.1.2020, § 130 Rn. 18.
[85] Zum Datenschutz in der Hauptverhandlung *Zetzsche,* AG 2019, 233.
[86] *Danwerth,* NZG 2020, 586, 588.
[87] Ausführlich *Danwerth,* NZG 2020, 586.
[88] FraktE, BT-Drs. 19/18110, S. 26.

aufzuführen, da diese nicht „erschienen" sind.[89] Aus Transparenzgründen wird vorgeschlagen, die Briefwahlstimmen ebenfalls (anonymisiert) in das Teilnehmerverzeichnis aufzunehmen.[90]

94 **Elektronisch** teilnehmende Aktionäre sind aufzuführen, sofern sie sich **zuschalten,** da diese Form das physische Erfordernis ersetzt.[91]

95 **j) Hinweise.** Bei der **Einberufung** sollte gem. § 121 Abs. 3 S. 3 AktG der Hinweis erfolgen, dass die Hauptversammlung gem. § 1 COVMG in rein virtueller Form durchgeführt wird.

96 Der Formulierungsvorschlag von *Simons/Hauser*[92] lautet: „Die Hauptversammlung wird in Form der virtuellen Hauptversammlung iSv Art. 2 § 1 II 2 des „Gesetzes zur Abmilderung der Folgen der COVID-19-Pandemie im Zivil-, Insolvenz- und Strafverfahrensrecht" (BGBl. 2020 I Seite 569), also ohne physische Präsenz der Aktionäre oder ihrer Bevollmächtigten, abgehalten."

97 Auch ein **Ort** sollte vorsichtshalber angegeben werden[93] (→ Rn. 145).

98 Das **Datum** der Hauptversammlung inklusive **Uhrzeit** ist gem. § 121 Abs. 3 S. 1 AktG wegen § 241 AktG Pflichtangabe.

3. Einberufungsfrist, Anteilsnachweis, Absatz 3

99 § 1 Abs. 3 COVMG modifiziert die bisherigen §§ 123 Abs. 1 S. 1, Abs. 2 S. 5, Abs. 4 S. 2, 122 Abs. 2 AktG.[94]

100 **a) Einberufungsfrist zur Hauptversammlung.** Gemäß § 123 Abs. 1 AktG galt bislang eine **Einberufungsfrist** von mindestens 30 Tagen, welche sich ggf. gemäß § 123 Abs. 2 S. 1, 2 und 5 AktG um eine Anmeldefrist verlängern konnte.

101 Die Vorschrift des § 1 Abs. 3 COVMG verkürzt diese Einberufungsfrist zur Hauptversammlung auf nunmehr **21 Tage.**

102 Zwar dürfte mangels Regelung durch das COVMG für die **Berechnung** im Übrigen wie bisher § 121 Abs. 7 AktG gelten. Eine **Verlängerung** dieser Frist gem. § 123 Abs. 2 S. 5 AktG um die Tage der (eventuellen) Anmeldefrist scheidet aber dem Wortlaut des § 1 Abs. 3 S. 1 COVMG nach aus und verwirklicht dadurch das gesetzgeberische Anliegen schneller Entscheidungen.

103 Allerdings ist gleichzeitig nicht ausgeschlossen, dass der Gesetzgeber die verkürzte Frist nicht nach § 123 Abs. 1 S. 2 AktG berechnen wollte, wo der Einberufungstag nicht mitzählt.[95] Aus Sicherheitsgründen sollte die Einberufung somit spätestens am 22. Tag vor dem Tag der Versammlung erfolgen.[96]

104 Im Falle der **Verkürzung** der Einberufungsfrist durch den Vorstand auf 21 Tage hat dieser allerdings zu beachten, dass er bei der zumindest auch Namensaktien ausgebenden AG die **Einberufung spätestens zwölf Tage** vor der Versammlung mitteilt. Hierbei reicht das Absenden aus und die Frist berechnet sich nach §§ 121

---

[89] *Danwerth,* NZG 2020, 586, 587.
[90] *Danwerth,* NZG 2020, 586, 588.
[91] *Danwerth,* NZG 2020, 586, 586 f.
[92] *Simons/Hauser,* NZG 2020, 488, 490.
[93] *Herb/Merkelbach,* DStR 2020, 811, 816 mwN.
[94] Ausführlich *Vetter/Tielmann,* NJW 2020, 1175 f.
[95] *Herb/Merkelbach,* DStR 2020, 811, 815.
[96] *Herb/Merkelbach,* DStR 2020, 811, 815.

Abs. 7, 125 Abs. 1 S. 2 AktG, sodass die Mitteilung spätestens mit Ablauf des 13. Tages vor der Hauptversammlung abzusenden ist.[97]

Adressaten sind in dem vorgenannten Fall gemäß § 125 Abs. 1 AktG — **105**

- Intermediäre, die Aktien der Gesellschaft verwahren, sowie
- Aktionäre und Intermediäre, die die Mitteilung verlangt haben,
- Vereinigungen von Aktionären, die die Mitteilung verlangt haben
- oder die in der letzten Hauptversammlung Stimmrechte ausgeübt haben sowie
- gleichgestellte Institute und Unternehmen nach § 125 Abs. 5 AktG.[98]

Gemäß § 125 Abs. 2 AktG hat für **Namensaktien** die Mitteilung an die zu Beginn des zwölften Tages vor der Hauptversammlung im Aktienregister Eingetragenen zu erfolgen. Die Berechnung folgt wiederum nach § 121 Abs. 7 AktG. — **106**

b) Anteilsnachweis zum record date. Bei der börsennotierten AG ist Bezugsstichtag für den **Nachweis des Anteilsbesitzes** in Abweichung von § 123 Abs. 4 S. 2 AktG ab sofort der **zwölfte Tag vor der Hauptversammlung,** wobei der Nachweis (bei Inhaberpapieren) bis grundsätzlich vier Tage vor der Hauptversammlung an der mitgeteilten Adresse zugehen muss. — **107**

Allerdings kann der Vorstand – sogar bei entgegenstehender Satzung – in der Einberufung eine **kürzere Frist** für den Zugang der Nachweise vorgeben, § 1 Abs. 3 S. 2 a. E COVMG. — **108**

c) Ergänzungsverlangen. Die aktienrechtlich fundierte Option von **Minderheitsaktionären,** Ergänzungen der Tagesordnung zu verlangen, kann unter den gleichen Anteilsquoten wie bisher (vgl. § 122 Abs. 2 S. 1 AktG) vorgenommen werden. Berechtigt sind somit Aktionäre, deren Anteile zusammen mindestens 1/20 des Grundkapitals oder den anteiligen Betrag von 500.000 Euro erreichen. — **109**

Abweichend von den Fristen des § 122 Abs. 2 S. 3 AktG gilt für börsennotierte wie für nicht börsennotierte Aktiengesellschaften gleichermaßen eine **Zugangsfrist von 14 Tagen** vor der Versammlung. Der Zugangstag ist gem. § 122 Abs. 2 S. 3 AktG weiterhin nicht mitzuzählen und auch der Tag der Hauptversammlung nicht, § 121 Abs. 7 AktG. Demgemäß muss das Ergänzungsverlangen der Gesellschaft spätestens am 15. Tag vor der Hauptversammlung zugehen und nach § 124 Abs. 1 AktG unverzüglich bekannt gemacht werden. — **110**

d) Formerleichterungen. Verstöße gegen Formerfordernisse für Mitteilungen innerhalb von § 125 AktG statuieren gem. § 1 Abs. 7 COVMG **keine Anfechtungsgründe.** Damit wollte der Gesetzgeber sicherstellen, dass die Mitteilungen im Wege elektronischer Kommunikation erteilt werden können.[99] — **111**

e) Zustimmungserfordernis. Auch die Entscheidungen nach § 1 Abs. 3 COVMG bedürfen gem. § 1 Abs. 6 COVMG (s. hierzu **6.**) der Zustimmung durch den Aufsichtsrat. — **112**

4. Vorausdividenden, Absatz 4

Die Vorschrift des § 1 Abs. 4 COVMG bezweckt, Liquiditätsengpässe der Aktionäre zu verhindern. — **113**

---

[97] Grigoleit/*Herrler,* AktG, § 125 Rn. 17.
[98] Hierzu Spindler/Stilz/*Rieckers,* AktG, § 125 Rn. 11.
[99] FraktE, BT-Drs. 19/18110, S. 27.

114   In zeitlicher Hinsicht ist zu beachten, dass die folgenden Abweichungen vom bisherigen AktG gem. § 7 Abs. 1 COVMG nur für Abschlagszahlungen, die **im Jahr 2020** „stattfinden", gelten (s. aber unten **bei I.**). Mit dem Wort „**Stattfinden**" von Abschlägen von Bilanzgewinnen hat der Gesetzgeber den Auszahlungserfolg gemeint (und nicht etwa den Beschluss darüber).

115   **a) Vorstandskompetenz.** Die Kompetenz zur Entscheidung über Vorabdividenden liegt beim **Vorstand** – auch ohne entsprechende Satzungsermächtigung.

116   **b) Berechnung.** Die Option von Vorausdividenden kennt das AktG in seinem § 59. Dessen Abs. 2 bleibt für die **Berechnung der Abschläge** maßgeblich.

117   Sofern es einen vorläufigen Bilanzgewinn gibt, beschränkt insb. § 59 Abs. 2 S. 2 und 3 AktG die Ausschüttung der Höhe nach auf höchstens die **Hälfte** des Betrags, der vom Jahresüberschuss nach Abzug der gesetzlich oder satzungsmäßig einzustellenden Gewinnrücklagen verbleibt – wiederum begrenzt auf die Hälfte des vorjährigen Bilanzgewinns.

118   **c) Haftung.** Aus dem prognostischen Element des § 59 Abs. 2 AktG entspringen naturgemäß nicht unerhebliche Haftungsrisiken, die im Rahmen der §§ 93 Abs. 2 Nr. 2, 116 AktG zu Relevanz gelangen. Verständlicherweise ist deshalb bislang nur wenig Gebrauch von § 59 Abs. 3 AktG gemacht worden.[100]

119   Auch die Zuerkennung der Vorstandsentscheidungskompetenz wird seine **Praxisrelevanz** kaum zu steigern vermögen. Das gilt gerade jetzt, wo viele Aktiengesellschaften krisenbedingt massive Gewinneinbußen hinzunehmen haben werden und daher Gewinne infrage stehen.

120   Von ungleich geringerer Bedeutung ist demgegenüber die Tatsache, dass nunmehr derartige Abschläge auf **Ausgleichszahlungen** gem. § 304 AktG an außerhalb von durch Gewinnabführungsverträge verbundenen Gesellschaften stehende Aktionäre durch den Vorstand vorgenommen werden dürfen.

121   **d) Zustimmungserfordernis.** Der Aufsichtsrat muss der Entscheidung des Vorstandes über die Gewährung von Vorabdividenden zustimmen, § 1 Abs. 6 COVMG (s. hierzu → Rn. 130 ff.). Dies ergibt sich zu § 59 Abs. 2 AktG zudem bereits aus § 59 Abs. 3 AktG.

5. Fristverlängerung zur Durchführung der Versammlung, Absatz 5

122   **a) Zwölf-Monats-Frist.** Die Bestimmung des § 1 Abs. 5 COVMG verlängert die Frist des § 175 Abs. 1 S. 2 AktG zur Abhaltung der Hauptversammlung von acht Monaten nach Geschäftsjahresende auf das gesamte Geschäftsjahr, also auf **zwölf Monate** (vgl. § 240 Abs. 2 S. 2 HGB). Beginnt das Geschäftsjahr beispielsweise am 1.1.2020, so kann die Hauptversammlung bis einschließlich zum 31.12.2020 stattfinden.

123   Allein der **Vorstand** kann dies entscheiden, muss es aber nicht. Jedoch ist die **Zustimmung** des Aufsichtsrates nötig, § 1 Abs. 6 COVMG.

124   In diesem Zusammenhang hat der Gesetzgeber die **Haftung der AG** aufgrund Corona-bedingter Verzögerungen der Versammlung eingedämmt. Die Anwendung von § 407 AktG, der das Zwangsgeldverfahren regelt, entfällt ebenso wie mangels Verschuldens Schadensersatzansprüche nach § 93 Abs. 2 AktG.[101]

---

[100]   Grigoleit/*Grigoleit/Rachlitz,* AktG, § 59 Rn. 1.

[101]   FraktE, BT-Drs. 19/18110, S. 27.

b) Verlängerung von Aufsichtsratsämtern. Da über §§ 102 Abs. 1, 120 **125**
Abs. 1 S. 1 AktG die Amtszeiten von Aufsichtsräten an das Stattfinden der Hauptversammlung geknüpft sind, ist nun **umstritten,** ob § 1 Abs. 5 COVMG die Frist
des § 120 Abs. 1 S. 1 AktG, wonach in den ersten acht Monaten des Geschäftsjahrs
über die Entlastung von Vorstand und Aufsichtsrat abzustimmen ist, ebenfalls hin zu
einer Zwölf-Monats-Frist ausdehnt.

Teilweise[102] wird eine solche Ausdehnung auf zwölf Monate befürwortet. Für **126**
diese Auffassung spricht, dass dem Gesetzgeber die Problematik dem Grunde nach
bekannt gewesen ist. So hat er ausdrücklich drohende Belastungen der Gerichte
durch Notbestellungen zu verhindern versucht, indem er im Hinblick auf Genossenschaften dem Zeitablauf von Ämtern entgegenwirkte.[103] Dort hat er geregelt,
dass Amtsinhaber bis zur Neubestellung im Amt bleiben, § 3 Abs. 5 COVMG. In
Bezug auf Aktiengesellschaften – wie andernorts in gleicher Thematik – hat er das
unterlassen. Zwar hätte man durchaus eine **gesetzliche Regelung** erwarten müssen, die ein „automatisches" Ausscheiden nach Zeitablauf verhindert. Gewollt hat
es der Gesetzgeber aber offenbar nicht.

Andere sprechen sich gegen eine solche Fristverlängerung aus. *Vetter/Tiel-* **127**
mann[104] lösen dies unter Hinweis auf die bisherige h.Lit. und den BGH,[105] wonach
das Amt der gewählten Aufsichtsratsmitglieder mit Ablauf dieser Höchstfrist auch
dann endet, sofern bis zum Fristablauf keine Hauptversammlung stattgefunden hat.
Insofern wären in etwaigen Übergangszeiträumen **Notbestellungen** nach § 104
AktG erforderlich.

c) Zustimmungserfordernis. Der **Aufsichtsrat** muss der Entscheidung über **128**
das Stattfinden der Versammlung außerhalb des Geschäftsjahres zustimmen, § 1
Abs. 6 COVMG (s. hierzu → Rn. 130 ff.).

d) Besonderheit: SE. Für die SE gilt gem. § 1 Abs. 8 COVMG die Besonder- **129**
heit, dass dessen Abs. 5 nicht anzuwenden ist. Es blieb nach dem COVMG ergo bei
der europarechtlich (bislang) zwingenden sechs-Monats-Frist der Art. 54 Abs. 1
S. 1, Art. 9 Abs. 1 a) SE-VO.[106] Dieser missliche Umstand war zwischenzeitlich zur
Kenntnis des deutschen und europäischen Gesetzgebers gelangt und wurde eruiert.
Der deutsche Gesetzgeber hat vorgesorgt, eine etwaige europarechtliche Änderung
schnellstens umsetzen zu können. Insofern bleibt Art. 1 a im „Gesetz zur Abmilderung
der Folgen der COVID-19 Pandemie im Veranstaltungsvertragsrecht und im Recht
der Europäischen Gesellschaft (SE) und der Europäischen Genossenschaft (SCE)"[107]
zu beachten.[108] Dieser Artikel enthält das „Gesetz zum Vorschlag für eine Verordnung des Rates über befristete Maßnahmen in Bezug auf die Hauptversammlungen
Europäischer Gesellschaften (SE) und die Generalversammlungen Europäischer
Genossenschaften (SCE)". Es ermächtigt den deutschen Vertreter im Rat zur Zustimmung zu jenem Verordnungsvorschlag,[109] der die Versammlung von SE und

---

[102] *Noack/Zetzsche,* AG 2020, 265, 275.
[103] FraktE, BT-Drs. 19/18110, S. 29.
[104] *Vetter/Tielmann,* NJW 2020, 1175.
[105] BGH, NZG 2002, 916; MüKoAktG/*Habersack,* § 102 Rn. 18 mwN.
[106] VO (EG) 2157/2001.
[107] BGBl. 2020 I S. 948.
[108] Zur ausführlichen Kommentierung in diesem Werk → Teil II B. Rn.2 ff.
[109] Der Verordnungsvorschlag ist abgedruckt im BGBl. 2020 I, S. 950.

SCE in Abweichung von Art. 54 SE-VO[110] bzw. SCE-VO[111] auf **zwölf Monate** nach Geschäftsjahresende erlaubt, wenn diese Versammlungen im Jahr 2020 stattfinden. Der europäische Gesetzgeber hat mittlerweile durch die am 28.5.2020 in Kraft getretene Verordnung (EU) 2020/699 reagiert.[112] In Art. 1 der VO heißt es: „Europäische Gesellschaften (SE), die verpflichtet sind, im Jahr 2020 eine Hauptversammlung nach Artikel 54 Absatz 1 der Verordnung (EG) Nr. 2157/2001 abzuhalten, können abweichend von dieser Bestimmung die Versammlung innerhalb von 12 Monaten nach Abschluss des Geschäftsjahres abhalten, sofern die Versammlung bis zum 31. Dezember 2020 stattfindet."

6. Zustimmungserfordernisse, Absatz 6

130 Gem. § 1 Abs. 6 COVMG muss der Aufsichtsrat als Organ den Entscheidungen des Vorstandes zu § 1 Abs. 1 bis 5 COVMG zustimmen, um sie realisieren zu können. Hierdurch behält der Aufsichtsrat seine **Kontrollfunktion.**

131 Seine Beschlussfassung vereinfacht der Gesetzgeber durch Änderung des § 108 Abs. 4 AktG. Daher ist das **Zusammentreten des Organs** (oder seiner Ausschüsse[113]) zur Beschlussfassung in physischer Hinsicht nicht mehr erforderlich, selbst wenn Satzung oder Geschäftsordnung Gegenteiliges bestimmen. Die **Beschlussfassung** kann also stets in schriftlicher, fernmündlicher oder vergleichbarer Form erfolgen. Dabei drängen sich Telefon-, Video- und Internetkonferenz[114] auf, die die Kommunikation untereinander umfänglich ermöglichen. Als „vergleichbare Formen" sind außerdem anerkannt Telefax, Email, SMS, Messenger-Apps und mündliche Abstimmung,[115] wobei teilweise gefordert wird, dass die Identität des Erklärenden bestätigt werden können muss.[116]

132 Dem Wortlaut des § 1 Abs. 6 COVMG nach unberührt bleibt der in § 108 Abs. 4 a. E. AktG verankerte Vorbehalt, dass **ein Mitglied** diesem Non-Präsenz-Verfahren **widerspricht.**

133 Das bedeutet zunächst, dass einzelne Mitglieder Aufsichtsratsbeschlüsse – und somit auch die abzusegnenden Maßnahmen der §§ 1 bis 5 COVMG – **abwenden** oder zumindest **verzögern** könnten. Mit dem Ziel des Gesetzgebers, Handlungsfähigkeit und -schnelligkeit zu fördern, ist dieses Ergebnis kaum in Einklang zu bringen. Dabei wäre es ihm ein Leichtes gewesen, diesem Umstand zu beheben. Im Hinblick auf die GmbH in § 2 COVMG hat er dies immerhin adäquat getan. Somit muss davon ausgegangen werden, dass der Gesetzgeber an der „Einstimmigkeit" des § 108 Abs. 4 AktG hat festhalten wollen.

134 **Schweigen** gilt nicht als Widerspruch.[117]

---

[110] VO (EG) 2157/2001.

[111] VO (EG) 1435/2003.

[112] ABl. EU L 165/25 v. 27.5.2020.

[113] MüKoAktG/*Habersack,* § 108 Rn. 61; BeckOGK AktG/*Spindler,* Stand 15.1.2020, § 108 Rn. 70, der eine spezielle Satzungsgrundlage für erforderlich hält.

[114] BeckOGK AktG/*Spindler,* Stand 15.1.2020, § 108 Rn. 64.

[115] MüKoAktG/*Habersack,* § 108 Rn. 60 mwN.

[116] BeckOGK AktG/*Spindler,* Stand 15.1.2020, § 108 Rn. 64.

[117] BeckOGK AktG/*Spindler,* Stand 15.1.2020, § 108 Rn. 67 mwN; MüKoAktG/*Habersack,* § 108 Rn. 61 mwN.

Initiatoren können der Aufsichtsratsvorsitzende oder jedes Aufsichtsratsmitglied sein, Letzteres bedarf eines Aufsichtsratsbeschlusses.   135

Empfangszuständig ist der Aufsichtsratsvorsitzende oder ein von ihm Beauftragter.   136

Der Aufsichtsratsvorsitzende hat über die Abstimmung gem. § 107 Abs. 2 AktG (analog) eine **Niederschrift** anzulegen.[118]   137

Die **Delegation** der Entscheidung auf den Vorsitzenden oder einen Ausschuss ist unzulässig, während deren Vollzug übertragen werden kann.[119]   138

Besonderer Beachtung bedarf schließlich die **Reichweite** des § 1 Abs. 6 COVMG. Dessen Modifikation von § 108 Abs. 4 AktG gilt nämlich ausweislich seines Wortlautes („den Beschluss über die Zustimmung") in Satz 2 mit seinem systematischen Bezug auf den vorangehenden Satz 1 lediglich für jene Beschlüsse, die auf die Zustimmung zu einem oder mehreren der in den §§ 1 bis 5 COVMG genannten Tatbestände gerichtet ist. Für alle anderen Beschlussbestände bleibt nach wie vor die Satzung vorrangig und Verstöße hiergegen würden fehlerhafte Beschlüsse provozieren.   139

7. Anfechtung von Beschlüssen, Absatz 7

Im Ausgangspunkt erhöht die Verlagerung auf elektronische bzw. virtuelle Elemente der Hauptversammlung das **Risiko** der in dieser Hinsicht gängigen Anfechtungstatbestände und könnte die Gesellschaften an der Nutzung der ihr neueröffneten Optionen im Rahmen des COVMG hindern.[120] Daher gewährt § 1 Abs. 7 COVMG der AG verschiedene Erleichterungen.   140

a) Privilegierte Tatbestände. Damit die AG nicht befürchten muss, infolge ihrer Entscheidung für die Ausschöpfung im COVMG gesetzlich gewährten Maßnahmen Anfechtungsrisiken zu generieren, werden zum Erhalt der Beschlusssicherheit drei differenzierbare Tatbestände privilegiert: 141

- Erstens wird § 243 Abs. 3 Nr. 1 AktG dahingehend modifiziert, dass **fahrlässige Verstöße** gegen § 118 Abs. 1 S. 3 bis 5, Abs. 2 S. 2, Abs. 4 AktG aufgrund technischer Störungen entfallen.
- Zweitens sind die (etwaig bestehenden) **Formerfordernisse** für Mitteilungen des § 125 AktG unbeachtlich.
- Drittens wird die virtuelle Hauptversammlung nach § 1 Abs. 2 COVMG in dieser Hinsicht **anfechtungsfrei** gestellt. Letzteres ist von besonderer Bedeutung. Denn dadurch sind fahrlässige Verletzungen der Bereitstellung der audiovisuellen Übertragung der Versammlung, Umstände der Stimmrechtsausübung sowie der Frage- und Widerspruchsmöglichkeiten in der virtuellen Versammlung privilegiert. Hinsichtlich des Fragerechts verliert der Aktionär grundsätzlich seine Option, über § 243 Abs. 4 AktG gegen unzureichende Antworten vorzugehen.[121] Eine Ausnahme läge nur im vorsätzlichen Verstoß gegen das pflichtgemäße Ermessen des Vorstandes.[122]

---

[118] MüKoAktG/*Habersack*, § 108 Rn. 62 ff.
[119] *Simons/Hauser*, NZG 2020, 488, 497.
[120] FraktE, BT-Drs. 19/18110, S. 27.
[121] Ausführlich *Simons/Hauser*, NZG 2020, 488, 498.
[122] *Noack/Zetzsche*, AG 2020, 265, 276.

142 Freilich bleibt zu beachten, dass für **vorsätzliche Verstöße** der Ausschluss nach § 1 Abs. 7 COVMG nicht greift,[123] wobei bedingter Vorsatz ausreicht.[124] In jedem Fall ist weiterhin Sorgfalt geboten. Störungen im technischen Risikobereich des elektronisch zugeschalteten Aktionärs können kein Verschulden der Gesellschaft begründen.[125]

143 **b) Beweislast.** Die Beweislast für das Vorliegen des mindestens bedingten **Vorsatzes** trägt ausweislich des Gesetzeswortlautes („es sei denn") der Anfechtende.

144 **c) Nichtigkeit.** Nicht adressiert oder modifiziert hat der Gesetzgeber Nichtigkeitsgründe und deren Heilung, so dass die §§ 241, 242 AktG ohne Weiteres Anwendung finden.

145 Eine Besonderheit der **virtuellen Versammlung** ist beachtlich: Um auf eine Verletzung vom **Ortserfordernis** des § 121 Abs. 3 S. 1 AktG gestützten Nichtigkeitsklagen möglichst zu entgehen, wird angemahnt, auch bei der virtuellen Hauptversammlung einen Ort mit Gemeinde und Anschrift anzugeben und bei der Einberufung sodann hervorzuheben, dass eine physische Teilnahme am Einberufungsort nicht möglich sei und dass es sich um eine rein virtuelle Hauptversammlung handele.[126] Gleichwohl ist offensichtlich, dass die Angabe eines Versammlungsortes in diesem Fall geradezu paradox und somit obsolet ist und man daher im Wege teleologischer Reduktion auf dieses Erfordernis verzichten sollte. Angesichts der möglichen Auswirkungen sollte dennoch rein vorsorglich ein Ort benannt werden.[127]

8. Entsprechende Anwendung auf andere Körperschaften, Absätze 8 und 9

146 Per Verweisungstechnik finden gem. § 1 Abs. 8 und 9 COVMG die Inhalte der Abs. 1 bis 7 auf weitere Gesellschaftsformen Anwendung. Sie gelten ohne Einschränkungen auf die **Kommanditgesellschaft auf Aktien.** Insofern wird auf diese Ausführungen zu § 1 Abs. 1 bis 7 COVMG verwiesen. Für den VVaG und die SE gelten partikuläre Abweichungen, die im Gesamtbild unbeträchtlich ins Gewicht fallen.

147 Hinsichtlich des **VVaG** greifen entsprechend der gesetzgeberischen Intention fast alle Norminhalte des § 1 COVMG. Dies schließt insb. die Ermächtigungen zur elektronischen Teilnahme und Abhaltung der Mitglieder(vertreter)versammlung mit ein. Ausnahmeweise gem. § 1 Abs. 9 COVMG **nicht anwendbar** sind § 1 Abs. 3 S. 2 und 4 COVMG. Insoweit sind lediglich zu den Einberufungs- und Mitteilungsfristen von der AG abweichende Bestimmungen getroffen worden: Im Gegensatz zur AG werden die §§ 123 Abs. 4 S. 2, 122 Abs. 2 AktG für den VVaG nicht geändert, sondern gelten fort. Demgemäß darf weder der **Bezugszeitpunkt** des Nachweises zum Anteilsbesitz vom zwölften Tag vor der Mitglieder(vertreter)versammlung stammen oder bis vier Tage vorher zugehen, noch ist dieser Zeitraum durch den Vorstand trotz entgegenstehender Satzung verkürzbar. Darüber hinaus

---

[123] Nach dem Willen der Gesetzesverfasser soll der Fahrlässigkeitsausschluss für § 118 Abs. 1 S. 3 bis 5 AktG auch für nach dem 3.9.2020 einberufene Hauptversammlungen gelten, FraktE, BT-Drs. 19/18110, S. 27f.

[124] *Noack/Zetzsche,* AG 2020, 265, 276.

[125] *Drinhausen/Keinath,* BB 2008, 1238, 1240.

[126] *Noack/Zetzsche,* AG 2020, 265, 267; ferner *Simons/Hauser,* NZG 2020, 488, 491.

[127] *Simons/Hauser,* NZG 2020, 488, 491; *Herb/Merkelbach,* DStR 2020, 811, 8160; *Noack/Zetzsche,* AG 2020, 265, 267.

entfällt die Fristverkürzung auf 14 Tage für Ergänzungsverlangen durch Anteilsminderheiten.

Die bezüglich der AG geltenden Vorschriften erstrecken sich grundsätzlich **148** ebenfalls auf die **Europäische Gesellschaft,** abgesehen von zwei **Besonderheiten:** Zum Einen bedarf es bei der ohne Aufsichtsrat organisierten SE, der sog. monistischen SE, logischerweise **keines** Zustimmungserfordernisses nach Abs. 6. Hier entscheidet der Verwaltungsrat über die Maßnahmen nach § 1 Abs. 1 bis 4 COVMG, insb. ist er zur Einberufung der Hauptversammlung verpflichtet. Zweitens gilt – zumindest nach dem COVMG – aufgrund der europarechtlich entgegenstehenden Vorschriften der Art. 54 Abs. 1 S. 1, Art. 9 Abs. 1 a) VO (EG) 2157/2001 die Zwölf-Monats-Frist des Abs. 5 nicht. Insofern müsste die Hauptversammlung weiterhin durch die zuständigen Organe[128] einberufen und innerhalb der ersten **sechs** Monate nach Geschäftsjahresende abgehalten werden. Aufgrund dieses offenkundigen Missstandes zulasten der SE wurde durch Art. 1 VO (EU) 2020/699 auf europäischer Ebene eine Änderung dieser Frist auf **zwölf Monate** geschaffen. Der deutsche Gesetzgeber hat vorgesorgt, eine etwaige europarechtliche Änderung schnellstens umsetzen können. Insofern bleibt Art. 1 a im „Gesetz zur Abmilderung der Folgen der COVID-19 Pandemie im Veranstaltungsvertragsrecht und im Recht der Europäischen Gesellschaft (SE) und der Europäischen Genossenschaft (SCE)"[129] zu beachten.[130] Dieser Artikel enthält das „Gesetz zum Vorschlag für eine Verordnung des Rates über befristete Maßnahmen in Bezug auf die Hauptversammlungen Europäischer Gesellschaften (SE) und die Generalversammlungen Europäischen Genossenschaften (SCE)". Es ermächtigt den deutschen Vertreter im Rat zur Zustimmung zu jenem Verordnungsvorschlag,[131] der die Versammlung von SE und SCE in Abweichung von Art. 54 SE-VO[132] bzw. SCE-VO[133] auf **zwölf Monate** nach Geschäftsjahresende erlaubt, wenn diese Versammlungen im Jahr **2020 stattfinden.**

§2 Gesellschaften mit beschränkter Haftung

Abweichend von § 48 Absatz 2 des Gesetzes betreffend die Gesellschaften mit beschränkter Haftung können Beschlüsse der Gesellschafter in Textform oder durch schriftliche Abgabe der Stimmen auch ohne Einverständnis sämtlicher Gesellschafter gefasst werden.

I. Hintergrund und Zweck

Im ersten Entwurf der Formulierungshilfe der Bundesregierung vom **20. März** **149** **2020**[134] hatte die Rechtsform der GmbH noch gar **keine Berücksichtigung** gefunden, obwohl sie die wohl verbreitetste aller Rechtsformen repräsentiert.

---

128 Hierzu Habersack/Drinhausen/*Bücker,* SE-Recht, SE-VO Art. 54, Rn. 13 ff.
129 BGBl. 2020 I S. 948.
130 Zur ausführlichen Kommentierung in diesem Werk → Teil II B. Rn. 2 ff.
131 Der Verordnungsvorschlag ist abgedruckt im BGBl. 2020 I, S. 950.
132 VO (EG) 2157/2001.
133 VO (EG) 1435/2003.
134 Abgedruckt bei *Römermann* [Hrsg.], Leitfaden für Unternehmen in der Covid-19-Pandemie, Anhang 1.

150   Erst die Formulierungshilfe vom **21. März 2020** nahm sie schließlich durch eine Änderung des § 48 Abs. 2 GmbHG auf.

151   Der Gesetzgeber wollte mit der Vorschrift verhindern, dass **einzelne Gesellschafter** die Beschlussfassung im Umlaufverfahren blockieren können.

II. Anwendungsbereich

1. Sachliche und zeitliche Komponente

152   Die Vorschrift gilt **sachlich** ausschließlich für die GmbH.

153   Angesichts des eindeutigen Wortlauts ist die „kleine Schwester" der GmbH, die **Unternehmergesellschaft (UG),** nicht erfasst. Dies mag sich vor dem Hintergrund erklären, dass der Gesetzgeber die wirtschaftstragenden Gesellschaften fokussiert hat, in der UG jedoch vergleichsweise wenig Kapital gebunden ist.

154   Gem. § 7 Abs. 2 COVMG ist § 2 COVMG in **zeitlicher** Hinsicht nur auf Gesellschafterversammlungen und -beschlüsse anzuwenden, die im Jahre 2020 stattfinden. Gem. § 8 COVMG kann allerdings per Verordnung eine Verlängerung bis zum 31.12.2021 erfolgen.

155   Weiterführend ist hinsichtlich von **beurkundungspflichtigen Beschlüssen** wie insb. Satzungsänderungen (§ 53 Abs. 2 GmbHG) die Möglichkeit der schriftlichen Abstimmung iSv § 48 Abs. 2 GmbHG nicht abschließend geklärt. Die heute herrschende Meinung hält § 48 Abs. 2 GmbHG allerdings für anwendbar, da die Gesellschafter noch nach der Abstimmung die notarielle Beurkundung nachholen dürfen (vgl. § 36 ff. BeurkG).[135] Da die gesellschaftsrechtlichen Beurkundungserfordernisse nicht verlangen, dass alle Beteiligten am selben Ort zusammentreten, können die Gesellschafter ihre Stimmen einzeln und ggf. sukzessive zu Protokoll ihres jeweiligen örtlichen Notars abgeben.[136] *Lieder*[137] und *Wicke*[138] weisen ferner darauf hin, dass diese Stimmabgaben sodann in Ausfertigung an einen Notar, der die Stimmabgaben für die Gesellschaft entgegennimmt, übermittelt und das Beschlussergebnis beurkundet werden können.

156   Darüber hinaus findet § 48 Abs. 2 GmbHG im Rahmen der §§ 49 Abs. 3, 50 Abs. 1 GmbHG, die die Reaktion auf einen **Stammkapitalverlust** über 50 % und **Minderheitseinberufung** regeln, nach der richtigerweise vertretenen Ansicht ebenfalls Anwendung.[139]

157   Für die **mitbestimmte GmbH** gilt das nach herrschender Meinung[140] ebenso. Daraus folgt insbesondere, dass dem Aufsichtsrat mangels gesetzlicher Stütze sowie unter Beschleunigungsgesichtspunkten keine besondere Gelegenheit zur Stellungnahme eingeräumt werden braucht.[141]

---

[135] Zum Meinungsstreit Michalski/Heidinger/Leible/J. Schmidt/*Römermann*, GmbHG, § 48 Rn. 207 ff.; Henssler/Strohn/*Hillmann*, GesR, § 48 GmbHG Rn. 20 mwN.

[136] *Lieder*, ZIP 2020, 837, 844 f.; *Wicke*, NZG 2020, 501, 502 mwN.

[137] *Lieder*, ZIP 2020, 837, 845 mwN.

[138] *Wicke*, NZG 2020, 501, 502 mwN.

[139] MüKo GmbHG/*Liebscher*, § 48 Rn. 146; Michalski/Heidinger/Leible/J. Schmidt/*Römermann*, GmbHG, § 48 Rn. 211, jew. mwN.

[140] *Zöllner*, FS R. Fischer, 1979, S. 905, 917 f.; Henssler/Strohn/*Hillmann*, GesR, § 48 GmbHG Rn. 20; MüKo GmbHG/*Liebscher*, § 48 Rn. 149.

[141] MüKoGmbHG/*Liebscher*, 3. Aufl. 2019, § 48 Rn. 149; Michalski/Heidinger/Leible/J. Schmidt/*Römermann*, GmbHG, § 48 Rn. 214. Konkret zum COVMG *Eickhoff/Busold*, DStR 2020, 1054, 1056.

Form- und Fristerfordernisse gem. §§ 49, 51 GmbHG werden durch die   **158**
Gesetzesänderung nicht tangiert.[142] Deshalb hat die Einberufung **physischer** Versammlungen durch Einladung der Gesellschafter mittels eingeschriebenen Briefes mit Mindestfrist von einer Woche zu erfolgen. Oft wird jedoch bereits die Satzung Abweichendes bestimmen.

2. Beschlussarten

Mangels beschränkenden Wortlauts gilt die Änderung des § 48 Abs. 2 GmbHG   **159**
grundsätzlich für **sämtliche** Beschlussarten. Gleichwohl sind im Rahmen des § 48 Abs. 2 GmbHG vereinzelt Ausnahmen anerkannt.

3. Ausnahmen

Ausnahmen von der Anwendung des § 48 Abs. 2 GmbHG bilden verschiedene   **160**
Vorschriften des Umwandlungsgesetzes: § 13 Abs. 1 S. 2; § 125 i.V.m. § 13 Abs. 1 S. 2; § 193 Abs. 1 S. 2 UmwG.

Es sind keine Anhaltspunkte ersichtlich, die im COVMG auf eine abweichende   **161**
gesetzgeberische Intention hindeuten.

Um die Verwirklichung des Gesetzeszwecks (Handlungsfreiheit) zu effektivie-   **162**
ren, scheint vereinzelt nunmehr vertreten zu werden, dass auch **Umwandlungsbeschlüsse** einer GmbH ohne physische Präsenz aller Gesellschafter praktikabel seien.[143] Begründet wird diese Auffassung damit, dass der Gesetzgeber in § 1 Abs. 2 COVMG auch die „virtuelle" Versammlung unter den „Versammlungsbegriff" zu subsumieren scheine. Daneben kann man anführen, dass die Formalanforderungen für Gesellschafterbeschlüsse bei der GmbH im Grundsatz geringer ausgestalt sind als bei der Aktiengesellschaft.[144]

Das erstgenannte Argument des **„Versammlungsbegriffs"** kann jedoch allen-   **163**
falls für die AG gelten. Zudem soll § 2 COVMG nicht die Versammlung als solche, sondern lediglich das Umlaufverfahren vereinfachen und auch der Gesetzgeber scheint diese Option wissentlich nicht geregelt zu haben.[145] Die o.g. Vorschriften des UmwG setzen mithin eine Präsenzversammlung voraus.

III. Verhältnis zu Satzungen

Das Verhältnis der gesetzlichen Neuregelung zu etwaig bestehenden Satzungen   **164**
ist ungeklärt. Hier kollidieren Satzungsautonomie und COVMG-Gesetzeszweck.

Da gemäß § 45 Abs. 2 GmbHG die Regeln über die Beschlussfassung nach § 48   **165**
Abs. 2 GmbHG grundsätzlich **dispositiv** sind, stellt sich die Frage, ob abweichende **Gesellschaftsverträge** dem § 2 COVMG weiterhin vorgehen. Gesellschaftsvertragliche Vereinbarungen könnten daher z.B. das schriftliche Abstimmungsverfahren ausschließen oder aber die Voraussetzungen hierfür erleichtern oder gar die formlose Beschlussfassung über Telefon oder Internet für zulässig erklären.

Schindler plädiert dafür, das COVMG einem extensiven Verständnis zu unter-   **166**
werfen und es insb. gegenüber gleichlautenden Satzungen oder satzungsbasierten

---

[142] So auch *Vetter/Tielmann*, NJW 2020, 1175, 1179.
[143] So zu verstehen sind wohl *Vetter/Tielmann*, NJW 2020, 1175, 1179f.
[144] *Wicke*, NZG 2020, 501, 502.
[145] *Wicke*, NZG 2020, 501, 502; vgl. auch *Lieder*, ZIP 2020, 837, 844.

Präsenzvorgaben zu präferieren.[146] Dem ist neben dem praktischen Nutzen auch der gesetzgeberische Wille zu **Handlungsflexibilität** zuzugeben.

167   *Wicke*[147] differenziert: Sofern ein Gesellschaftsvertrag das Umlaufverfahren iSv § 48 Abs. 2 GmbHG zumindest in Teilen regelt und erleichtert, könne sich das nicht auf nach § 2 COVMG herabgesetzte Quoren erstrecken. **Beispiel:** Die Satzung lässt die telefonische Abstimmung zu, wenn alle Gesellschafter zustimmen – nach § 2 COVMG wäre sie dann auch ohne Zustimmung aller Gesellschafter möglich. Wenn die Gesellschafter ausweislich der Satzung formlose Versammlungsentscheidungen für möglich halten, sollte das in der Tendenz nicht just unter der Ägide des § 2 COVMG, der doch die Willensbildung erleichtern will, wieder erschwert werden. Allerdings gilt § 2 COVMG etwa für telefonische Abstimmung nicht, so dass sich daraus für weitere Erleichterungen über die in § 2 COVMG konkret genannten hinaus nichts ableiten lässt.

168   Andererseits könne, so *Wicke*, § 2 COVMG herangezogen werden, wenn der Gesellschaftsvertrag das Umlaufverfahren gemessen an § 48 Abs. 2 GmbHG restriktiver fasst. Bei Satzungsregelungen, die geringere Anforderungen als § 48 Abs. 2 GmbHG an das Umlaufverfahren stellen, sind diese anzuwenden. Dies wäre beispielsweise der Fall, wenn die Satzung Abstimmungen auch **fernmündlich** (Telefon; Videokonferenz) oder mündlich möglich erlaubt.[148]

IV. Inhalt

1. Entfallen des Einstimmigkeitserfordernisses

169   In Abänderung des früheren § 48 Abs. 2 GmbHG a. F. ist nunmehr keine Einstimmigkeit erforderlich; vielmehr reichen für dessen beide Varianten nunmehr grundsätzlich einfache Mehrheiten aus.

170   Es empfiehlt sich für den Abstimmungsinitiator, bei der **Vorbereitung der Stimmabgabe** ausdrücklich darauf hinzuweisen, dass der Beschluss auch ohne Einverständnis sämtlicher Gesellschafter wirksam gefasst werden kann.[149]

171   Letztlich verschwimmen hierdurch die Grenzen der beiden Varianten des § 48 Abs. 2 GmbHG miteinander, so dass eine Differenzierung im Grunde obsolet erscheint.[150]

172   Ferner führt § 2 COVMG zu Besonderheiten der Organpflichten für Geschäftsführer und ggf. Aufsichtsrat.[151] Dies gilt etwa bei Unterkapitalisierung oder Grundlagengeschäften wie beispielsweise vereinfachter Kapitalherabsetzung, die Einberufung einer Gesellschafterversammlung erforderlich machen.

2. Variante 1: Einverständnis in Textform

173   § 2 COVMG ändert die erste Variante des § 48 Abs. 2 GmbHG dahingehend, dass das Einverständnis (in Textform) mit der zu treffenden Bestimmung nicht

---

[146] BeckOK GmbHG/*Schindler*, Stand: 1. 4. 2020, § 48 Rn. 95b.
[147] *Wicke*, NZG 2020, 501, 502.
[148] Hierzu Baumbach/Hueck/*Zöllner/Noack*, GmbHG, § 48 Rn. 41.
[149] BeckOK GmbHG/*Schindler*, Stand: 1. 4. 2020, § 48 Rn. 95c.
[150] *Lieder*, ZIP 2020, 837, 845; *Omlor/Dilek*, BB 2020, 1026, 1030; **a. A.** wohl *Noack/Zetzsche*, AG 2020, 265, 277.
[151] *Daghles/Haßler*, BB 2020, 1032, 1035/2037.

mehr von sämtlichen Gesellschaftern erklärt werden muss. Das heißt, dass keine einhellige Stimmabgabe für den vorliegenden Beschlussantrag mehr nötig ist.

Unter dem Gesetzeswortlaut **„sämtliche Gesellschafter"** in § 48 Abs. 2 **174** GmbHG besteht Streit darüber, ob und inwieweit **stimmrechtslose Gesellschafter** (beachtlich) abstimmen dürfen.[152]

Die **h. M.** bejaht deren Teilnahmerechte vornehmlich unter Hinweis auf den **175** Wortlaut.[153] Der Wortlaut des § 2 COVMG lässt sich nunmehr auch dahingehend verstehen, dass bestimmte „Arten" von Gesellschaftern nunmehr auf entsprechender Satzungsgrundlage von der Abstimmung ausgegrenzt werden könnten. Aus den Gesetzesmaterialien ist dieses Verständnis indes ebenso wenig abzuleiten wie das Gegenteil. Indes würde ein derartig weitreichendes Normverständnis ihre Teilnahmerechte gänzlich aushöhlen ist mithin **abzulehnen.** Obwohl zur Verhinderung der Beschlussnichtigkeit gem. § 241 Nr. 1 AktG (analog) auch jeder stimmlose Gesellschafter zur Stimmabgabe nach § 28 Abs. 2 Var. 1 GmbHG aufgefordert werden muss,[154] gilt es, stimmlose Gesellschafter nach h. M. allenfalls über § 48 Abs. 2 Var. 2 GmbHG zu beachten.

Die Abstimmungserklärung bedarf nach wie vor der **Textform** (§ 126 b BGB). **176**

3. Variante 2: sog. zweistufiges Verfahren

Gemäß § 2 COVMG entfällt das Einstimmigkeitserfordernis über den Abstim- **177** mungsmodus. Das **Einverständnis** zur **schriftlichen Abgabe der Stimmen** muss also nicht mehr durch sämtliche Gesellschafter erklärt werden.

In der **Abstimmung** selbst dürfen nach wie vor unterschiedlich lautende Voten **178** abgegeben werden. Ausreichend ist also nunmehr, dass die Mehrheit der sich äußernden Gesellschafter sich formlos mit der schriftlichen Stimmabgabe einverstanden erklärt und daraufhin die Mehrheit der in Textform abgegebenen Stimmen ihre Zustimmung zu der betreffenden Bestimmung erteilt.[155]

Hinsichtlich **stimmloser Gesellschafter,** die nach h. M. unter Var. 2 fallen, **179** (→ Rn. 174 ff.) gilt, dass sie prozedural an der Abstimmung zu beteiligen sind. Anderenfalls würden ihre Teilnahmerechte ad absurdum geführt. Da der BGH in st. Rspr. bei Nichtladung eines Gesellschafters einen schwerwiegenden Einberufungsmangel anerkennt und Beschlüsse nach § 241 Nr. 1 AktG (analog) für nichtig erachtet,[156] müssen auch stimmlose Gesellschafter die Möglichkeit der Einverständniserklärung zur Art der Abstimmung erhalten. Mithin müssen sich stimmlose Gesellschafter also prozedural mit der „schriftlichen" Abstimmung einverstanden erklären; inhaltlich verblieben ihnen nach wie vor ohne Effekt.

Die **Erklärung des Einverständnisses** selbst ist nach ganz h. M.[157] **formfrei 180** und kann beispielsweise telefonisch oder per Email erfolgen.

---

[152] Ausführlich Michalski/Heidinger/Leible/J. Schmidt/*Römermann,* GmbHG, § 48 Rn. 216 ff.

[153] Hierzu Michalski/Heidinger/Leible/J. Schmidt/*Römermann,* GmbHG, § 48 Rn. 218 mwN.

[154] So die st. Rspr. d. BGH, s. nur Urt. v. 2.7.2019 – II ZR 406/17, NJW 2019, 3155, 3157; Beschl. v. 24.3.2016 – IX ZB 32/15, NZG 2016, 552, 553.

[155] *Wicke,* NZG 2020, 501.

[156] S. nur BGH, Urt. v. 2.7.2019 – II ZR 406/17, NJW 2019, 3155, 3157; Beschl. v. 24.3.2016 – IX ZB 32/15, NZG 2016, 552, 553.

[157] Hierzu MüHb-GesR/*Wolff,* Bd. 3, § 39 Rn. 100 f., mwN, der indes selbst eine abweichende Ansicht vertritt.

181 Hingegen sind die **Formvoraussetzungen** an die **Stimmabgabe** als solche umstritten.

182 Teilweise wird unter Hinweis auf den klaren Wortlaut „schriftlich" isv § 126 BGB verstanden,[158] nach anderer Auffassung soll im Wege teleologischer Reduktion die **Textform** isv § 126b BGB genügen,[159] da der schriftforminhärenten Warnfunktion auch durch Textform genüge getan und kein Grund für eine Differenzierung erkennbar sei. Letztere Ansicht birgt die praktisch gerade dieser Tage bedeutsame Flexibilität in sich, da sie insb. die elektronische Abstimmung (z. B. per Email) ermöglicht und somit die notwendige Handlungsfähigkeit der Gesellschaft unterstützt.

V. Initiativrecht und Teilnahme

183 Zur Veranlassung des Umlaufverfahrens befugter Initiator ist jedenfalls jeder **Geschäftsführer** einzeln. Dies bildet den praktischen Regelfall.

184 Daneben vermag nach ganz h. M.[160] jeder **Gesellschafter** – ungeachtet seiner Beteiligungsquote – das Umlaufverfahren anzustrengen, da hierdurch die Belange der übrigen Gesellschafter nicht gefährdet werden. Davon strikt zu trennen ist die Frage, welcher Personenkreis zur Einberufung der Versammlung berechtigt ist Denn § 48 Abs. 2 GmbHG betrifft nicht die Einberufung, sondern lediglich den Abstimmungsmodus und enthält hierbei keine Einschränkungen auf bestimmte Gesellschafter.[161]

185 Am schriftlichen Verfahren dürfen ungeachtet ihrer Stimmrechte alle Gesellschafter, Mitberechtigte isv § 18 GmbHG und Vertreter **teilnehmen**.[162] Jedoch kann der Gesellschaftsvertrag etwas Abweichendes bestimmen.

186 Der Beschlussantrag ist ihnen **zuzuleiten** und eine (angemessene) **Frist** zur Stimmabgabe zu gewähren, wobei nicht fristgemäß abgegebene Stimmen als Enthaltungen zu werten sind.[163] Mangels abweichender gesetzlicher Bestimmungen kann vorbehaltlich gegenläufiger Satzungsregelungen auf die **Wochenfrist** des § 51 Abs. 1 S. 2 GmbHG zurückgegriffen werden.[164]

187 Auch die Einberufung ohne Präsenzversammlung und unter Verzicht auf das Textformerfordernis stellt eine valide Option dar, sofern sie in der **Satzung** eine Basis findet, wobei eine solche Klausel mittels satzungsändernden Beschlusses gem. § 53 Abs. 2 S. 1 GmbHG nachträglich eingefügt werden kann.[165] Zur sich daran anschließenden Lösung der Beurkundungsproblematik s. bei **II. 1.**

---

[158] U.a. Ulmer/Habersack/Löbbe/*Hüffer/Schürnbrand*, GmbHG, § 48 Rn. 50; Rowedder/ Schmidt-Leithoff/*Ganzer*, GmbHG, § 48 Rn. 26 mwN.

[159] U.a. Baumbach/Hueck/*Zöllner/Noack*, GmbHG, § 48 Rn. 37; MüHb-GesR/*Wolff*, Bd. 3, § 39 Rn. 102.

[160] S. nur MüKo GmbHG/*Liebscher*, § 48 Rn. 151; Rowedder/Schmidt-Leithoff/*Ganzer*, GmbHG, § 48 Rn. 22; Bork/Schäfer/*Masuch*, GmbHG,, § 48 Rn. 12; MüHb-GesR/*Wolff*, Bd. 3, § 39 Rn. 96; *Wicke*, NZG 2020, 501, 502.

[161] S. nur MüKo GmbHG/*Liebscher*, § 48 Rn. 151.

[162] Ausführlich Michalski/Heidinger/Leible/J. Schmidt/*Römermann*, GmbHG, § 48 Rn. 34ff., 250.

[163] Michalski/Heidinger/Leible/J. Schmidt/*Römermann*, GmbHG, § 48 Rn. 271.

[164] So auch *Wicke*, NZG 2020, 501, 502; *Lieder*, ZIP 2020, 837, 845; *Eickhoff/Busold*, DStR 2020, 1054, 1056.

[165] *Lieder*, ZIP 2020, 837, 845.

Vereinzelt wird die Anwendung von **§ 5 Abs. 3 COVMG analog** befürwortet,   **188** weshalb davon auszugehen sei, dass eine wirksame Beschlussfassung die vorherige Beteiligung aller Gesellschafter dahingehend erfordere, dass bis zu dem vom Initiator gesetzten Termin mehr als die **Hälfte der Gesellschafter** der Beschlussfassung im Wege des Textformverfahrens zugestimmt habe (einfache Mehrheit) und der Beschluss selbst mit der erforderlichen Mehrheit gefasst würde.[166] Dies ist **abzulehnen.**[167] Denn angesichts der gesetzgeberischen Vernachlässigung der GmbH im Zusammenhang mit dem COVMG wird man die Planwidrigkeit einer Regelungslücke verneinen müssen. Der Gesetzgeber wusste um die Problematik – zwar im Vereinsrecht. Trotzdem wollte er scheinbar im GmbH-Recht keine entsprechende Regelung treffen. Daher sind die im Rahmen des § 48 Abs. 2 GmbHG entwickelten Voraussetzungen anzuwenden. Schließlich würden ansonsten demjenigen, der durch Sich-nicht-Beteiligen ggf. das Quorum scheitern lassen könnte, Missbrauchsmöglichkeiten offenstehen.[168]

VI. Abstimmung

1. Abgabe, Zugang und Widerruf

Die Stimme im Rahmen der Abstimmung folgt den allgemeinen Regeln der   **189** §§ 104 ff. BGB (inkl. Zugang und Widerruf). Sie ist nach h. M.[169] **gegenüber der Gesellschaft** abzugeben, wobei die Empfangsbefugnis beim Initiator liegt.[170]

2. Mehrheitserfordernisse

a) Einfache Mehrheit. Nach der Neuregelung ist wortlautgetreu nicht mehr   **190** erforderlich, dass dem Beschlussantrag einstimmig in Textform zugestimmt werden muss.

Bislang hatte das GmbHG anhand des Einstimmigkeitserfordernisses jede andere   **191** denkbare **Art einer Mehrheit** denklogisch inkludiert. Daher ist unklar, welche Mehrheit der Gesetzgeber nun verlangt. Weder durch § 2 COVMG noch innerhalb der zugehörigen Gesetzesmaterialien hat der Gesetzgeber bestimmte Mehrheitsquoren ausgewiesen.

Es greift somit zunächst der **Grundsatz des (einfachen) Mehrheitsbeschlusses.**[171]   **192**

b) Qualifizierte Mehrheiten; Einstimmigkeit. Ungeachtet dessen können   **193** **Ausnahmen** gelten, beispielsweise die Gesellschafter andere Mehrheiten festlegen. In der Praxis enthalten heute viele Gesellschaftsverträge für viele Beschlussgegenstände **anderweitige Quoren.**

---

[166] BeckOK GmbHG/*Schindler*, Stand: 1. 4. 2020, § 48 Rn. 95 c.

[167] So auch *Eickhoff/Busold*, DStR 2020, 1054, 1055 f.

[168] *Eickhoff/Busold*, DStR 2020, 1054, 1056, die zudem auf eine die Satzungsautonomie einschränkende gesetzliche Quorenschaffung „durch die Hintertür" verweisen.

[169] Baumbach/Hueck/*Zöllner/Noack*, GmbHG, § 48 Rn. 31;Ulmer/Habersack/Löbbe/*Hüffer/Schürnbrand*, GmbHG,, § 48 Rn. 52; MüKo GmbHG/*Liebscher*, § 48 Rn. 169.

[170] **Str.,** so aber Michalski/Heidinger/Leible/J. Schmidt, GmbHG/*Römermann*, § 48 Rn. 234.

[171] So auch *Vetter/Tielmann*, NJW 2020, 1175, 1179.

194   Darüber hinaus ergeben sich solche Quoren für bestimmte Beschlussarten aus dem **Gesetz.** Beispielsweise bedürfen Satzungsänderungen gem. § 53 Abs. 2 GmbHG einer Dreiviertel-Mehrheit. Der jeweilige Beschluss muss mit wenigstens diesem Quorum votiert werden, um wirksam gefasst zu werden.

195   Sind derartige Bestimmungen einschlägig, dürfen sie nicht umgangen werden und gehen der „einfachen Mehrheit" des § 2 COVMG vor. Hierbei ist im Wege der **ergänzenden Vertragsauslegung** vorzugehen. Die Übertragung gesellschaftsvertraglicher Quoren auf die Änderungen des schriftlichen Verfahrens nach § 48 Abs. 2 GmbHG rechtfertigt sich daraus, dass sie den Willen der Gesellschafter und den Zweck des COVMG verwirklichen.[172]

VII. Zustandekommen des Beschlusses

196   Wann der Beschluss zustande kommt und ob es hierfür einer **Mitteilung** an die Gesellschafter oder gar einer förmlichen **Feststellung** bedarf, beantworten BGH und h. M. abweichend voneinander.

197   Nach Ansicht des BGH kommt der Beschluss – jedenfalls bei unklarer Stimmabgabe – „in der Regel" erst zustande, nachdem der **Abstimmungsleiter** ihn sämtlichen Gesellschaftern **mitgeteilt** hat.[173]

198   Demgegenüber genügt nach der **h. M.** der **Zugang** der letzten Stimme, um den Beschluss in Bestand erwachsen zu lassen.[174]

199   Wenngleich der BGH[175] „in der Regel" zudem eine förmliche **Feststellung** des Beschlusses fordert, bedarf es dessen nach h. M.[176] insb. aus Praktikabilitätsgründen nicht. Nichtsdestotrotz empfiehlt[177] sich zur Wahrung ihrer Rechtsschutzbedürfnisse und Vermeidung etwaiger späterer Inanspruchnahme auf Schadensersatz aus Treuepflichtverletzung die Mitteilung des Abstimmungsergebnisses an alle Gesellschafter.

200   Gar nicht oder nicht form- oder fristgerecht abgegebene Stimmen sind als Nein-Stimmen zu zählen, ebenso wie Enthaltungen.[178]

---

[172] *Eickhoff/Busold,* DStR 2020, 1054, 1059.

[173] BGH, Urt. v. 1.12.1954 – II ZR 285/53, NJW 1955, 220.

[174] Rowedder/Schmidt-Leithoff/*Ganzer,* GmbHG, § 48 Rn. 23; Baumbach/Hueck/*Zöllner/ Noack,* GmbHG, § 48 Rn. 32; MüHb-GesR/*Wolff,* Bd. 3, § 39 Rn. 104; Michalski/Heidinger/Leible/J. Schmidt, GmbHG/*Römermann,* § 48 Rn. 246; MüKo GmbHG/*Liebscher* § 48 Rn. 170.

[175] BGH, Urt. v. 1.12.1954 – II ZR 285/53, NJW 1955, 220; BGH, Urt. v. 16.1.2006 – II ZR 135/04, NZG 2006, 428.

[176] Rowedder/Schmidt-Leithoff/*Ganzer,* GmbHG, § 48 Rn. 23; Baumbach/Hueck/*Zöllner/ Noack,* GmbHG, § 48 Rn. 32; MüHb-GesR/*Wolff,* Bd. 3, § 39 Rn. 104; Michalski/Heidinger/Leible/J. Schmidt, GmbHG/*Römermann,* § 48 Rn. 246; MüKo GmbHG/*Liebscher* § 48 Rn. 170.

[177] Ulmer/Habersack/Löbbe/*Hüffer/Schürnbrand,* GmbHG, § 48 Rn. 53. Eine (Treue-)Pflicht befürwortend MüKo GmbHG/*Liebscher,* § 48 Rn. 171; Michalski/Heidinger/Leible/ J. Schmidt, GmbHG/*Römermann,* § 48 Rn. 246.

[178] *Eickhoff/Busold,* DStR 2020, 1054, 1058 f.

VIII. Rechtsfolgen bei Verstößen

1. Verstoß gegen Beteiligungsgebot

Mangels abweichender Anhaltspunkte gelten der Sache nach bei Verstößen ge- **201** gen § 2 COVMG, § 48 Abs. 2 GmbHG die gleichen Anfechtungs- und Nichtig-keitsvoraussetzungen wie bisher. Gesellschafterbeschlüsse sind danach nur dann **nichtig,** wenn sie schwerwiegende Rechtsverstöße beinhalten, die § 241 AktG (analog) unterfallen. Alle anderen fehlerhaften Beschlüsse sind zwar wirksam, aber **anfechtbar.**

Trotz des Wegfalls des Einstimmigkeitserfordernisses durch § 2 COVMG müssen **202** alle Gesellschafter an der Abstimmung **beteiligt** werden, indem sie den Beschluss-vorschlag erhalten.[179]

Wurden einzelne Gesellschafter an der Abstimmung zunächst überhaupt nicht **203** beteiligt und wird ihre Genehmigung erst im Nachhinein eingeholt, so ist der Fall mit demjenigen eines Einberufungsmangels gleichzusetzen mit der Folge der un-heilbaren **Nichtigkeit** etwaiger Beschlüsse gem. § 241 Abs. 1 S. 1 AktG (analog).[180]

2. Formverzicht bei Abstimmungen

Nichtigkeit liegt auch bei Formverstößen zumindest dann vor, wenn ein Gesell- **204** schafter gar nicht beteiligt worden ist.[181]

Anders ist es hingegen, wenn sich die nötige Mehrheit der Gesellschafter von **205** vornherein mit einem **formlosen Abstimmungsmodus** einverstanden erklärt und ihnen bekannt ist, dass es sich um eine Stimmabgabe mit dem Ziel einer ver-bindlichen Beschlussfassung handelt. In diesem Fall wurde zwar von der in § 48 Abs. 2 GmbHG vorausgesetzten **Schriftform abgewichen.** Dieser Verstoß stellt sich jedoch wegen der Mitwirkungsmöglichkeit jedes Gesellschafters – Vorabinfor-mation über den Beschlussvorschlag vorausgesetzt – an der gesellschaftsinternen Willensbildung nicht als so gravierend dar, dass nach der gesetzlichen Wertung die Nichtigkeit der Beschlüsse eintreten müsste. Vielmehr ist insoweit von einer bloßen **Anfechtbarkeit** auszugehen.

In der einverständlichen formlosen Stimmabgabe liegt nicht ohne weiteres ein **206** **Verzicht** auf die Geltendmachung des Beschlussmangels, sondern nur dann, wenn der Gesellschafter um den Mangel in Kenntnis gesetzt wurde. Grundsätzlich kann also auch ein Gesellschafter, der seine Stimme abgegeben hat, die Anfechtungsklage erheben. Will sich ein Gesellschafter gegen die Art der Abstimmung wenden, stimmt er aber vorsichtshalber mit „Nein", dann sollte er bei der Stimmabgabe klar-stellen, dass er primär gegen die Abstimmung als solche ist.

---

[179] So auch *Wicke,* NGZ 2020, 501, unter Verweis auf BGH, Urt. v. 2.7.2019 – II ZR 406/17, NZG 2019, 979, 981.
[180] Michalski/Heidinger/Leible/J. Schmidt/*Römermann,* GmbHG § 48 Rn. 280.
[181] MüKoGmbHG/*Liebscher* § 48 Rn. 172; Michalski/Heidinger/Leible/J. Schmidt/*Römer-mann,* GmbHG § 48 Rn. 280.

IX. Verhältnis zu Art. 2 § 9a Abs. 2 WStFG

207   Ungeklärt ist das Verhältnis von § 2 COVMG zu Art. 2 § 9a Abs. 2 WStFG. Das „Gesetz zur Errichtung eines Wirtschaftsstabilisierungsfonds"[182] (WStFG) erleichtert **Rekapitalisierungsmaßnahmen** für insolvenzbedrohte Unternehmen,[183] darunter auch die als GmbH organisierten.

208   Innerhalb dessen stellt Artikel 2 eine „Änderung des Finanzmarktstabilisierungsbeschleunigungsgesetzes"[184] dar. Hierzu zählen insb. Herabsetzungen der **Mehrheitserfordernisse,** vgl. Art. 2 § 9a Abs. 1 und 3 WStFG.

209   Ausweislich Art. 2 § 9a Abs. 2 WStFG[185] sollen **abweichend von § 48 Abs. 2 GmbHG** die Vorgaben des § 2 COVMG gelten, wonach schriftliche Stimmabgabe möglich sei. Zu Recht wird auf den eklatanten Widerspruch zu § 2 COVMG hingewiesen, da sich dessen eigentlicher Normgehalt nämlich nicht in der schriftlichen Stimmabgabe, sondern in der Quorenänderung von Einstimmigkeit auf grundsätzlich einfache Mehrheit erschöpft (Rn. 190f.).[186] Zudem hatte der Gesetzesentwurf noch auf § 3 COVMG verwiesen[187] – Bestimmungen, in denen sich in der ersten Formulierungshilfe des COVMG das Umwandlungsrecht und vom Folgetag an bis zur Gesetzesverkündung stets die Genossenschaft wiederfand.

210   Trotz all dieser Unsicherheiten hat der **Gesetzgeber** deutlich gemacht, sich auf § 2 COVMG beziehen zu wollen.[188] Daneben war er maßgeblich darauf bedacht, die Mehrheitserfordernisse für unterschiedliche Bestimmungen des GmbHG auf einfache Mehrheiten herunterzusetzen.[189]

211   Angesichts dessen spricht viel dafür, im Rahmen von Art. 2 § 9a Abs. 2 WStFG die **Mehrheitserfordernisse** des § 2 COVMG heranziehen zu können.[190] Diese folgen grundsätzlich der einfachen Mehrheit, wobei sich ggf. andere Quoren aus Gesetz oder Satzung ergeben können (→ Rn. 190f.).

---

[182]   BGBl. 2020 I S. 543. Hierzu *Lieder,* ZIP 2020, 837, 845 ff.; *Gottschalk/Ulmer,* GWR 2020, 133; FraktE, BT-Drs. 19/18109.

[183]   Ausführlich hierzu *Omlor/Dilek,* BB 2020, 1026.

[184]   BGBl. 2020 I S. 548 ff.

[185]   Die Vorschrift lautet: „Entsprechend § 2 des Gesetzes über Maßnahmen im Gesellschafts-, Vereins-, Genossenschafts- und Wohnungseigentumsrecht zur Bekämpfung der Auswirkungen der SARS-CoV-2-Pandemie können Beschlüsse nach § 48 Absatz 2 des Gesetzes betreffend die Gesellschaften mit beschränkter Haftung auch durch schriftliche Abgabe der Stimme gefasst werden.".

[186]   *Wicke,* NZG 2020, 501, 504.

[187]   FraktE, BT-Drs. 19/18109, S. 17. Diesen Umstand hatte bereits *Wicke,* NZG 2020, 501, 504 bemerkt.

[188]   FraktE, BT-Drs. 19/18109, S. 28.

[189]   FraktE, BT-Drs. 19/18109, S. 28.

[190]   So im Ergebnis auch *Omlor/Dilek,* BB 2020, 1026, 1030.

§ 3 Genossenschaften

(1) **Abweichend von § 43 Absatz 7 Satz 1 des Genossenschaftsgesetzes können Beschlüsse der Mitglieder auch dann schriftlich oder elektronisch gefasst werden, wenn dies in der Satzung nicht ausdrücklich zugelassen ist. Der Vorstand hat in diesem Fall dafür zu sorgen, dass der Niederschrift gemäß § 47 des Genossenschaftsgesetzes ein Verzeichnis der Mitglieder, die an der Beschlussfassung mitgewirkt haben, beigefügt ist. Bei jedem Mitglied, das an der Beschlussfassung mitgewirkt hat, ist die Art der Stimmabgabe zu vermerken. Die Anfechtung eines Beschlusses der Generalversammlung kann unbeschadet der Regelungen in § 51 Absatz 1 und 2 des Genossenschaftsgesetzes nicht auf Verletzungen des Gesetzes oder der Mitgliederrechte gestützt werden, die auf technische Störungen im Zusammenhang mit der Beschlussfassung nach Satz 1 zurückzuführen sind, es sei denn, der Genossenschaft ist Vorsatz oder grobe Fahrlässigkeit vorzuwerfen.**

(2) **Abweichend von § 46 Absatz 1 Satz 1 des Genossenschaftsgesetzes kann die Einberufung im Internet auf der Internetseite der Genossenschaft oder durch unmittelbare Benachrichtigung in Textform erfolgen.**

(3) **Abweichend von § 48 Absatz 1 Satz 1 des Genossenschaftsgesetzes kann die Feststellung des Jahresabschlusses auch durch den Aufsichtsrat erfolgen.**

(4) **Der Vorstand einer Genossenschaft kann mit Zustimmung des Aufsichtsrats nach pflichtgemäßem Ermessen eine Abschlagszahlung auf eine zu erwartende Auszahlung eines Auseinandersetzungsguthabens eines ausgeschiedenen Mitgliedes oder eine an ein Mitglied zu erwartende Dividendenzahlung leisten; § 59 Absatz 2 des Aktiengesetzes gilt entsprechend.**

(5) **Ein Mitglied des Vorstands oder des Aufsichtsrats einer Genossenschaft bleibt auch nach Ablauf seiner Amtszeit bis zur Bestellung seines Nachfolgers im Amt. Die Anzahl der Mitglieder des Vorstands oder des Aufsichtsrats einer Genossenschaft darf weniger als die durch Gesetz oder Satzung bestimmte Mindestzahl betragen.**

(6) **Sitzungen des Vorstands oder des Aufsichtsrats einer Genossenschaft sowie gemeinsame Sitzungen des Vorstands und des Aufsichtsrats können auch ohne Grundlage in der Satzung oder in der Geschäftsordnung im Umlaufverfahren in Textform oder als Telefon- oder Videokonferenz durchgeführt werden.**

I. Hintergrund und Zweck

§ 3 COVMG bezweckt neben Vereinfachungen der Versammlung und Be- **212** schlussfassung auch die Option von Liquiditätsflüssen an die Mitglieder.

II. Anwendungsbereich

213   **Sachlich** erfasst werden **inländische** Genossenschaften nach dem GenG sowie grundsätzlich auch **Europäische Genossenschaften**. Hinsichtlich Letztgenannter gilt dies allerdings nur, soweit VO (EG) Nr. 1435/2003 auf die mitgliedstaatlichen Normen verweist und Verordnungsbestimmungen nicht entgegenstehen. Hinzuweisen ist in diesem Zusammenhang auf Art. 1a im „Gesetz zur Abmilderung der Folgen der COVID-19 Pandemie im Veranstaltungsvertragsrecht und im Recht der Europäischen Gesellschaft (SE) und der Europäischen Genossenschaft (SCE)".[191] Dieser Artikel enthält das „Gesetz zum Vorschlag für eine Verordnung des Rates über befristete Maßnahmen in Bezug auf die Hauptversammlungen Europäischer Gesellschaften (SE) und die Generalversammlungen Europäischen Genossenschaften (SCE)".[192] Es ermächtigt den deutschen Vertreter im Rat zur Zustimmung zu jenem Verordnungsvorschlag,[193] der die Versammlung von SE und SCE in Abweichung von Art. 54 SE-VO[194] bzw. SCE-VO[195] auf **zwölf Monate** nach Geschäftsjahresende erlaubt, wenn diese Versammlungen im Jahr 2020 stattfinden. Der europäische Gesetzgeber hat per Art. 2 VO (EU) 2020/699 vom 25. Mai 2020 entsprechend reagiert.[196]

214   Über § 7 COVMG gilt § 3 COVMG für alle im **Jahre 2020** stattfindenden Maßnahmen.

215   Das Verhältnis von § 7 COVMG zu **§ 3 Abs. 5 COVMG** birgt Schwierigkeiten. Da § 7 COVMG gemäß seinem Abs. 3 nur auf im Jahr 2020 endende Ämter Anwendung finden soll, wird die Konstellation, dass ein Amt bereits im Jahr 2019 nach § 3 Abs. 5 COVMG geendet hat, nicht gesetzlich nicht erfasst. Die betroffene Person würde somit de lege lata aus dem Amt ausscheiden, da die Erleichterung des § 3 Abs. 5 COVMG nicht greift. Für Fälle, in denen für ein im Jahr 2019 verstorbenes Aufsichtsratsmitglied nun in der Generalversammlung 2020 ein neues Aufsichtsratsmitglied hätte nachgewählt oder neugewählt werden müssen, was aber angesichts eines wegen des Coronavirus bedingten Ausfalls der Generalversammlung noch nicht erfolgen konnte, wird zwecks Lückenschließung eine analoge Anwendung des § 7 Abs. 3 COVMG auf Anwendungsfälle im Jahr 2019 befürwortet.[197] Dem ist zuzustimmen, da der Gesetzgeber diese Konstellation schlichtweg nicht bedacht zu haben scheint[198] und im Übrigen ein praktisches Bedürfnis dafür besteht. Jedoch würden sich sodann neben allgemeinen Rückwirkungsproblemen besonders Fragen der etwaigen Vergütung einerseits und der Haftung andererseits ergeben.

216   Es besteht gem. § 8 die Option, durch Verordnung den Zeitraum bis zum **31. 12. 2021** zu verlängern.

---

[191] BGBl. 2020 I S. 948.
[192] Zur ausführlichen Kommentierung → Teil II B. Rn. 2ff.
[193] Der Verordnungsvorschlag ist abgedruckt im BGBl. 2020 I, S. 950.
[194] VO (EG) 2157/2001.
[195] VO (EG) 1435/2003.
[196] ABl. EU L 165/25.
[197] *Schulteis*, GWR 2020, 169, 173.
[198] *Schulteis*, GWR 2020, 169, 173.

III. Inhalt

1. Elektronische Stimmabgabe, Beschlussfassung, Anfechtung, Abs. 1

a) „virtuelle" Versammlung. Eine rein virtuelle Generalversammlung wird **217** zum Teil als nicht zulässig erachtet.[199] Vielmehr unterliege sie im Ausgangspunkt dem **Präsenzprinzip** und lediglich die schriftliche oder elektronische Stimmabgabe könne gem. § 47 Abs. 7 S. 1 GenG in der Satzung vorgesehen sein. Der Gesetzgeber[200] des GenG war indes anderer Auffassung und auch Teile der Lit. sind ihm gefolgt. Sie vertreten, dass eine **virtuelle Versammlung** *de lege lata* möglich sei.[201]

An letztere Auffassung scheint der COVMG-Gesetzgeber ebenfalls anzuknüp- **218** fen. Die Bestimmung des § 3 Abs. 1 COVMG löst das – in der Praxis bisher ohnehin selten anzutreffende – **Satzungserfordernis** des § 47 Abs. 7 GenG auf. Gleichwohl zwingt das COVMG nicht zur Durchführung derartiger Abstimmungen.

Die Vorschrift des § 3 Abs. 1 COVMG gilt für **Generalversammlungen** nach **219** § 43 GenG sowie **Vertreterversammlungen** gem. § 43a GenG.[202]

b) Beschlussfassung. Wenn die elektronische oder schriftliche Stimmabgabe **220** im Rahmen der Versammlung erfolgt, hat der Vorstand zweierlei zu beachten. Er hat der **Niederschrift** gemäß § 47 GenG ein **Verzeichnis** der Mitglieder, die an der Beschlussfassung mitgewirkt haben, beizufügen und bei jedem Mitglied, das an der Beschlussfassung mitgewirkt hat, ist die **Art** der Stimmabgabe zu vermerken. Dies meint zumindest Gegenstand und Votum (ja/nein), betrifft aber insb. auch Modus (offen oder geheime Abstimmung), die Gesamtzahl der Stimmen und Gegenstimmen sowie die Mehrheitserfordernisse.[203]

Eine **notarielle Beurkundung** ist grundsätzlich nicht erforderlich, wobei für **221** Umwandlungsbeschlüsse eine Ausnahme gilt.[204]

c) Frist. Die Einberufungsfrist wurde nicht geändert und beträgt nach wie vor **222** gem. § 46 Abs. 1 GenG zwei Wochen.[205]

d) Anfechtung. Weiterhin wird die Anfechtbarkeit von Versammlungsbe- **223** schlüssen dahingehend eingeschränkt, dass **Verletzungen** von § 51 Abs. 1 und 2 GenG bezüglich **technischer** Störungen ausschließlich auf grobe Fahrlässigkeit oder Vorsatz gestützt werden können. Dies betrifft Störungen, die beim Mitglied im Rahmen der elektronischen Beschlussfassung auftreten.

---

[199] Pöhlmann/Fandrich/Bloehs/*Fandrich*, GenG, § 43 Rn. 60; Henssler/Strohn/*Geibel*, GesR, § 43 GenG Rn. 6; **a. A.** *Klein*, ZIP 2016, 1155, 1156, unter Verweis auf BT-Drs. 16/1025, S. 87; wohl auch *Hirte*, DStR 2007, 2166, 2171. Insofern ist die Formulierung des Gesetzgebers hier jedenfalls unscharf, FraktE, BT-Drs. 19/18110, S. 28.

[200] BReg, BT-Drs. 16/1025, S. 87.

[201] *Klein*, ZIP 2016, 1155, 1156, *Hirte*, DStR 2007, 2166, 2171.

[202] *Schulteis*, GWR 2020, 169, 170.

[203] Pöhlmann/Fandrich/Bloehs/*Fandrich*, GenG, § 47 Rn. 3.

[204] Pöhlmann/Fandrich/Bloehs/*Fandrich*, GenG, § 47 Rn. 1.

[205] So auch *Schulteis*, GWR 2020, 169, 171.

224   Der Vorwurf entfällt bei Beauftragung von auf Sachkunde und Funktionsfähigkeit geprüften **Dienstleistern**.[206] Aber auch außerhalb dessen ist ein geeigneter Sorgfaltsmaßstab anzuwenden.

225   Angesichts der Wendung „es sei denn" trifft die **Beweislast** hinsichtlich des Verschuldens den Anfechtungsberechtigten.

2. Allgemeine Versammlungsbestimmungen, Absatz 2

226   Die Vorschrift des § 3 Abs. 2 COVMG gilt für Generalversammlungen nach § 43 GenG sowie Vertreterversammlungen gem. § 43 a GenG.[207]

227   **a) Einberufung.** Gemäß § 46 GenG muss die Generalversammlung in der durch die **Satzung** bestimmten Weise einberufen werden, wobei die Tagesordnung bekannt zu machen ist.

228   Um die Einberufung zu vereinfachen,[208] kann nunmehr ungeachtet der **Satzungsvorgaben** die Einberufung im **Internet** auf der Internetseite der Genossenschaft oder durch unmittelbare Benachrichtigung in Textform erfolgen. Der Gesetzgeber sah die Gefahr, dass eine den Anforderungen der Satzung entsprechende Einberufung (bspw. im gemäß § 6 Nr. 4 GenG für Bekanntmachungen vorgesehenen Genossenschaftsblatt) nicht möglich sein könnte, etwa, wenn dieses aufgrund der Auswirkungen der COVID-19-Pandemie nicht gedruckt und verteilt werden könne.[209]

229   Für die Jahresabschlussfeststellung gilt die **sechs-Monats-Frist** des § 48 Abs. 1 S. 3 GenG zwar fort, ihre Nichteinhaltung hat indes keine haftungsrechtlich relevanten Konsequenzen, da ihre Versäumung weder Sanktionen provoziert noch deren Einhaltung per Zwangsgeld (§ 160 GenG) erzwungen werden kann.[210]

230   **b) Frist.** Die Einberufungsfrist beträgt nach wie vor gem. § 46 Abs. 1 GenG **zwei Wochen.**[211]

3. Feststellung des Jahresabschlusses, Absatz 3

231   Gemäß § 48 Abs. 1 S. 1 GenG hatte bisher die Generalversammlung den Jahresabschluss festgestellt, welcher vorher vom Vorstand aufgestellt worden war.

232   Durch § 3 Abs. 3 COVMG darf nun auch der **Aufsichtsrat** den Jahresabschluss feststellen. Damit wird die Kompetenz der Mitglieder auf den Aufsichtsrat erweitert, anstatt beim Vorstand gebündelt zu werden, und dadurch werden Kontrollaspekte abgesichert.

233   Nach § 48 Abs. 1 S. 1 GenG bedarf, sofern durch eine Satzung keine abweichende Vereinbarung vorsieht, der Feststellungsbeschluss einer **einfachen Mehrheit** der gültig abgegebenen Mitgliederstimmen.[212]

234   Mangels abweichender Anhaltspunkte gilt dieses Quorum auch für den Fall, dass der **Aufsichtsrat** iSv § 3 Abs. 3 COVMG entscheidet.

---

[206]   *Schulteis,* GWR 2020, 169, 171.
[207]   *Schulteis,* GWR 2020, 169, 170.
[208]   FraktE, BT-Drs. 19/18110, S. 28.
[209]   FraktE, BT-Drs. 19/18110, S. 28.
[210]   FraktE, BT-Drs. 19/18110, S. 28.
[211]   So auch *Schulteis,* GWR 2020, 169, 171.
[212]   Pöhlmann/Fandrich/Bloehs/*Fandrich/Bloehs,* GenG, § 48 Rn. 7, der dies unter Verweis auf § 4 Abs. 2 EStG jedenfalls bzgl. Bilanzberichtigungen annimmt.

Gleiches gilt auch bezüglich vereinzelter nachträglicher **Änderungen** des zu- 235
nächst festgestellten Jahresabschlusses.[213]

Rückvergütungen an Mitglieder für das vorangegangene Geschäftsjahr gemäß 236
Beschluss des Vorstandes können nun durch den Aufsichtsrat mit der Maßgabe aus-
gezahlt werden, dass der Beschluss erst nach Feststellung des Jahresabschlusses getroffen werden darf.[214]

Die **Kompetenz** zur Entscheidung über die Verwendung des Jahresüberschus- 237
ses, die Deckung eines Jahresfehlbetrags und die Entlastung von Vorstand und Aufsichtsrat gem. § 48 Abs. 1 S. 2 und 3 GenG verbleibt aufgrund des Normlautes indes
ebenso bei der Generalversammlung wie insbesondere für die § 48 Abs. 2 und 3
GenG.[215]

Die **Wochenfrist** zur **Einsichtnahme** von Jahresabschluss, Lagebericht sowie 238
Bericht des Aufsichtsrats gilt es zu beachten. Aufgrund der aktuellen Versamm-
lungsrestriktionen sollten sie insb. auf der Internetseite der Genossenschaft zugänglich gemacht werden.

Fraglich ist, ob die **sechs-Monats-Frist** des § 48 Abs. 1 S. 3 GenG (für außeror- 239
dentliche Versammlungen gilt im Übrigen weiterhin § 44 Abs. 2 GenG) bestehen
bleibt, in der die Generalversammlung den Jahresabschluss nach Geschäftsjahresende festzustellen hat.

Der **Gesetzgeber** ist offenbar davon ausgegangen, dass zumindest grundsätzlich 240
diese Frist mithilfe **„virtueller" Versammlungen** eingehalten werden könne.[216]
Gleichwohl wollte er Genossenschaften nicht zu „virtuellen" Versammlungen
zwingen, sondern lediglich sicherstellen, dass für Genossenschaften bei Lockerun-
gen der Versammlungsverbote infolge Verbesserungen der Gesamtsituation bezüglich des Corona-Virus die Versammlungen auch in physischer Form wieder durchführbar sein können.[217] Er hat darauf verwiesen, dass die Versäumung dieser Frist
weder durch Sanktionen noch deren Einhaltung per Zwangsgeld (§ 160 GenG) erzwungen werden könne.[218] Darüber hinaus zieht diese Fristversäumnis jedenfalls
dann, wenn sie – und dies wird aktuell situationsbedingt die Regel sein – auf CO-
VID-indizierten Umständen beruht, mangels Verschuldens keine **Haftung** iSd § 34
GenG mit sich.[219]

Beschlussmängel können die **Nichtigkeit** und die **Anfechtbarkeit** nach sich 241
ziehen. Während Nichtigkeit einen Verstoß von Inhalt oder Zustandekommen gegen zwingende gesetzliche Bestimmungen voraussetzt, ist **Anfechtbarkeit** bei Verstoß gegen dispositive gesetzliche Normen oder gegen die Satzung gegeben.[220]
Hier ist § 51 GenG (analog) einschlägig.

Problematisch ist hier, dass aus der hiesigen Beschlussfeststellung durch den Auf- 242
sichtsrat konsequenterweise massive Einschränkungen der Anfechtungsrechte nach
§ 51 GenG folgen. Denn nach § 51 Abs. 2 GenG sind grundsätzlich nur die an der
Versammlung teilnehmenden Genossenschaftsmitglieder und unrechtmäßig davon
ausgeschlossene bzw. nicht geladene **anfechtungsbefugt.** Somit wäre bei Feststel-

---

[213]　Hierzu Pöhlmann/Fandrich/Bloehs/*Fandrich,* GenG, § 19 Rn. 5.
[214]　*Schulteis,* GWR 2020, 169, 172.
[215]　Zu § 48 Abs. 2 und 3 GenG ausdrücklich FraktE, BT-Drs. 19/18110, S. 29.
[216]　*FraktE,* BT-Drs. 19/18110, S. 29.
[217]　FraktE, BT-Drs. 19/18110, S. 29.
[218]　FraktE, BT-Drs. 19/18110, S. 28.
[219]　FraktE, BT-Drs. 19/18110, S. 28.
[220]　Pöhlmann/Fandrich/Bloehs/*Fandrich,* GenG, § 19 Rn. 8.

lung des Jahresabschlusses durch den Aufsichtsrat nur dieser durch jedes Aufsichtsratsmitglied anfechtungsbefugt.

243 Damit würde das Anfechtungsrecht nahezu leerlaufen. Um nicht die Mitglieder in ihren Rechten allzu sehr zu beschneiden (Eingriff in Art. 14 GG), ist zu erwägen, dass die einzelnen **Mitglieder** in diesem Fall **nicht** auf den Umfang des § 51 Abs. 2 S. 2 Alt. 2 GenG **beschränkt** werden dürfen, sondern ihnen die Rechte nach § 51 Abs. 1 GenG zuzubilligen. Einschränkungen des Anfechtungsrechts wollte der Gesetzgeber nämlich nur hinsichtlich technischer Störungen einschränken, vgl. § 3 Abs. 1 S. 4 COVMG.

4. Vorabdividende und Auseinandersetzungsguthaben, Absatz 4

244 Im Rahmen von § 3 Abs. 4 COVMG darf der Vorstand anhand des vorläufigen Jahresabschlusses eventuelle Überschüsse bzw. Auseinandersetzungsguthaben abschlägig an die aktuellen bzw. ausgeschiedenen Mitglieder ausschütten.

245 **a) Vorabdividende.** Voraussetzung für die Dividendenzahlung gem. § 19 GenG ist grundsätzlich ein **Jahresabschlussfeststellungsbeschluss,**[221] dessen es im Zuge der Vorabdividende nach Auffassung des Gesetzgebers nicht bedarf.

246 Die Gewinnverteilung erfolgt gem. § 48 Abs. 1 S. 2 GenG durch die Mitglieder. Zur **Berechnung** der Höhe nach ist auf § 59 Abs. 2 AktG (analog) zurück zu greifen, nach dessen S. 2 und 3 zweierlei **Beschränkungen** gelten:

• Erstens darf als Abschlag höchstens die **Hälfte** des Betrags gezahlt werden, der von dem **Jahresüberschuss** nach Abzug der Beträge verbleibt, die nach Gesetz oder Satzung in Gewinnrücklagen einzustellen sind.

• Zweitens darf der Abschlag die Hälfte des **vorjährigen Bilanzgewinns** nicht übersteigen.

247 Beides setzt selbstverständlich überhaupt einen **Überschuss** voraus. Die Vorabdividende orientiert sich insb. an der zu erwartenden Dividende sowie an den Ergebnissen vorheriger Jahre.

248 Danach **unrechtmäßig** ergangene Ausschüttungen müssen gem. § 62 Abs. 1 AktG (analog) zurückgezahlt werden.

249 Allerdings können Dividendenzahlungen nach Maßgabe des § 20 GenG per **Satzung** ausgeschlossen werden. Ob hier die Satzung oder COVMG seinem Zweck nach im Kollisionsfall **vorgeht,** ist ungeklärt.

250 **b) Auseinandersetzungsguthaben.** Gem. § 73 GenG erfolgt nach Beendigung der Mitgliedschaft eine Auseinandersetzung der Genossenschaft mit dem **ausgeschiedenen Mitglied,** die sich nach der Vermögenslage der Genossenschaft und der Zahl ihrer Mitglieder zum Zeitpunkt der Beendigung der Mitgliedschaft bestimmt.

251 Grundlage dafür bildet der **Jahresabschluss,** der nunmehr gem. § 3 Abs. 3 GenG auch durch den Aufsichtsrat festgestellt werden kann, um die Auszahlung nicht zulasten des ehemaligen Mitglieds zu verzögern.[222]

252 **c) Ermessen.** Die Auskehrung von Vorabdividende oder Auseinandersetzungsguthaben (§ 73 GenG) erfolgt hinsichtlich des Grundes und der Höhe nach dem pflichtgemäßen Vorstandsermessen.

---

[221] Pöhlmann/Fandrich/Bloehs/*Fandrich,* GenG, § 19 Rn. 3.
[222] FraktE, BT-Drs. 19/18110, S. 29.

Der Gesetzgeber hat auf nähere Hinweise zu seinem Verständnis von der 253
„**Pflichtgemäßheit**" verzichtet.

Das Element der „Pflichtgemäßheit „ findet sich ebenfalls in § 1 Abs. 3 a. E. 254
COVMG zum Fragerecht innerhalb der AG-Versammlung wieder. Dort hat der
Gesetzgeber im Rahmen seiner Begründung Beispiele zur Konturierung dieses
Rechtsbegriffs angeführt. Das dort suggerierte extensive Verständnis gleichfalls auf
§ 3 COVMG abzuleiten, wäre indes verfehlt, da § 1 Abs. 3 a. E. COVMG zusätzlich
ein „freies" pflichtgemäßes Ermessen betrifft. § 1 COVMG geht mithin insofern
weiter als § 3 COVMG.

Zur Bestimmung der Pflichtgemäßheit und -widrigkeit iRd § 3 COVMG kön- 255
nen vielmehr die nach **§ 34 GenG** geltenden Grundsätze dienen. Jedenfalls darf der
Vorstand keine sachfremden Erwägungen zugrunde legen, wobei insb. Risiko-
abschläge zulässig sind.[223]

d) Zustimmung. Beide Entscheidungen des Vorstandes bedürfen der Zustim- 256
mung des **Aufsichtsrates.**

Zur Vermeidung von physischem Zusammentreten können gemäß § 3 Abs. 6 257
COVMG Sitzungen des Aufsichtsrats auch ohne Grundlage in der Satzung oder in
der Geschäftsordnung im **Umlaufverfahren** in Textform oder als Telefon- oder
Videokonferenz durchgeführt werden.

5. Amtszeitbeendigung, Absatz 5

a) Erfasste Organe. § 3 Abs. 5 COVMG betrifft alle Mitglieder sowohl des
Vorstandes als auch des Aufsichtsrates.

b) Zeitablauf. Die Organmitglieder bleiben trotz Ablaufes ihrer Amtszeiten 258
„automatisch" solange weiter im Amt, bis ihre **Nachfolger** bestellt worden sind.
Der Gesetzgeber hatte die Organbestellung erleichtern wollen.[224]

Änderungen sind gem. § 28 GenG beim Register mitzuteilen.   259

Ist ein **Ersatzmitglied** (aufschiebend bedingt) gewählt worden,[225] rückt dieses 260
nach vorzeitigem Ausscheiden eines Aufsichtsratsmitgliedes (vgl. § 36 Abs. 3
GenG) in den Aufsichtsrat nach. Die Vorschrift des § 3 Abs. 5 COVMG steht dieser
Neubesetzung nicht entgegen. Es besteht kein Bedürfnis zur Fiktion des Amtser-
halts, weil auch so die ordnungsgemäße Vertretung sichergestellt wird. Somit ist § 3
Abs. 5 COVMG dahingehend **teleologisch zu reduzieren.**

c) Niederlegung, Widerruf. Obwohl die Fiktion des Amtserhalts einen 261
zwingenden Charakter zu suggerieren scheint, werden die jeweiligen Organvertreter nicht generell gezwungen, im Amt zu bleiben.

Hierfür spricht über grundrechtliche Erwägungen hinaus bereits S. 2, welcher 262
die Möglichkeit des Ausscheidens ganz offensichtlich voraussetzt. Auch der Wortlaut („Ablauf") deutet darauf hin. Der Amtsträger kann die Beendigung daher stets
per Niederlegung oder Widerruf seines Amtes **herbeiführen.**

Dabei spielt es keine Rolle, wenn hierdurch die gesetzlich postulierte **Min-** 263
destanzahl der Organmitglieder unterschritten wird. Der Gesetzgeber hat
nämlich der Gefahr vorzubeugen versucht, dass Mitglieder aus gesundheitlichen

---

[223] Vgl. *Schulteis,* GWR 2020, 169, 172.
[224] FraktE, BT-Drs. 19/18110, S. 29.
[225] Pöhlmann/Fandrich/Bloehs/*Fandrich,* GenG, § 36 Rn. 5.

Gründen ausscheiden und die Genossenschaft dadurch handlungsunfähig werden könnte.[226]

264   Änderungen des Vorstandes sind gem. § 28 GenG dem **Register** mitzuteilen.

265   **d) Mindestanzahl der Organmitglieder.** Die Vorschrift des § 3 Abs. 5 COVMG erlaubt die **Unterschreitung** der gesetzlich oder satzungsgemäß notwendigen Mindestanzahl der Organvertreter.

266   Eine gerichtliche **Notbestellung** ist ausnahmeweise dennoch angezeigt, wenn
* in einer Genossenschaft mit bis zu 20 Mitgliedern der Vorstand nur aus einem Mitglied besteht (§ 24 Abs. 2 S. 3 GenG), indes aber auch dieses Mitglied nicht mehr vorhanden ist, sowie,
* wenn in einer Kreditgenossenschaft entgegen § 33 Abs. 1 S. 1 Nr. 5 KWG der Vorstand aus weniger als zwei Mitgliedern besteht.[227]

267   Wenngleich dies nur vergleichsweise wenige Genossenschaften betreffen wird, hätte der **Gesetzgeber** auch an dieser Stelle Abhilfe schaffen sollen – hatte er doch immerhin die Behelligung der Gerichte durch Notbestellungen abzuwenden versucht.

6. Gremiensitzungen, Absatz 6

268   Die Vorschrift des § 3 Abs. 6 COVMG erleichtert Gremiensitzungen, indem Versammlungen von Vorstand und/oder Aufsichtsrat im **Umlaufverfahren** (Textform) oder per Telefon- oder Videokonferenz auch entgegen anderslautenden Satzungen oder Geschäftsordnungen nunmehr ohne weiteres zulässig sind.

269   Dies ermöglicht insb. die **Prüfungsabschlusssitzung** gem. § 57 Abs. 4 S. 1 GenG und verhindert insoweit Verzögerungen.[228]

§ 4   Umwandlungsrecht

Abweichend von § 17 Absatz 2 Satz 4 des Umwandlungsgesetzes genügt es für die Zulässigkeit der Eintragung, wenn die Bilanz auf einen höchstens zwölf Monate vor der Anmeldung liegenden Stichtag aufgestellt worden ist.

I. Hintergrund und Zweck

270   § 4 COVMG wirkt durch Eintragungsfristverlängerung beim Registergericht den tatsächlichen Erschwernissen der Umwandlungsbeschlussfassung (vgl. § 13 Abs. 1 S. 2 UmwG) und dem damit entstehenden Zeitdruck im Vorfeld der Eintragung von Umwandlungen entgegen, indem eine **Verlängerung um vier Monate** erfolgt.

---

[226]   FraktE, BT-Drs. 19/18110, S. 29.
[227]   *Schulteis,* GWR 2020, 169, 172f.
[228]   *Schulteis,* GWR 2020, 169, 173.

II. Anwendungsbereich

Sachlich tangiert sind Verschmelzungen und Spaltungen (§ 125 UmwG). Über **271** § 122k Abs. 1 UmwG gilt die Änderung des § 17 Abs. 2 S. 4 UmwG zudem für **grenzüberschreitende** Verschmelzungen.

Die Vorschrift findet gem. § 7 Abs. 4 COVMG für alle Anmeldungen Anwendung, die im Jahre **2020** vorgenommen werden. Nichtsdestotrotz kann dies per Verordnung auf Anmeldungen im Jahr 2021 **verlängert** werden, § 8 COVMG.

III. Inhalt

1. Anmeldefrist

Die Frist des § 17 Abs. 2 S. 4 UmwG wird dahingehend geändert, dass die **272** **Schlussbilanz** des übertragenden Rechtsträgers zum Zeitpunkt der Anmeldung der Spaltung nach § 125 UmwG oder Verschmelzung bis zu **zwölf** Monate alt sein darf (zuvor hatte sie acht Monate betragen). Die Anmeldung für Umwandlungen mit Bilanzstichtag vom 31. 12. 2019 kann nun bis zum 31. 12. 2020 beim Handelsregister erfolgen.

Bei Verschmelzung unter Beteiligung bspw. einer **AG** oder Genossenschaft ist **273** zumindest die Aufstellung des Verschmelzungsvertrags im Entwurf nicht später als sechs Monate nach dem letzten Jahresabschluss erfolgt, da ansonsten gem. § 63 Abs. 1 Nr. 3 UmwG eine Zwischenbilanz aufzustellen ist.[229]

2. Umwandlungsbeschlussfassung

Umstritten ist, ob Umwandlungsbeschlüsse (vgl. §§ 13 Abs. 1 S. 2, 125 S. 1, § 193 **274** Abs. 1 S. 2 UmwG) zwingend im Rahmen von **Präsenzversammlungen** erfolgen müssen oder auch hier die schriftliche bzw. elektronische Stimmabgabe ausreicht.

Die **bislang h. M.**[230] hat insb. Unter Verweis auf Wortlaut und den Willen des **275** Gesetzgebers eine physische Versammlung gesellschaftsübergreifend für notwendig erachtet.

Teilweise wird nunmehr der Begriff der „Versammlung" iSd UmwG unter **276** Hinweis auf die „virtuellen" und schriftlichen Versammlungsmöglichkeiten innerhalb der COVMG-tangierten Gesellschaftsformen und besonders des § 1 Abs. 2 COVMG als vollwertige Versammlung **weit ausgelegt.**[231] Diese Annahme wird

---

[229] *Schulteis,* GWR 2020, 169, 174.
[230] Semler/Stengel/*Gehling,* UmwG, § 13 Rn. 14; Schmitt/Hörtnagl/Stratz/*Winter,* UmwG § 193 Rn. 3; Semmler/Stengel/*Bärwaldt,* UmwG § 193 Rn. 8; MüHb-GesR/*Wansleben,* Bd. 8, 5. Aufl. 2018, § 34 Rn. 2; Ulmer/Habersack/Löbbe/*Hüffer/Schürnbrand,* GmbHG, § 48 Rn. 55; MüHb-GesR/*Wolff,* Bd. 3, § 39 Rn. 95; Michalski/Heidinger/Leible/ J. Schmidt/Römermann, GmbHG, § 48 Rn. 206; BeckOK GmbHG/*Schindler,* Stand 1. 4. 2020, § 48 Rn. 79; Sauter/Schweyer/Waldner/*Waldner/Wörle-Himmel,* Der e. V., Rn. 210; BeckOKG BGB/*Notz,* Stand 15. 9. 2018, § 32 Rn. 199; **aA** *Schöne/Arens,* WM 2012, 381 ff.; BeckOGK AktG/*Hoffmann,* Stand 15. 1. 2020, § 118 Rn. 47; wohl auch *Wicke,* DStR 2020, 885, 887; *Simons/Hauser,* NZG 2020, 488, 489.
[231] *Vetter/Tielmann,* NJW 2020, 1175, 1179 f.; Ferner *Simons/Hauser,* NZG 2020, 488, 489; *Wicke,* DStR 2020, 885, 887; *Eickhoff/Busold,* DStR 2020, 1054, 1058.

speziell im Rahmen des § 1 Abs. 2 COVMG von der hiesigen *ratio legis* (Erhalt der Handlungsfähigkeit der Unternehmen) getragen, da auch Fristverlängerungen um vier Monate ins Leere liefen, wenn ohnehin keine Umwandlungsversammlungen stattfinden könnten. Auch in genereller Hinsicht kann die Begründung des Gesetzgebers in diese Richtung interpretiert werden, wo es heißt, durch die Fristverlängerung „werden die Erleichterungen für die Durchführung „virtueller" Versammlungen, die in den §§ 1 und 3 des Gesetzes vorgesehen sind, ergänzt."[232] Schließlich hat der Gesetzgeber die aktuell versammlungsbasierten Schwierigkeiten bei „Umstrukturierungsmaßnahmen" durch das COVMG beheben wollen.[233]

277   Folgt man dieser Ansicht, könnten Umwandlungsbeschlüsse jedenfalls durch die Aktionäre einer **AG** innerhalb „virtueller" Versammlungen iSd § 1 Abs. 2 COVMG oder **rechtsformübergreifend** mithilfe non-präsenter Abstimmungsformen erfolgen.

278   Andererseits bleibt **ungewiss,** inwieweit der Gesetzgeber Umwandlungsbeschlüsse mit ihrem Ausnahmecharakter überhaupt konkret bedacht hatte. Mangels entsprechender Änderung durch das COVMG oder konkreter Erwähnung in den jeweiligen Paragraphen (insb. § 4 COVMG) und Materialien bleibt zweifelhaft, ob er die präsenzgeprägte Umwandlungsbeschlussfassung tatsächlich hat ändern wollen.[234]

279   Zu Recht wird unter Hinweis auf die bisherige **h. M.** daher eindrücklich vor diesbezüglich non-präsenter Beschlussfassung gewarnt,[235] da sie erhebliche rechtliche **Risiken** birgt. Dies gilt über die AG hinaus für alle Rechtsformen innerhalb der Schnittmenge von UmwG und COVMG.

3. Nachhaftung bei Spaltung

280   Die Nachhaftung gem. §§ 133, 157 UmwG bleibt bestehen. Sie beträgt **fünf Jahre** ab elektronischer Bekanntmachung der Handelsregistereintragung durch das Registergericht[236] für Verbindlichkeiten, die davor fällig sind.

281   Die **Frist** beginnt am Tag der Eintragung der Spaltung in das Register des Sitzes des übertragenden Rechtsträgers, § 133 Abs. 4 S. 1 UmwG. Fristverlängerungen oder -verkürzungen sind vertraglich zulässig;[237] eine Hemmung der Verjährung gem. § 133 Abs. 4 S. 2 UmwG über die Vorschriften der §§ 204 ff. BGB möglich.

4. Umwandlungssteuerrecht

282   Das Umwandlungssteuerrecht in Form des UmwStG findet sich im COVMG nicht adressiert. Dies ist insofern misslich, als dass sich zum einen das UmwG darauf bezieht und zum anderen, weil Umwandlungen regelmäßig in steuerlichen Erwägungen gründen. Demgemäß ist fraglich, ob nach wie vor an den dortigen Fristen festzuhalten ist.

---

[232] FraktE, BT-Drs. 19/18110, S. 29.
[233] FraktE, BT-Drs. 19/18110, S. 3.
[234] So wohl auch *Schulteis,* GWR 2020, 169, 170 zur GmbH.
[235] *Lieder,* ZIP 2020, 837, 842 f.
[236] §§ 133 Abs. 4, 125 S. 1, 19 Abs. 3 UmwG iVm § 10 HGB iVm § 187 Abs. 1 BGB.
[237] Semler/Stengel/*Seulen,* UmwG, § 133 Rn. 124 mwN; *K. Schmidt/Schneider,* BB 2003, 1961, 1964 f.

a) Fristen nach UmwStG. Besondere Relevanz erlangt dies zunächst hinsicht-   **283**
lich der **steuerlichen Rückwirkung** gem. § 2 UmwStG. Die steuerliche Rückwirkung gem. § 2 UmwStG bezieht sich auf die relevante Schlussbilanz, die dem
Vermögensübergang zu Grunde liegt. Hierbei handelt es sich um eine abstrakte
Verweisung ohne konkrete Nennung des § 17 Abs. 2 Nr. 4 UmwG. Dem Gesetzgeber hat offenbar genügt, die **jeweils** gültige Frist zugrunde zu legen.

Dies spricht dafür, im Rahmen des § 2 UmwStG auch mit der Zwölf-Monats-   **284**
Frist des § 17 Abs. 2 Nr. 4 UmwG i. V. m. § 4 COVMG zu operieren. Die Bundesregierung vertritt diese Auffassung und ist darüber hinaus der expliziten Ansicht,
dass über § 2 UmwStG auch Umwandlungen iSd **§§ 3, 11 und 15 UmwStG** von
der Zwölf-Monats-Frist erfasst werden.[238]

Jedoch ist die Zwölf-Monats-Frist nicht für die **§§ 9 S. 3 und 20 Abs. 6**   **285**
UmwStG anzuwenden; für sie gilt bisher die Frist von acht Monaten fort.[239] Zwar
ist nach § 20 Abs. 6 HS. 1 UmwStG die Schlussbilanz gem. § 17 UmwG anzuwenden. Über diese – nunmehr auf zwölf Monate erweiterte – Frist ließe sich noch eine
entsprechende Frist konstruieren. Zweifelhaft erscheint dies indes im Zusammenhang mit Halbsatz 2, der nämlich **expressis verbis** bloß eine Acht-Monats-Frist
für die Rückbeziehung der Rechtsfolgen des Einbringungsvorgangs statuiert. Angesichts des klaren Wortlauts dürfte eine Fristverlängerung auf zwölf Monate ausscheiden. Der COVMG-Gesetzgeber hat diesen gewichtigen Aspekt nicht berücksichtigt und auch die Gesetzesmaterialen erwähnen diesen Gesichtspunkt weder
mittelbar noch unmittelbar.

b) Gründe für Anwendung der Fristverlängerung. Aus praktischer Sicht   **286**
stellt die unklare Handhabung des UmwStG ein Hindernis dar, welches nicht zu
überwinden ist, obwohl ein maßgebliches Interesse am **Gesetzesgleichlauf** mit
dem UmwG besteht.

Zur Schaffung eines Gleichlaufs bieten Wortlaut und Konzeption des § 20   **287**
UmwStG zumindest **argumentative Anhaltspunkte.** Insoweit lässt sich berücksichtigen, dass sich § 20 Abs. 6 HS. 1 UmwStG eben (auch) auf § 17 Abs. 2 S. 4
UmwG bezieht und in seinem 2. Halbsatz daran bloß anknüpft („dieser Stichtag").
Aus dieser **Verweistechnik** könnte man schließen, dass der UmwStG-Gesetzgeber
sich offenbar eigentlich bloß (also nochmals) auf den jeweiligen Inhalt von § 17
Abs. 2 (S. 4) UmwG beziehen wollte. Letzterer beinhaltet nunmehr über den spe-
zialgesetzlichen § 4 COVMG eine Zwölf-Monats-Frist. Unter diesem Aspekt ließe
sich sachgerecht argumentieren, dass insoweit im Rahmen des § 20 Abs. 6 UmwStG
desgleichen eine Frist von zwölf Monaten anzuwenden sein könnte, um einen
Gleichlauf zum UmwG herzustellen. Auch dem wahrscheinlichen Fall, dass das
COVMG per Verordnung bis Ende des Jahres 2021 verlängert wird, trägt der Gesetzentwurf Rechnung.

c) Neue Gesetzesinitiative. Der Bundesgesetzgeber hat den eklatanten Man-   **288**
gel, das UmwStG nicht berücksichtigt und somit massive Rechtsunsicherheiten
in Form von Diskrepanzen geschaffen zu haben, mittlerweile erkannt und daraufhin das Gesetz zur Umsetzung steuerlicher Hilfsmaßnahmen zur Bewältigung der
Corona-Krise (sog. **Corona-Steuerhilfegesetz**) auf den Weg gebracht.[240] Es
sieht in Artikel 3 eine Änderung des Umwandlungssteuerrechts vor, um einen

---

[238] BReg, BT-Drs. 19/19150, S. 12.
[239] So auch BReg, BT-Drs. 19/19150, S. 12.
[240] BReg, BT-Drs. 19/19150.

Gleichlauf mit den im Rahmen des COVMG geänderten Fristen zu schaffen.[241] Demnach soll dem § 27 UmwStG ein Absatz 15 angefügt werden, der die Fristen von §§ 9 S. 3, 20 Abs. 6 S. 1 und 3 UmwStG ebenfalls auf zwölf Monate ausdehnt. Gleichwohl bleiben im dortigen Rahmen verschiedene Effekte unklar und Rechtsfragen bestehen.[242] Den Gesetzesentwurf zum Corona-Steuerhilfegesetz hat die Bundesregierung am 6. Mai 2020 beschlossen. Derzeit wird das Gesetz im Plenum beraten; seine Verabschiedung könnte sich bereits im Juni 2020 vollziehen.

§ 5 Stiftungen und Vereine

(1) **Ein Vorstandsmitglied eines Vereins oder einer Stiftung bleibt auch nach Ablauf seiner Amtszeit bis zu seiner Abberufung oder bis zur Bestellung seines Nachfolgers im Amt.**

(2) **Abweichend von § 32 Absatz 1 Satz 1 des Bürgerlichen Gesetzbuchs kann der Vorstand auch ohne Ermächtigung in der Satzung Vereinsmitgliedern ermöglichen,**
1. **an der Mitgliederversammlung ohne Anwesenheit am Versammlungsort teilzunehmen und Mitgliederrechte im Wege der elektronischen Kommunikation auszuüben oder**
2. **ohne Teilnahme an der Mitgliederversammlung ihre Stimmen vor der Durchführung der Mitgliederversammlung schriftlich abzugeben.**

(3) **Abweichend von § 32 Absatz 2 des Bürgerlichen Gesetzbuchs ist ein Beschluss ohne Versammlung der Mitglieder gültig, wenn alle Mitglieder beteiligt wurden, bis zu dem vom Verein gesetzten Termin mindestens die Hälfte der Mitglieder ihre Stimmen in Textform abgegeben haben und der Beschluss mit der erforderlichen Mehrheit gefasst wurde.**

I. Hintergrund und Zweck

289   Mit der Vorschrift bezweckt der Gesetzgeber
- die ordnungsgemäße Vertretung trotz Amtsablaufes,
- die Beschlussfassung ohne physisches Zusammentreten sowie
- die Verhinderung der Blockade von Umlaufbeschlüssen durch einzelne Mitglieder.

II. Anwendungsbereich

290   Erfasst sind mangels Einschränkungen grundsätzlich **alle Vereine** (vgl. § 21 ff. BGB) und **Stiftungen** (vgl. §§ 86, 21 ff. BGB) und ihrer **Gremien** wie Vorstand, Kuratorium, Stiftungsrat, Beirat u. ä.[243]

291   Allerdings gelten die gesetzlichen Änderungen von vornherein nur insoweit, wie die jeweilige **Satzung** noch keine abweichende Bestimmung getroffen hat, da § 32

---

[241] BReg, BT-Drs. 19/19150, S. 12.
[242] Ausführlich *Bron,* DStR 2020, 1009.
[243] *Fisch,* NZG 2020, 512, 513.

Abs. 1 und 2 BGB gem. § 40 BGB dispositiver Natur sind. Regelt eine Satzung die näheren Umstände wie insb. die Online-Mitgliederversammlung oder Beschlussvoraussetzungen des Umlaufverfahrens, gehen sie vor. In der Praxis ist dies indes noch eher selten anzutreffen.

Die Bestimmung ist auf Amtsbeendigung und Versammlungen im Jahre **2020** 292 beschränkt, § 7 Abs. 5 COVMG, wobei nach § 8 die Option einer Extension bis höchstens zum **31.12.2021** gegeben ist.

III. Inhalt

1. Amtsbeendigung, Absatz 1

a) Betroffene Personen. Betroffen sind ausweislich des eindeutigen Wortlauts 293 ausschließlich **Vorstandsmitglieder.**

b) Zeitablauf. Entgegen der Regelung des **§ 27 Abs. 1 BGB** endet das Amt 294 eines Vorstandsmitgliedes nach Zeitablauf nicht automatisch, sondern erst nach seiner offiziellen Abberufung oder Neubestellung eines Nachfolgers.

Der Gesetzgeber hat damit zu verhindern versucht, dass Verein oder Stiftung 295 nicht mehr ordnungsgemäß **vertreten** werden kann, wenn die dafür notwenigen Vorstandsmitglieder fehlen.[244]

Viele Satzungen beinhalten bereits sog. **Übergangsklauseln,** wonach ein Vorstandsmitglied bei Amtsbeendigung nach Zeitablauf bis auf weiteres im Amt bleibt. 296

Wo dies nicht geregelt wird, fingiert nun § 5 Abs. 1 COVMG eine solche Übergangsklausel.

Obwohl keine absolute zeitliche Begrenzung dieses **Übergangszustandes** besteht,[245] muss der alte Vorstand das (Neu-) Berufungsorgan schnellstmöglich **einberufen,** damit ein Nachfolger gewählt werden kann.[246] Hier bietet sich aus aktuellem Anlass die elektronische oder schriftliche Stimmabgabe an. 297

Missbraucht der bisherige Vorstand die ihm eröffnete Möglichkeit, über das 298 notwendige Maß hinaus im Amt zu bleiben, kann der Weg des § 37 BGB beschritten werden.[247] Dem lässt sich entgegenhalten, dass die Bestimmung des § 5 Abs. 1 COVMG einen legitimen Grund für den Amtserhalt bis (zunächst) Ende 2020 darstellt. Dies kann indes nur gelten, soweit anderweitig **keine Neuwahl möglich** ist, was jedoch durch § 5 Abs. 2 und 3 COVMG gewährleistet wird.

Die Satzung kann das „automatische" Nachrücken von **Ersatzvorstandsmit-** 299 **gliedern** in das Amt regeln, so dass es eines Rückgriffs auf § 5 Abs. 1 COVMG dann nicht bedarf. Bei Amtsablauf des **Vorsitzenden** rückt der Stellvertretende Vorsitzende indes nur nach, wenn die Satzung dies ausdrücklich anordnet.[248]

Besondere Vertreter von Vereinen iSv § 30 Abs. 1 BGB können ähnlich betroffen sein. Obwohl die Vorschriften der Bestellung besonderer Vertreter grds. über **analoge Anwendung** der §§ 27 ff. BGB jenen der Vorstandsbestellung folgen,[249] sprechen gewichtige Argumente **dagegen,** auch zu ihren Gunsten eine 300

---

[244] FraktE, BT-Drs. 19/18110, S. 30.

[245] OLG Frankfurt a. M., Beschl. v. 27.5.2010 – 20 W 175/10, NZG 2010, 1034.

[246] Sauter/Schweyer/Waldner/*Waldner/Wörle-Himmel,* Der e. V., Rn. 265 mwN.

[247] Sauter/Schweyer/Waldner/*Waldner/Wörle-Himmel,* Der e. V., Rn. 265.

[248] Sauter/Schweyer/Waldner/*Waldner/Wörle-Himmel,* Der e. V., Rn. 249.

[249] BeckOK BGB/*Schöpflin,* Stand 1.2.2020, § 30 Rn. 10.

Übergangsklausel zu fingieren. Neben dem Wortlaut im Gesetz und dessen Begründung hat der Gesetzgeber als maßgebliches Argument der Regelungsbedürftigkeit die Vermeidung der **Belastung der Amtsgerichte** durch Bestellung von Notvertretern bezweckt, welches für bes. Vertreter nicht greift.[250] Während für Vorstände § 29 BGB gilt, ist diese Vorschrift auf besondere Vertreter gerade nicht anzuwenden.[251] Mithin besteht keine Gefahr der Gerichtsüberlastung und somit keine Regelungsnotwendigkeit.

301   Bei Ausscheiden aus dem Amt ist die **Registereintragung** gem. § 64 BGB[252] zu ändern.

302   **c) Andere Beendigungsgründe.** Das COVMG regelt ausweislich seines Wortlautes nur das Ausscheiden aufgrund Zeitablaufs. Andere der vielfältig denkbaren Beendigungsgründe[253] wie Niederlegung, Tod, Geschäftsunfähigkeit oder Vereinsaustritt sind nicht berührt.

303   **Abberufungen** sollten ebenfalls nicht tangiert werden,[254] sind stets gem. § 27 Abs. 2 BGB möglich und unterliegen keinem Formzwang. Die **Zuständigkeit** liegt beim Bestellungsorgan, also grundsätzlich der Mitgliederversammlung.

2. Stimmabgabe ohne Anwesenheit, Absatz 2

304   Abs. 2 regelt zwei alternative Tatbestände:
- Einerseits die virtuelle Versammlung und
- andererseits schriftliche Stimmabgabe ohne Anwesenheit.

305   Mit Ausnahme von Umwandlungsbeschlüssen (→ Rn. 274 ff.) gilt Abs. 2 für **alle Beschussarten.**

306   **a) Virtuelle Versammlung und Rechteausübung.** Abweichend vom Grundsatz der Präsenzversammlung können gem. § 32 Abs. 1 BGB Mitgliederversammlungen auf elektronischem Wege durchgeführt werden, sofern hierfür eine **Satzungsgrundlage** existiert[255] oder alle Mitglieder einem derartigen Modus **zustimmen.**[256] Letzteres bestätigt sich im Rechtsgedanken des § 32 Abs. 2 BGB.

307   Das **Satzungserfordernis** hebt § 5 Abs. 2 COVMG nunmehr auf.

308   Ebenfalls zulässig sind „**Mischmodelle**",[257] bei denen Teile der Mitgliedschaft physisch anwesend sind und andere elektronisch teilnehmen.[258]

309   Vor dem Hintergrund der potenziellen Ansteckungsgefahren und bestehender Kontaktverbote kann auf diese Option zum Schutz der Mitglieder verzichtet werden. Allerdings gewährleistet diese Methode ggf. älteren oder technisch weniger versierten Menschen die **Wahrnehmung ihrer Teilnahmerechte.**

---

[250]   Zur Genossenschaft ausdrücklich BT-Drs. 19/18110, S. 29.

[251]   BeckOK BGB/*Schöpflin,* Stand 1.2.2020, § 30 Rn. 10.

[252]   Palandt/*Ellenberger,* § 64 Rn. 1 mwN.

[253]   Hierzu Sauter/Schweyer/Waldner/*Waldner/Wörle-Himmel,* Der e.V., Rn. 272.

[254]   FraktE, BT-Drs. 19/18110, S. 30.

[255]   BeckOK BGB/*Schöpflin,* Stand 1.2.2020, § 32 Rn. 14, 45; MüKoBGB/*Leuschner,,* § 32 Rn. 22; *Fleck,* DNotZ 2008, 245, 246; *Piper,* NZG 2012, 735; OLG Hamm, Beschl. v. 27.9.2011 − 27 W 106/11, NZG 2012, 189.

[256]   BeckOK BGB/*Schöpflin,* Stand 1.2.2020, § 32 Rn. 45; Palandt/*Ellenberger,* § 32 Rn. 1.

[257]   Ausführlich dazu *Noack,* NJW 2018, 1345.

[258]   FraktE, BT-Drs. 19/18110, S. 30.

Form und **Frist** der Einberufung folgen mangels gesetzlicher Grundlage regel- **310** mäßig aus der Satzung; im Übrigen richten sie sich nach Angemessenheits-/Billigkeitsgesichtspunkten (§ 242 BGB).[259]

Die **Beweislast** für den rechtzeitigen Zugang der Einberufung trägt der Ver- **311** ein.[260]

Im Rahmen der virtuellen Versammlung muss sichergestellt werden, dass die **312** Mitglieder ihre **Vereinsrechte** im Wege der elektronischen Kommunikation ausüben können. Damit ist zunächst eine Echtzeit-Zweiweg-Kommunikation angezeigt (bspw. Telefon- oder Videokonferenz über Microsoft Teams, Zoom, Skype oder Facetime).

Unter Zugrundelegung eines Verständnisses der Mitgliederversammlung als **313** **Verfahren** muss nichtsdestotrotz eine solche virtuelle Versammlung kein auf einen Tag fixiertes Ereignis sein, sondern kann über eine **Zeitperiode** als strukturierter Internetprozess abgewickelt werden.[261]

Über § 28 BGB finden die COVMG-bedingten Abweichungen von § 32 BGB **314** auch für **Vorstandssitzungen** Anwendung, so dass der Vorstand auch ohne physische Anwesenheit unter den o. g. (→ Rn. 324 ff.) Voraussetzungen Beschlüsse unter Nutzung elektronischer Kommunikation oder im Umlaufverfahren (→ Rn. 324 ff.) fassen darf.

Ausschlüsse vom Stimmrecht aufgrund von **Interessenkonflikten** nach § 34 **315** BGB bleiben erhalten.[262]

b) Schriftliche Stimmabgabe, sog. gemischte Abstimmung. Ferner kön- **316** nen Mitglieder ohne Satzungsgrundlage ihre Stimmen schriftlich zur Abstimmung bringen.

Die Stimme ist gegenüber dem **Verein** abzugeben. **Empfangszuständig** ist der **317** Vorstand.

aa) Formerfordernisse. Das COVMG verlangt an dieser Stelle die „Schrift- **318** lichkeit" der Stimme, ohne weitere Differenzierung. Als Maßstab gilt § 126 Abs. 1 BGB (ggf. i. V. m. Abs. 3, § 126a BGB).

Textform ist hier nicht möglich, denn ansonsten hätte der Gesetzgeber dies **319** gleich in § 5 Abs. 3 COVMG formulieren können. Die Bestimmung des § 5 Abs. 3 COVMG demonstriert, dass die Stimmabgabe in Textform in bestimmten Verfahren möglich sein kann und soll.

Nichtsdestotrotz sind **keine durchgreifenden Gründe** ersichtlich, nicht auch **320** im Rahmen der gemischten Abstimmung die Textform jedenfalls dann ausreichen zu lassen, solange der Urheber/Absender zweifelsfrei identifizierbar ist. Hier hätte der Gesetzgeber einen Gleichlauf der Form postulieren sollen, um den praktischen Aufwand infolge unnötiger Differenzierungen zu vermeiden.

bb) Zeitraum. Zeitlich ist die Stimmabgabe nur bis zum **Beginn** (Wortlaut: **321** „bis zur Durchführung") der Mitgliederversammlung möglich. Sie muss dem Verein (Versammlungsleiter oder Vorstand) bis dahin **zugehen,** § 130 Abs. 1 BGB.

---

[259] Sauter/Schweyer/Waldner/*Waldner/Wörle-Himmel,* Der e. V., Rn. 171 ff.
[260] Sauter/Schweyer/Waldner/*Waldner/Wörle-Himmel,* Der e. V., Rn. 172 mwN.
[261] *Noack,* NJW 2018, 1345, 1350.
[262] Umfassend BeckOGK BGB/*Notz,* Stand 1.7.2019, § 34 Rn. 1 ff.

322   Nach diesem Zeitpunkt abgegebene Stimmen sind jedenfalls unbeachtlich. Dabei ungeklärt ist, ob sie als Enthaltung oder Nichtabgabe zu bewerten sind. Naheliegend ist die Nichtabgabe.

323   **c) Weitere Gremiensitzungen.** Aufgrund der Verweisungen der §§ 28, 86 S. 1 BGB sind die Erläuterungen unter **a)** und **b)** für Beschlussfassungen in Vorstand, Kuratorium, Stiftungsrat und Beirat u. a. anwendbar.[263]

3. Umlaufverfahren, Absatz 3

324   Darüber hinaus dürfen Versammlungsbeschlüsse (und insb. Vorstandsbeschlüsse) im Umlaufverfahren gefasst werden, ohne dass es des in § 32 Abs. 2 BGB verankerten **Zustimmungserfordernisses** aller Mitglieder bedarf. Einzelpersonen können Umlaufbeschlüsse somit nicht mehr konterkarieren.

325   Die COVMG-Vorschrift sieht **drei** Voraussetzungen vor:
- Erstens die Beteiligung aller Mitglieder,
- zweitens die Abgabe mindestens der Hälfte aller Mitgliederstimmen bis zur Abstimmungsfrist und
- drittens das Erreichen des erforderlichen Quorums.

326   Das Umlaufverfahren bietet – sofern satzungsbedingt keine Beschränkungen existieren – eine legitime Option für (fast[264]) **alle** Beschlüsse, darunter Vereinsauflösung (str.), Zweck- und Satzungsänderungen oder die Wahl von Delegierten und Vorstand.[265]

327   **a) Beteiligung.** Abweichend von § 32 Abs. 2 BGB müssen nicht mehr alle Mitglieder der Beschlussfassung zustimmen, sondern ausreichend ist vielmehr, dass sie **alle** beteiligt worden sind.

328   Das heißt, ihnen muss zumindest die Möglichkeit der fristwahrenden Stimmabgabe gegeben worden sein. Hierbei sind **angemessene** Zeiträume zu wählen.

329   **b) Stimmabgabe.** Die Stimmabgabe durch mindestens die **Hälfte** der **Mitglieder** muss bis zur gesetzten Frist dem Verein zugegangen (§ 130 Abs. 1 BGB) sein. Danach zugehende Stimmen sind nicht zu berücksichtigen.

330   Eine feste **Frist** ist nicht bestimmt, wird sich jedoch meist aus der Satzung ableiten lassen und darf im Übrigen nicht unangemessen sein.

331   Die Stimmabgabe muss der **Textform** des § 126b BGB genügen, so dass bspw. Email, Fax oder SMS ausreichen. Strengere Formen sind unschädlich.

332   Empfänger ist der Verein, die **Empfangszuständigkeit** liegt beim Vorstand.

333   **c) Mehrheitserfordernisse.** Obwohl alle Mitglieder zu beteiligen sind, reicht es zum Zustandekommen des Beschlusses zunächst aus, dass der Beschluss mit der konkret erforderlichen Mehrheit gefasst wurde.

334   Abzustellen ist auf die Mehrheit der **abgegebenen** Stimmen, § 32 Abs. 1 S. 3 BGB. Die jeweilige Mehrheit knüpft im Ausgangspunkt an das Prinzip der einfachen Mehrheit an.

335   Das COVMG verweist anhand der Wendung „erforderlichen Mehrheit" auf die **jeweils** erforderliche Mehrheit, die sich aus Gesetz oder Satzung ergibt.[266] In bei-

---

[263] *Fisch,* NZG 2020, 512, 513.
[264] Eine Ausnahme gilt für Umwandlungsbeschlüsse gem. §§ 13, 125, 193 UmwG, → Rn. 274 ff.
[265] BeckOKG BGB/*Notz,* Stand 15.9.2018, § 32 Rn. 198 mwN.
[266] FraktE, BT-Drs. 19/18110, S. 30.

den können abweichende Quoren bestimmt sein, die dann maßgeblich heranzuziehen sind (§ 32 BGB ist gem. § 40 BGB dispositiv).

Insbesondere **Satzungen** werden zu wichtigen Entscheidungen qualifizierte **336** Quoren bis hin zur Einstimmigkeit beinhalten.

In aller Regel bestimmt sich die **Mehrheit** nach der Anzahl derjenigen, die sich **337** an der Abstimmung **beteiligen.** Knüpft die Satzung ohne weitere Konkretisierung die Mehrheitsberechnung an allen „**Anwesenden**", so ist diese Wendung mangels Differenzierungsgründen im Umlaufverfahren entsprechend auf alle sich daran „beteiligenden" Personen umzudeuten.[267] Dies heißt nicht etwa Beteiligung iS.v. a), sondern ist vielmehr in Bezug auf die tatsächliche Stimmabgabe zu verstehen.

§ 6 Wohnungseigentümergemeinschaften

(1) **Der zuletzt bestellte Verwalter im Sinne des Wohnungseigentumsgesetzes bleibt bis zu seiner Abberufung oder bis zur Bestellung eines neuen Verwalters im Amt.**

(2) **Der zuletzt von den Wohnungseigentümern beschlossene Wirtschaftsplan gilt bis zum Beschluss eines neuen Wirtschaftsplans fort.**

I. Hintergrund und Zweck

Die Norm sichert die vertretungsrechtliche und finanzielle Handlungsfähigkeit **338** von Wohnungseigentümergemeinschaften (WEG).

II. Anwendungsbereich

Das COVMG adressiert **alle** WEG gleichermaßen und ungeachtet ihrer Größe. **339**

Jedenfalls hinsichtlich der **Amtsbeendigung** greift die Vorschrift sowohl für **340** den Fall ein, dass die Amtszeit zum Zeitpunkt des Inkrafttretens der Vorschrift bereits abgelaufen ist, als auch für den Fall, dass sie erst danach abläuft.[268]

Gem. Art. 6 Abs. 2 COVFAG tritt § 6 COVMG nach dem **31.12.2021** außer **341** Kraft. Denn im Gegensatz zu den §§ 1 bis 5 COVMG regelt § 7 COVMG hinsichtlich des § 6 COVMG keinerlei zeitliche Beschränkungen auf das Jahr 2020 mit optionaler Extension per Verordnung nach § 8 COVMG.

III. Inhalt

Die Vorschrift des § 6 COVMG betrifft zum einen die **Amtsbeendigung** des **342** Verwalters und zum anderen den **Wirtschaftsplan** der WEG.

Von digitalen[269] Versammlungsoptionen bzw. **elektronischer Stimmabgabe** **343** hat der Gesetzgeber ebenso abgesehen wie von simplifizierenden Modifikationen des Umlaufverfahrens gem. § 23 Abs. 3 WEG. Insoweit entrückt er § 6 COVMG von den anderweitig gewählten Lösungsansätzen der §§ 1, 2, 3 und 5 COVMG.

---

[267] Sauter/Schweyer/Waldner/*Waldner/Wörle-Himmel,* Der e.V., Rn. 210.
[268] FraktE, BT-Drs. 19/18110, S. 31.
[269] Hierzu *Zschieschack,* NZM 2020, 297, 300f.

Eine umfassende Befähigung zur elektronischen Handhabe von Eigentümerversammlungen hätte sich beispielsweise bzgl. § 28 Abs. 5 WEG angeboten, der Abstimmungen über Wirtschaftsplan, Jahresabrechnung und die Rechnungslegung des Verwalters betrifft.

344 *De lege lata* genießt der Verwalter weitreichende Handlungskompetenzen zum Schutz des Wohneigentums auch ohne vorherige Mitgliederversammlung (vgl. § 27 Abs. 1 S. 3, Abs. 3 WEG), so dass der Gesetzgeber keinen Anlass zu **weiteren Vorschriften** sah.[270] Dies wird vor dem Hintergrund, dass § 27 Abs. 1 S. 3 WEG nur kurzfristige Maßnahmen betrifft, während die Entscheidung über die langfristige Schadensbehebung jedoch bei der Eigentümergemeinschaft liegt, kritisiert.[271]

345 Zum „**dringenden Fall**" iSv § 27 Abs. 1 S. 3 WEG erklärt der Gesetzgeber **Versammlungsverbote**, die eine Eigentümerversammlung verbieten,[272] so dass der Verwalter alle unaufschiebbaren Maßnahmen ohne Versammlungsbeschluss treffen kann. Für die verwalterlose WEG gilt dies nach § 21 Abs. 2 WEG für jedes WEG-Mitglied. Das COVMG schweigt schließlich zu den mannigfaltigen Fragen um die Absage der WEG-Versammlung.[273]

1. Amtsbeendigung

346 **a) Zeitablauf.** In Abkehr von gemeinschaftlich festgelegten Bestellungszeiträumen und Höchstgrenzen von § 26 Abs. 1 WEG bleibt der Verwalter auch nach Amtsbeendigung durch **Zeitablauf** bis zu seiner Abberufung oder einer Neuwahl im Amt.

347 Der Verwalter kann jedoch mangels Bestimmung im Gesetz nicht **rückwirkend** für vor dem 28.3.2020 abgelaufene Bestellungen ins Amt gesetzt werden, so dass insoweit Vergütungsansprüche entfallen.[274]

348 Über den **weiteren Amtsverlauf** des aufgrund von § 6 Abs. 1 COVMG im Amt gebliebenen Verwalters sollte zwecks Schaffung von Rechtssicherheit nach der Krise in der ersten Versammlung abgestimmt werden.[275]

349 **b) Andere Beendigungsgründe.** Da dem Wortlaut nach nur die Amtsbeendigung durch Zeitablauf betroffen ist, greifen alle anderen Beendigungsgründe unverändert ein. Demgemäß kann der Verwalter sein Amt **niederlegen**[276] oder abberufen werden.

350 Nach h. M., die ihre Ansicht durch die analoge Anwendung von § 170 Abs. 3 ZPO und parallele Vorschriften für andere Gesellschaftsformen begründet, kann die **Niederlegungserklärung** einem Eigentümer gegenüber abgegeben werden.[277] Mit der Niederlegung geht typischerweise die zumindest konkludente Kündigung des Verwaltervertrages einher.

---

[270] FraktE, BT-Drs. 19/18110, S. 31.

[271] *Jahns*, ZWE 2020, 207, 208.

[272] FraktE, BT-Drs. 19/18110, S. 31, unter Verweis auf OLG Hamm, Beschl. v. 19.7.2011 – I-15 Wx 120/10; BayOLG, Beschl. v. 26.2.2004 – 2Z BR 266/03.

[273] Ausführlich dazu indes *Zschieschack,* NZM 2020, 297.

[274] *Zschieschack*, ZWE 2020, 165, 166.

[275] *Zschieschack*, ZWE 2020, 165, 167f.

[276] FraktE, BT-Drs. 19/18110, S. 31.

[277] S. im Überblick BeckOKG WEG/*Greiner,* Stand 1.12.2019, § 26 Rn. 331 und § 27 Rn. 116 mwN, der indes die Mindermeinung vertritt; Bärmann/*Bärmann,* WEG, § 27 Rn. 284.

c) Verwaltervertrag. Das Schicksal des **Verwaltervertrages** bleibt ungewiss. 351
Zu Recht wird teilweise eine Vertragsverlängerung abgelehnt, da das COVMG
den Verwaltervertrag weder geregelt hat noch hat regeln wollen.[278] Zudem greift
die Deutung zu einer stillschweigender Verlängerung iSeKontrahierungszwanges
harsch in die Privatautonomie ein, soweit der (befristete) Vertrag einen Beendi-
gungswillen postuliert.

Demnach kommen **Ausgleichszahlungen** für Aufwendungen (vgl. §§ 670, 352
683 S. 1 BGB) inklusive üblicher Vergütung (§ 1835 Abs. 3 BGB analog) (nur) über
die Geschäftsbesorgung ohne Auftrag in Betracht.

Bejaht man hingegen eine **gesetzlich angelegte Vertragsverlängerung,** gel- 353
ten dessen Konditionen; insb. bleibt auch die Haftung nach §§ 667, 675 BGB bestehen.

2. Wirtschaftsplan

a) Fortgeltung. Gem. § 6 Abs. 2 COVMG gilt der zuletzt beschlossene Wirt- 354
schaftsplan (vgl. § 28 WEG) bis zum Beschluss über den neuen Wirtschaftsplan fort.

Die **Fortgeltung** des konkreten Wirtschaftsplanes bis zum Beschluss eines 355
neuen kann vereinbart werden.[279] Für jene WEG ändert sich nichts, es sei denn, sie
hätten eine (nichtige) generelle Regelung für alle (künftigen) Pläne getroffen.[280]

Für alle anderen schafft § 6 Abs. 2 COVMG **Rechtssicherheit** für die Finanzie- 356
rung.[281]

b) Sonderumlagen. Da eine **Sonderumlagenerhebung** nach Beschlussfas- 357
sung als Änderung des laufenden Planes einen Mehrheitsbeschluss voraussetzt,
welcher grds. nur bei Zusammentreten der Eigentümerversammlung durchführbar
ist, könnte somit während der Versammlungsverbote allenfalls im Umlaufverfahren (§ 23 Abs. 3 WEG) beschlossen werden. Leichter mag dies sehr kleinen und
mithin versammlungsfähigen WEG fallen.

c) Zeitliche Anforderungen. Der **neu zu beschließende Wirtschaftsplan** 358
muss nicht sofort verabschiedet werden, sobald die Eigentümerversammlung nach
Aufhebung der Versammlungsverbote erfolgt und die Versammlung einberufen
worden ist.

Dies ist der Entwurfsbegründung und einem Gegenschluss *(e contrario)* zur **Jah-** 359
resabrechnung zu entnehmen.[282] Nur für Letztere soll nämlich explizit gelten,
dass sie im engen zeitlichen Zusammenhang („sobald") mit dem (erlaubten) Zusammentreten der Eigentümerversammlung zu beschließen ist.

Die Abrechnung ist den Wohnungseigentümern **vor Abhaltung der Ver-** 360
sammlung zur Verfügung zu stellen, soweit es sich dabei um ein Zahlenwerk handelt.[283]

Aus **steuerlicher** Notwendigkeit heraus sollte die Jahresabrechnung im direkten 361
Nachgang an die Beschränkungen der Versammlungsverbote beschlossen werden.

---

[278] *Zschiescheck,* ZWE 2020, 165, 167.
[279] BGH, Urt. v. 14.12.2018 – V ZR 2/18, NJW-RR 2019, 843.
[280] Dazu Bärmann/*Becker,* WEG, § 28 Rn. 39 mwN.
[281] *Jahns,* ZWE 2020, 207, 208.
[282] BT-Drs. 19/18110, S. 31.
[283] BT-Drs. 19/18110, S. 31.

362   Ratsam für die Jahresabrechnung wäre eine die Eilbedürftigkeit des § 6 Abs. 2 COVMG wiederspiegelnde, zusätzliche Bestimmung gewesen,[284] denn so hängt sie von tatsächlichen, ungewissen **Umständen der Kontaktverbote** ab.

363   **d) Einsichtnahmerechte.** Bei Aufstellung der Jahresabschlussrechnung hat der Verwalter inhaltlich die bisherigen Vorgaben[285] zu berücksichtigen.

364   Problematisch ist angesichts von Kontaktverboten und Geschäftsschließungen indes, dass den Wohnungseigentümern – auch einzeln – ein **Einsichtnahmerecht** in die verwalterliche Rechnungslegung der Jahresabrechnung massiv **erschwert** wird, §§ 666, 675, 259 BGB. Die Einsicht erfolgt meist gem. § 269 BGB in den Geschäftsräumen des Verwalters.

365   Seine **Weigerung** (bspw. aus – ggfs. sogar berechtigter – Angst vor Ansteckung), die Einsichtnahme zu gewähren, stellt einen Grund für seine Abberufung dar.[286] Andererseits wird er sich bis auf weiteres oft damit verteidigen können, die Einsichtnahme sei ihm aufgrund Zwangsschließung seines Büros, Kontaktverboten und konkreter Ansteckungsgefahren nicht zumutbar,[287] treuwidrig nach § 242 BGB oder schikanös gem. § 226 BGB.

3. Umlaufverfahren nach § 23 Abs. 3 WEG

366   Der COVMG-Gesetzgeber hat darauf verzichtet, das Umlaufverfahren gem. § 23 Abs. 3 WEG zu modifizieren. Dies wäre indes zu erwarten gewesen, hat er es doch immerhin für die GmbHG, Verein und Stiftung angepasst. Es bleibt insofern bei den bekannten Grundsätzen.

367   Insb. ist die Zustimmung **aller** Eigentümer zur Durchführung des Umlaufverfahrens notwendig.

368   **a) Initiatoren.** Das Umlaufverfahren kann von jedem Eigentümer, dem Verwalter, dem Vorsitzenden des Verwaltungsbeirats (str.[288]) oder dessen Stellvertreter initiiert werden.[289]

369   Der Initiator hat eine (angemessene) **Frist** zu setzen, bis zu der die Zustimmung zugehen muss.[290]

370   **b) Schriftform.** Ausweislich des Wortlautes ist Schriftform gem. § 126 BGB (eigenhändige Namensunterschrift oder ein notariell beglaubigtes Handzeichen) erforderlich, wobei auch jene des § 126 a BGB genügt.

371   Diesen Anforderungen genügen telegraphische Einverständniserklärung oder Zustimmung per SMS oder **Email** mangels eigenhändiger Unterschrift nicht.[291]

372   **c) Zustandekommen.** Der Beschluss kommt zustande, sobald dem Initiator alle Zustimmungserklärungen des schriftlichen Beschlusses **zugegangen** (§ 130

---

[284] *Jahns,* ZWE 2020, 207, 208.

[285] Ausführlich BeckOGK WEG/*Herrmann,* Stand 1.12.2019, § 28 Rn. 115 ff.

[286] Bärmann/*Becker,* WEG, § 28 Rn. 158.

[287] BeckOGK WEG/*Herrmann,* Stand 1.12.2019, § 28 Rn. 181; BeckOK WEG/*Bartholome,* Stand. 1.2.2020, § 28 Rn. 109.

[288] Zum Streit, ob der Vorsitzende des Beirates oder sein Stellvertreter initiationsberechtigt sind s. Bärmann/*Merle,* WEG, § 23 Rn. 107.

[289] BeckOK WEG/*Hügel,* Stand 1.2.2020, § 23 Rn. 15.

[290] Hügel/Elzer, WEG, § 23 Rn. 70.

[291] Bärmann/*Merle,* WEG, § 23 Rn. 108.

Abs. 1 BGB) sind und der Beschluss **festgestellt** sowie den Wohnungseigentümern **mitgeteilt** worden ist.[292]

d) Beschlussmängel. Beschlüsse können anfechtbar oder nichtig sein.   373
Bis zur gerichtlichen Entscheidung gültig, aber **anfechtbar** sind insb. Form- 374
mängel, Inhaltsmängel oder fehlende Bestimmtheit des Beschlusses.[293]
Nichtig sind Beschlüsse, die gegen eine Rechtsvorschrift verstoßen, auf deren 375
Einhaltung rechtswirksam nicht verzichtet werden kann, § 23 Abs. 4 WEG. Hierzu
zählen insb. kompetenzwidrig oder entgegen zwingenden Normen gefasste Beschlüsse.[294]

§ 7 Übergangsregelungen

(1) § 1 ist nur auf **Hauptversammlungen und Abschlagszahlungen auf
den Bilanzgewinn anzuwenden, die im Jahr 2020 stattfinden.**

(2) § 2 ist nur auf **Gesellschafterversammlungen und -beschlüsse anzuwenden, die im Jahr 2020 stattfinden.**

(3) § 3 Absatz 1 und 2 ist auf **General- und Vertreterversammlungen, die
im Jahr 2020 stattfinden, § 3 Absatz 3 ist auf Jahresabschlussfeststellungen,
die im Jahr 2020 erfolgen, § 3 Absatz 4 ist auf Abschlagszahlungen, die im
Jahr 2020 stattfinden, § 3 Absatz 5 ist auf im Jahr 2020 ablaufende Bestellungen von Vorstands- oder Aufsichtsratsmitgliedern und § 3 Absatz 6 ist
auf Sitzungen des Vorstands oder des Aufsichtsrats einer Genossenschaft
oder deren gemeinsame Sitzungen, die im Jahr 2020 stattfinden, anzuwenden.**

(4) § 4 ist nur auf **Anmeldungen anzuwenden, die im Jahr 2020 vorgenommen werden.**

(5) § 5 ist nur auf **im Jahr 2020 ablaufende Bestellungen von Vereins-
oder Stiftungsvorständen und im Jahr 2020 stattfindende Mitgliederversammlungen von Vereinen anzuwenden.**

I. Hintergrund und Zweck

Die Vorschrift des § 7 COVMG verwirklicht eine **Begrenzungsfunktion** zur 376
Geltungsdauer einzelner Tatbestände und ist im systematischen Zusammenhang
mit § 8 COVMG und Art. 6 Abs. 2 COVFAG zu sehen.

II. Anwendungsbereich

Die Bestimmung des § 7 COVMG, der seinerseits **bis 31. 12. 2021** gilt, regelt die 377
§§ 1 bis 5 COVMG und unterwirft sie in zeitlicher Hinsicht einer **Begrenzung** auf
das Jahr 2020.

---

[292] BeckOK WEG/*Hügel*, Stand 1.2.2020, § 23 Rn. 15; Hügel/Elzer, WEG, § 23 Rn. 71.
[293] BeckOK WEG/*Hügel*, Stand 1.2.2020, § 23 Rn. 16 f.
[294] Ausführlich mit vielen Beispielen BeckOKG WEG/*Herrmann*, Stand 1.3.2020, § 23
Rn. 141 ff.

378 Dabei greift § 7 COVMG nicht ausnahmslos jeden **Tatbestand** der §§ 1 ff. COVMG auf, sondern nur einige – wenngleich wesentliche.

379 Für sie besteht gem. § 8 COVMG die **Option,** ihren Geltungszeitrahmen per Verordnung bis zum Ablauf des 31. 12. 2021 auszudehnen.

380 Alle nicht von § 7 COVMG genannten, aber in den §§ 1 bis 5 COVMG statuierten Tatbestände gelten bis 31. 12. 2021, vgl. Art. 6 Abs. 2 COVFAG.

III. Inhalt

381 Für bestimmte Tatbestände hat der Gesetzgeber in Abweichung von Art. 6 Abs. 2 COVFAG entschieden, dass sie lediglich im Jahre 2020, also bis inklusive dem 31. 12. 2020, von den Änderungen betroffen sind.

1. Erfasste Tatbestände

§ 7 COVMG erfasst (nur):
- § 1: **Stattfinden** von Hauptversammlungen; **Auszahlung** von Abschlagszahlungen
- § 2: **Stattfinden** von Gesellschafterversammlungen und Beschlussfassung
- § 3:
  - o **Stattfinden** von General- und Vertreterversammlungen,
  - o **Feststellung** des Jahresabschlusses,
  - o **Auszahlung** von Abschlägen,
  - o Amtsbeendigung,
  - o **Stattfinden** von Vorstands-/Aufsichtsratssitzungen
- § 4: **Vornahme** der Anmeldung
- § 5: Amtsbeendigung; Mitgliederversammlungen

382 Das Gesetz begreift seinem Wortlaut nach („stattfinden, feststellen, auszahlen") die **faktische Vornahme** der jeweiligen Tätigkeiten als Anknüpfungspunkt. Auf **vorbereitende Handlungen** wie beispielsweise die Einberufung einer Versammlung kommt es mithin nicht an.

383 Somit reicht es nicht aus, eine Versammlung gem. § 1 COVMG am Ende des Jahres 2020 **einzuberufen,** die aber erst im Jahr 2021 stattfinden soll. Diese Karenzzeiten müssen mithin im Rahmen der Organisation bedacht werden.

384 Umgekehrt gelten alle Maßnahmen des COVMG, die nicht durch § 7 COVMG ausdrücklich auf das Jahr 2020 beschränkt werden, bis Ende des Jahres 2021.

§ 8 Verordnungsermächtigung

Das Bundesministerium der Justiz und für Verbraucherschutz wird ermächtigt, durch Rechtsverordnung ohne Zustimmung des Bundesrates die Geltung der §§ 1 bis 5 gemäß § 7 bis höchstens zum 31. Dezember 2021 zu verlängern, wenn dies aufgrund fortbestehender Auswirkungen der COVID-19-Pandemie in der Bundesrepublik Deutschland geboten erscheint.

I. Hintergrund und Zweck

Die Vorschrift des § 8 COVMG bezweckt **Aktionsflexibilität**[295] durch die si- **385** tuationsbedingte Verlängerung des COVMG-Maßnahmenkataloges anhand einer **Kompetenzübertragung** auf die Exekutive. Es handelt sich daher um eine Delegationsnorm bzw. Verordnungsermächtigung.

II. Anwendungsbereich

Die Bestimmung des § 8 COVMG gilt gemäß Art. 6 Abs. 2 COVFAG bis zum **386** 31.12.2021, so dass per Verordnung verlängerte Maßnahmen der **§§ 1 bis 5 COVMG** über § 7 COVMG höchstens bis zu jenem Zeitpunkt in Kraft bleiben.

III. Inhalt

Die Ermächtigung zum Verordnungserlass ist an mehrere **Voraussetzungen** ge- **387** bunden. Die **Verordnungskompetenz** liegt beim **Bundesministerium der Justiz** und für Verbraucherschutz als Delegationsadressaten.

1. Fortbestehende Auswirkungen

Das COVMG verlangt „fortbestehende Auswirkungen" der Corona-Pandemie. **388**
Auswirkungen, die „fortbestehen", müssen naturgemäß bei präziser Erfassung **389** des Wortlauts **bereits bestanden haben.** Ungeklärt ist bloß, ob zur Bestimmung der Art der Auswirkungen der Zeitpunkt des Gesetzeserlasses i. S. e. statischen Auswirkungsbegriffs oder aber der Zeitpunkt bei Verordnungserlass i. S. e. dynamischen gemeint gewesen sein soll. Denkbar ist nämlich, dass in absehbarer Zeit andere als die bisher bekannten Auswirkungen auftreten könnten. Jedenfalls wird auch der Zustand, der bei Gesetzgebung bestanden hatte, einen validen Grund darstellen: Dies umfasst Kontakt- und Versammlungsverbote etc.

Dessen ungeachtet verbleiben außerdem Ausmaß und Intensität der Auswirkun- **390** gen in qualitativer und quantitativer Hinsicht **unklar,** so dass auch lediglich geringfügige oder einzelne Auswirkungen der Verordnungsgebung nicht entgegen zu stehen scheinen.

Angesichts der **tiefgreifenden Einschnitte** der Maßnahmen im Zuge der Co- **391** rona-Krise seit Mitte März 2020 kann es im Grunde ausgeschlossen werden, dass zum relevanten Zeitpunkt der Verlängerung keine „Auswirkungen" mehr spürbar wären, die eine hinreichende Begründung lieferten.

Die vielfältigen Erleichterungen für Gesellschaften **laden dazu sein,** sie zu ver- **392** längern. Ihre praktischen Effekte sind nicht von der Hand zu weisen; für Körperschaften eröffnen sie vorteilhafte Handlungsoptionen. Verständlicherweise werden Unternehmen ihr Interesse am Erhalt dieser Möglichkeiten vertreten, insbesondere Vorstände als besonders Begünstigte.

---

[295] FraktE, BT-Drs. 19/18110, S. 32.

2. Territorialer Aspekt

393   Mit der Wendung „in der Bundesrepublik" ist zunächst flächendeckend das **gesamte Bundesgebiet** erfasst. Sollte sich die COVID-19-Pandemie nur noch über einzelne Bundesländer oder Landstriche erstrecken, wäre die Frage einer dennoch bundesweit geltenden Verordnung im Rahmen der Gebotenheit abzuwägen.

3. Gebotenheit

394   Der Verordnungsgeber darf nur tätig werden, wenn ihm dies „geboten erscheint". Problematisch vor dem Hintergrund des **Bestimmtheitsgebotes** nach Art. 80 Abs. 1 S. 2 GG ist, was darunter begrifflich verstanden werden soll bzw. muss. Das Merkmal der „Gebotenheit" wird primär mit der verfassungsrechtlichen „Erforderlichkeit"[296] vergleichbare Anforderungen umfassen. Die Verordnung längerer Geltungszeiten müsste mithin insb. eine Zweck- bzw. **Erfolg-/Mittel-Relation** repräsentieren. Jedenfalls im Rahmen einer Verhältnismäßigkeitsprüfung müsste das Kriterium der „Gebotenheit" maßgeblich die „Erforderlichkeit" begründen. Beide Wörter stehen überdies in unmittelbarer Nähe zur „Notwendigkeit". Ihnen allen ist ein Element des Handlungszwanges inhärent. Ab wann die Schwelle eines solcher Handlungszwangs erreicht wird, entzieht sich sowohl in qualitativer als auch in quantitativer Beziehung jedem Konkretisierungsversuch. Das Tatbestandsmerkmal „geboten" ist somit derart vage, dass die Entscheidung über die Verlängerung praktisch der Exekutive überlassen wird. Dies gibt Anlass zu verfassungsrechtlicher Kritik.[297]

395   Zumindest lässt sich feststellen, dass dem Verordnungsgeber ein weiter **Ermessensspielraum** gegeben wird. Denn die Verlängerung soll ihm nur geboten „erscheinen", nicht geboten „sein". Entscheidend sind somit weniger objektive als vielmehr subjektive Aspekte. Mithin dürfte ausreichen, dass der Verordnungsgeber vom Vorliegen bestimmter Umstände ausgehen darf, ohne dass sie tatsächlich gegeben sein müssten.

4. Verfassungsrechtliche Aspekte

396   Die **Bestimmtheitstrias** des Art. 80 Abs. 1 S. 2 GG entfaltet sich über Inhalt, Zweck und Ausmaß der erteilten Ermächtigung BVerfGE 58, 257 ff. und stößt durchaus auf Bedenken: § 8 COVMG umgrenzt den sachlichen Regelungsbereich der Verordnung, legt den Zweck der Verordnung fest und auch die möglichen Rechtsfolgen hinreichend vorherbestimmt. Dabei fällt zwar zunächst ins Gewicht, dass die Verordnung ausschließlich eine Verlängerung der bereits gesetzlich definierten Rechtsfolgen vorsieht. Nichtsdestotrotz lassen sich die tatbestandlichen Voraussetzungen, unter denen der Verordnungsgeber zu handeln befugt wird, kaum inhaltlich konkretisieren, sondern sind **unbestimmt.** Demgemäß kommt dem Verordnungsgeber ein weiter Ermessensspielraum zu. Wenn die Anwendbarkeit eines Gesetzes vom Erlass einer Rechtsverordnung abhängt, muss der Gesetzgeber hinreichende Anhaltspunkte für die Entscheidung vorgeben und darf sie nicht in das freie politische Belieben des Verordnungsgebers stellen.[298] Unter dem Tat-

---

[296]   Vgl. ausführlich Maunz/Dürig/*Grzeszick,* GG, Art. 20 Rn. 113 ff.
[297]   Vgl. Nerlich/Römermann/*Römermann,* InsO, § 4 COVInsAG Rn. 5.
[298]   Nerlich/Römermann/*Römermann,* InsO, § 4 COVInsAG Rn. 5, unter Verweis auf BVerfGE 78, 249 (272 ff.); BVerfG, NJW 2019, 3054 (3056).

bestandsmerkmal der „Gebotenheit" und der „fortbestehenden Auswirkungen" wird man diese Anforderungen nur schwerlich als erfüllt ansehen können.

Weitere durchschlagende Bedenken ergeben sich nicht. Insb. aus dem Grundsatz **397** des Vorbehalts des Gesetzes im Zusammenspiel mit dem Prinzip der Gewaltenteilung und dem Demokratieprinzip entspringt zwar die **Wesentlichkeitstheorie** des Bundesverfassungsgerichts,[299] wonach der Gesetzgeber alle wesentlichen Bestimmungen selbst regeln muss und diese nicht der Exekutive überlassen darf. Dies betrifft vor allem grundrechtsrelevante Bereiche. Als grundrechtsrelevant entpuppen sich einzelne Teilbereiche, wie insbesondere im Aktienrecht: § 1 Abs. 2 COVMG statuiert intensive Einschränkungen der eigentumsrechtlich geschützten Auskunftsrechte der Aktionäre, vgl. Art. 14 GG. Zugunsten des COVMG ist andererseits anzubringen, dass es primär weitreichende Vereinfachungen – und anderweitig gerade kaum (wesentliche) Grundrechtseingriffe – für Gesellschaften oder Gesellschafter bewirkt. Unter dem Gesichtspunkt der **Verhältnismäßigkeit** erscheint die Verordnungsermächtigung letztlich rechtmäßig.

---

[299] S. nur BVerfGE 34, 165 (192f.); 40, 237 (248f.); 41, 251 (260); 45, 400 (417f.); 47, 46 (78f.).

B. Gesetz vom 15. Mai 2020 u.a. zu SE und SCE

Übersicht

Artikel 1a Gesetz zum Vorschlag für eine Verordnung des Rates über befristete Maßnahmen in Bezug auf die Hauptversammlungen Europäischer Gesellschaften (SE) und die Generalversammlungen Europäischer Genossenschaften (SCE)

Der deutsche Vertreter im Rat darf dem Vorschlag vom 29. April 2020 für eine Verordnung des Rates über befristete Maßnahmen in Bezug auf die Hauptversammlungen Europäischer Gesellschaften (SE) und die Generalversammlungen Europäischer Genossenschaften (SCE) zustimmen. Dies gilt auch für eine sprachbereinigte Fassung. Der Vorschlag wird nachstehend veröffentlicht

A. Vorschlag der Europäischen Kommission

1 Der in dem Gesetz in Bezug genommene Vorschlag der Europäischen Kommission vom 29. April 2020[1] lautet wie folgt:

> „Vorschlag für eine VERORDNUNG DES RATES über befristete Maßnahmen in Bezug auf die Hauptversammlungen Europäischer Gesellschaften (SE) und die Generalversammlungen Europäischer Genossenschaften (SCE)
>
> (Text von Bedeutung für den EWR)
>
> DER RAT DER EUROPÄISCHEN UNION —
>
> gestützt auf den Vertrag über die Arbeitsweise der Europäischen Union, insbesondere auf Artikel 352, auf Vorschlag der Europäischen Kommission, nach Zustimmung des Europäischen Parlaments, nach Zuleitung des Entwurfs des Gesetzgebungsakts an die nationalen Parlamente, gemäß einem besonderen Gesetzgebungsverfahren,
>
> in Erwägung nachstehender Gründe:
>
> (1) Um die Ausbreitung des SARS-CoV-2 (Coronavirus) und damit der am 11. März 2020 von der Weltgesundheitsorganisation zur Pandemie erklärten Erkrankung COVID-19 einzudämmen, haben die Mitgliedstaaten eine Reihe beispielloser Maßnahmen eingeführt, insbesondere Ausgangsbeschränkungen und Maßnahmen zur räumlichen Trennung von Personen.

---

[1] EUROPÄISCHE KOMMISSION vom 29.4.2020 – COM(2020) 183 final 2020/0073 (APP): Vorschlag für eine VERORDNUNG DES RATES über befristete Maßnahmen in Bezug auf die Hauptversammlungen Europäischer Gesellschaften (SE) und die Generalversammlungen Europäischer Genossenschaften (SCE).

(2) Diese Maßnahmen können zur Folge haben, dass Gesellschaften und Genossenschaften ihren rechtlichen Verpflichtungen aus dem nationalen Gesellschaftsrecht und dem Gesellschaftsrecht der Union nicht nachkommen können, da es ihnen insbesondere erheblich erschwert ist, ihre Haupt- bzw. Generalversammlungen abzuhalten.

(3) Die Mitgliedstaaten haben auf nationaler Ebene Sofortmaßnahmen ergriffen, um Gesellschaften und Genossenschaften zu unterstützen und ihnen die für die derzeitigen außergewöhnlichen Umstände erforderlichen Instrumente und Flexibilität an die Hand zu geben. Viele Mitgliedstaaten haben insbesondere die Nutzung digitaler Werkzeuge und Verfahren für die Abhaltung von Haupt- bzw. Generalversammlungen gestattet und die Fristen für die Abhaltung dieser Versammlungen im Jahr 2020 verlängert.

(4) Europäische Gesellschaften (SE) und Europäische Genossenschaften (SCE) sind durch die Verordnung (EG) Nr. 2157/2001 des Rates[2] und die Verordnung (EG) Nr. 1435/2003 des Rates[3] auf Unionsebene geregelt. Beide Verordnungen enthalten in ihrem jeweiligen Artikel 54 die Vorgabe, binnen sechs Monaten nach Abschluss des jeweiligen Geschäftsjahres eine Haupt- bzw. eine Generalversammlung abzuhalten. Angesichts der derzeitigen außergewöhnlichen Umstände sollte von dieser Vorgabe vorübergehend abgewichen werden können. Da die Abhaltung von Haupt- und Generalversammlungen von wesentlicher Bedeutung ist, um sicherzustellen, dass gesetzlich vorgeschriebene oder wirtschaftlich notwendige Entscheidungen rechtzeitig getroffen werden, sollte es den Europäischen Gesellschaften (SE) und den Europäischen Genossenschaften (SCE) gestattet werden, ihre Haupt- bzw. Generalversammlung binnen 12 Monaten nach Abschluss des Geschäftsjahres, spätestens jedoch am 31. Dezember 2020, abzuhalten. Da es sich bei dieser Ausnahmeregelung um eine durch die COVID-19-Pandemie bedingte befristete Maßnahme handelt, sollte sie nur für die Haupt- und Generalversammlungen gelten, die 2020 abgehalten werden müssen.

(5) Der Vertrag über die Arbeitsweise der Europäischen Union sieht für den Erlass dieser Verordnung nur die in Artikel 352 genannten Befugnisse vor.

(6) Da das Ziel dieser Verordnung, nämlich vorübergehend eine von einer Bestimmung der Verordnung (EG) Nr. 2157/2001 und der Verordnung (EG) Nr. 1435/2003 abweichende Lösung zu ermöglichen, von den Mitgliedstaaten nicht ausreichend verwirklicht werden kann, sondern vielmehr wegen seines Umfangs und seiner Wirkung auf Unionsebene besser zu verwirklichen ist, kann die Union im Einklang mit dem in Artikel 5 des Vertrags über die Europäische Union verankerten Subsidiaritätsprinzip tätig werden. Entsprechend dem in demselben Artikel genannten Grundsatz der Verhältnismäßigkeit geht diese Verordnung nicht über das für die Erreichung dieses Ziels erforderliche Maß hinaus.

(7) Da die Sechsmonatsfrist nach Artikel 54 der Verordnungen (EG) Nr. 2157/2001 und (EG) Nr. 1435/2003 im Mai oder Juni 2020 abläuft und Einberufungsfristen berücksichtigt werden müssen, sollte diese Verordnung so schnell wie möglich in Kraft treten.

(8) Angesichts dieser Dringlichkeit wird eine Ausnahme von der Achtwochenfrist nach Artikel 4 des dem Vertrag über die Europäische Union, dem Vertrag über die Arbeitsweise der Europäischen Union und dem Vertrag zur Gründung der Europäischen Atomgemeinschaft beigefügten Protokolls Nr. 1 über die Rolle der nationalen Parlamente in der Europäischen Union als angebracht erachtet —

HAT FOLGENDE VERORDNUNG ERLASSEN:

---

[2] Verordnung (EG) Nr. 2157/2001 des Rates vom 8. Oktober 2001 über das Statut der Europäischen Gesellschaft (SE) (ABl. L 294 vom 10.11.2001, S. 1).

[3] Verordnung (EG) Nr. 1435/2003 des Rates vom 22. Juli 2003 über das Statut der Europäischen Genossenschaft (SCE) (ABl. L 207 vom 18.8.2003, S. 1).

Artikel 1 Befristete Maßnahme in Bezug auf die Hauptversammlungen Europäischer Gesellschaften (SE)

Europäische Gesellschaften (SE), die verpflichtet sind, im Jahr 2020 eine Hauptversammlung nach Artikel 54 Absatz 1 Satz 1 der Verordnung (EG) Nr. 2157/2001 abzuhalten, können abweichend von dieser Bestimmung die Versammlung innerhalb von 12 Monaten nach Abschluss des Geschäftsjahres abhalten, sofern die Versammlung spätestens am 31. Dezember 2020 stattfindet.

Artikel 2 Befristete Maßnahme in Bezug auf die Generalversammlungen Europäischer Genossenschaften (SCE)

Europäische Genossenschaften (SCE), die verpflichtet sind, im Jahr 2020 eine Generalversammlung nach Artikel 54 Absatz 1 Satz 1 der Verordnung (EG) Nr. 1435/2003 abzuhalten, können abweichend von dieser Bestimmung die Versammlung innerhalb von 12 Monaten nach Abschluss des Geschäftsjahres abhalten, sofern die Versammlung spätestens am 31. Dezember 2020 stattfindet.

Artikel 3 Inkrafttreten

Diese Verordnung tritt am Tag nach ihrer Veröffentlichung im Amtsblatt der Europäischen Union in Kraft.

Diese Verordnung ist in allen ihren Teilen verbindlich und gilt unmittelbar in jedem Mitgliedstaat.

Geschehen zu Brüssel am [...]

Im Namen des Rates Der Präsident"

B. Gesetzgebungsgeschichte und Zweck

2   Art. 1a wurde durch einen **Änderungsantrag** eingebracht, der erst in der Beschlussempfehlung und dem Bericht des **Rechtsausschusses**[4] ergänzt worden war und den Regelungsumfang des bis dahin auf das Veranstaltungsvertragsrecht beschränkten Gesetzesentwurfs (Drucksache 19/18697) um eine Bestimmung, die mittelbar das Recht der Europäischen Gesellschaft (SE) und der Europäischen Genossenschaft (SCE) betrifft, erweiterte. Der Titel des Gesetzes wurde insoweit ebenfalls erst durch den Rechtsausschuss entsprechend ergänzt.

3   Artikel 1a schuf die nach **§ 8 des Integrationsverantwortungsgesetzes** erforderliche Ermächtigung für den deutschen Vertreter im Rat der Europäischen Union, um dem Vorschlag der Europäischen Kommission zuzustimmen.[5] Nach diesem Gesetz vom 22. September 2009 (BGBl. I S. 3022), das durch Art. 1 des Gesetzes vom 1. Dezember 2009 (BGBl. I S. 3822) geändert worden ist, darf der deutsche Vertreter im Rat dem Vorschlag nur zustimmen, nachdem hierzu ein Gesetz gemäß Art. 23 Abs. 1 GG in Kraft getreten ist. Durch den Vorschlag soll die Höchstfrist von sechs Monaten zur Durchführung von Hauptversammlungen Europäischer Gesellschaften (SE) gemäß Art. 54 Abs. 1 Satz 1 Verordnung (EG) Nr. 2157/2001 des Rates vom 8. Oktober 2001 über das Statut der Europäischen Gesellschaft (SE) beziehungsweise zur Durchführung von Generalversammlungen gemäß Art. 54 Abs. 1 der Verordnung (EG) Nr. 1435/2003 des Rates vom 22. Juli

---

[4]   Bericht des Ausschusses für Recht und Verbraucherschutz, BT-Drucks. 19/19218, S. 4.
[5]   Bericht des Ausschusses für Recht und Verbraucherschutz, BT-Drucks. 19/19218, S. 12f.

2003 über das Statut der Europäischen Genossenschaft (SCE) vorübergehend auf zwölf Monate erweitert werden.

Ohne diese Ermächtigung wäre der deutsche Vertreter im Rat verpflichtet 4 gewesen, den Vorschlag vom 29. April 2020 für eine Verordnung des Rates über befristete Maßnahmen in Bezug auf die Hauptversammlungen Europäischer Gesellschaften (SE) und die Generalversammlungen Europäischer Genossenschaften (SCE) förmlich abzulehnen. Da der Vorschlag für die Verordnung auf Artikel 352 des Vertrages über die Arbeitsweise der Europäischen Union gestützt ist, muss der Beschluss über die Annahme des Rechtsakts, dem die Zustimmung des Europäischen Parlaments vorausgehen muss, im Rat **einstimmig** gefasst werden. Ohne ein entsprechendes Gesetz müsste daher der Vorschlag vom 29. April 2020 für eine Verordnung des Rates über befristete Maßnahmen in Bezug auf die Hauptversammlungen Europäischer Gesellschaften (SE) und die Generalversammlungen Europäischer Genossenschaften (SCE) scheitern.

C. Wesentlicher Inhalt der Neuregelung

Für **Aktiengesellschaften** hatte der deutsche Gesetzgeber die Frist zur Durch- 5 führung der ordentlichen Hauptversammlung bereits auf das gesamte Geschäftsjahr erweitert (§ 1 Abs. 5 des Gesetzes über Maßnahmen im Gesellschafts-, Genossenschafts-, Vereins-, Stiftungs- und Wohnungseigentumsrecht zur Bekämpfung der Auswirkungen der COVID-19-Pandemie). Durch die Änderung im Zuge des Abmilderungsgesetzes vom 15. Mai 2020 erfolgte eine entsprechende Erweiterung der Frist auch für Europäische Gesellschaften (SE) sowie für Europäische Genossenschaften (SCE) und damit eine **Angleichung** der Vorschriften im Bereich der Versammlungen zur Willensbildung in Gesellschaften.

Eine für betroffene Unternehmen nach bisheriger Rechtslage im Jahr 2020 6 durchzuführende **ordentliche Versammlung** muss nunmehr spätestens am 31. Dezember 2020 durchgeführt werden.[6] Die bis dahin geltende Höchstfrist von sechs Monaten bedeutete für diejenigen Gesellschaften, deren Geschäftsjahr das Kalenderjahr ist, dass sie ihre diesjährige Haupt- beziehungsweise Generalversammlung bis spätestens 30. Juni 2020 hätten durchführen müssen.

Für die betroffenen Unternehmen in der Rechtsform der Europäischen Genos- 7 senschaft (SCE) fanden die durch § 3 des Gesetzes über Maßnahmen im Gesellschafts-, Genossenschafts-, Vereins-, Stiftungs- und Wohnungseigentumsrecht zur Bekämpfung der Auswirkungen der COVID-19-Pandemie eingeführten **Verfahrenserleichterungen** für eingetragene Genossenschaften nur in sehr beschränktem Umfang Anwendung. Die Verlängerung der Frist zur Durchführung von Generalversammlungen war für Europäische Genossenschaften (SCE) in der aktuellen Situation von wesentlicher Bedeutung.

---

[6] Bericht des Ausschusses für Recht und Verbraucherschutz, BT-Drucks. 19/19218, S. 13.

D. Inkrafttreten der Verordnung

8   Aufgrund der Zustimmung sämtlicher Mitgliedstaaten konnte die Verordnung (EU) 2020/699 des Rates vom 25. Mai 2020 über befristete Maßnahmen in Bezug auf die Hauptversammlung Europäischer Gesellschaften (SE) und die Generalversammlung Europäischer Genossenschaften (SCE) am 27. Mai 2020 im Amtsblatt der Europäischen Union (L 165/25) verkündet werden und am nächsten Tag in Kraft treten.

Teil 3: Zivilrecht – Art 240 §§ 1–5 EGBGB

A. Art. 5 AbmG vom 27. März 2020:
Art. 240 § 1 EGBGB – Moratorium

Übersicht

Artikel 5 Änderung des Einführungsgesetzes zum Bürgerlichen Gesetzbuche

Artikel 240 des Einführungsgesetzes zum Bürgerlichen Gesetzbuche in der Fassung der Bekanntmachung vom 21. September 1994 (BGBl. I S. 2494; 1997 I S. 1061), das zuletzt durch Artikel 2 des Gesetzes vom 19. März 2020 (BGBl. I S. 541) geändert worden ist, wird wie folgt gefasst:

„Artikel 240 Vertragsrechtliche Regelungen aus Anlass der COVID-19-Pandemie

§ 1 Moratorium

(1) Ein Verbraucher hat das Recht, Leistungen zur Erfüllung eines Anspruchs, der im Zusammenhang mit einem Verbrauchervertrag steht, der ein Dauerschuldverhältnis ist und vor dem 8. März 2020 geschlossen wurde, bis zum 30. Juni 2020 zu verweigern, wenn dem Verbraucher infolge von Umständen, die auf die Ausbreitung der Infektionen mit dem SARS-CoV-2-Virus (COVID-19-Pandemie) zurückzuführen sind, die Erbringung der Leistung ohne Gefährdung seines angemessenen Lebensunterhalts oder des angemessenen Lebensunterhalts seiner unterhaltsberechtigten Angehörigen nicht möglich wäre. Das Leistungsverweigerungsrecht besteht in Bezug auf alle wesentlichen Dauerschuldverhältnisse. Wesentliche Dauerschuldverhältnisse sind solche, die zur Eindeckung mit Leistungen der angemessenen Daseinsvorsorge erforderlich sind.

(2) Ein Kleinstunternehmen im Sinne der Empfehlung 2003/361/EG der Kommission vom 6. Mai 2003 betreffend die Definition der Kleinstunternehmen sowie der kleinen und mittleren Unternehmen (ABl. L 124 vom 20. 5. 2003, S. 36) hat das Recht, Leistungen zur Erfüllung eines Anspruchs, der im Zusammenhang mit einem Vertrag steht, der ein Dauerschuldverhältnis ist und vor dem 8. März 2020 geschlossen wurde, bis zum 30. Juni 2020 zu verweigern, wenn infolge von Umständen, die auf die COVID-19-Pandemie zurückzuführen sind,
1. das Unternehmen die Leistung nicht erbringen kann oder
2. dem Unternehmen die Erbringung der Leistung ohne Gefährdung der wirtschaftlichen Grundlagen seines Erwerbsbetriebs nicht möglich wäre.

Das Leistungsverweigerungsrecht besteht in Bezug auf alle wesentlichen Dauerschuldverhältnisse. Wesentliche Dauerschuldverhältnisse sind solche, die zur Eindeckung mit Leistungen zur angemessenen Fortsetzung seines Erwerbsbetriebs erforderlich sind.

(3) Absatz 1 gilt nicht, wenn die Ausübung des Leistungsverweigerungsrechts für den Gläubiger seinerseits unzumutbar ist, da die Nichterbringung der Leistung die wirtschaftliche Grundlage seines Erwerbsbetriebs gefährden würde. Absatz 2 gilt nicht, wenn die Ausübung des Leistungsverweigerungsrechts für den Gläubiger unzumutbar ist, da die Nichterbringung der Leistung zu einer Gefährdung seines angemessenen Lebensunterhalts oder des angemessenen Lebensunterhalts seiner unterhaltsberechtigten Angehörigen oder der wirtschaftlichen Grundlagen seines Erwerbsbetriebs führen würde. Wenn das Leistungsverweigerungsrecht nach Satz 1 oder 2 ausgeschlossen ist, steht dem Schuldner das Recht zur Kündigung zu.

(4) Die Absätze 1 und 2 gelten ferner nicht im Zusammenhang
1. mit Miet- und Pachtverträgen nach § 2, mit Darlehensverträgen sowie
2. mit arbeitsrechtlichen Ansprüchen.

(5) Von den Absätzen 1 und 2 kann nicht zum Nachteil des Schuldners abgewichen werden.

I. Überblick

Art. 5 des Gesetzes zur Abmilderung der Folgen der COVID-19-Pandemie im **1** Zivil-, Insolvenz- und Strafverfahrensrecht änderte das Einführungsgesetz zum Bürgerlichen Gesetzbuch in Art. 240 EGBGB. Der Gesetzgeber hat ein befristetes Moratorium in **Art. 240 § 1 EGBGB** eingeführt, das Verbraucher und Kleinstunternehmen von Leistungen der Grundversorgung (Strom, Gas, Telekommunikation, soweit zivilrechtlich geregelt auch Wasser) nicht aus dem Grund abschneidet, dass diese aufgrund der Auswirkungen der COVID-19-Pandemie ihren Zahlungspflichten nicht nachkommen können.[1]

Die Vorschrift trat am **1. April 2020 in Kraft.** Zur Entstehungsgeschichte im **2** Übrigen wird auf die Ausführungen an anderer Stelle verwiesen.[2] Kernpunkt sind die Aushebelung des Grundsatzes *„Geld hat man zu haben"* sowie die Aufweichung der Trennung zwischen Verbrauchern und Unternehmern, da jetzt auch Kleinstunternehmen wie Verbraucher behandelt werden.

Trotz weitgehend getrennter **Regelungssystematik** sind die Normierungen **3** für die Kleinstunternehmen in Abs. 2 gleich strukturiert wie die für die Verbraucher in Abs. 1.

II. Ziel und Zweck

Die COVID-19-Pandemie hat, wie es der Gesetzentwurf auch bezeichnet,[3] zu **4** erheblichen Be- und Einschränkungen in allen Lebensbereichen geführt. Infolge der durch die zuständigen Behörden und Stellen angeordneten umfangreichen Schutz- und Schließungsmaßnahmen seit März 2020 haben viele Unternehmen ihre Geschäftstätigkeit reduziert oder sogar eingestellt. Diese Umstände führen zu erheblich reduzierten **Einkommen bzw. Einnahmen,** die etwa bei Verbrauchern auch nicht durch das sog. Kurzarbeitergeld aufgefangen werden können. Verfügen die Betroffenen nicht über ausreichende finanzielle Rücklagen, sind diese nicht oder nur eingeschränkt in der Lage, sämtliche laufenden Verbindlichkeiten zu begleichen.

Neben den wirtschaftlichen Unterstützungsmaßnahmen für Unternehmen **5** durch die Bundes- und Landesregierungen führt die gesetzliche Regelung ein Moratorium für die Erfüllung vertraglicher Ansprüche aus Dauerschuldverhältnissen ein, das betroffenen Verbrauchern und Kleinstunternehmen, die wegen der CO-VID-19-Pandemie ihre vertraglichen Pflichten nicht erfüllen können, einen **Aufschub** gewährt.

Die Einräumung der Möglichkeit der vorübergehenden Leistungsverweigerung **6** bzw. Leistungseinstellung ohne Verknüpfung mit rechtlich nachteiligen Folgen soll für betroffene Verbraucher und Kleinstunternehmen gewährleisten, dass sie insbesondere von **Leistungen der Grundversorgung** nicht abgeschnitten werden, weil sie ihren Zahlungspflichten krisenbedingt nicht nachkommen können.[4]

---

[1] Begr. Entwurf, BT-Drs. 19/18110, S. 1.
[2] → Teil 1 § 1 COVInsAG Rn. 1ff.
[3] Begr. Entwurf, BT-Drs. 19/18110, S. 1.
[4] Begr. Entwurf, BT-Drs. 19/18110, S. 4.

7   Der mit der gesetzlichen Regelung erfolgende tiefe **Eingriff in die privat-rechtlichen Verhältnisse** ist durch die besondere Situation gerechtfertigt. Es soll signalisiert werden, dass die Menschen sich möglichst wirtschaftlich keine Sorgen machen müssten, auch wenn der Staat nicht alles abfedern könne, und dass der Wirtschaftskreislauf erhalten werden solle.[5]

III. Moratorium für Verbraucher (Abs. 1)

1. Voraussetzungen

8   **a) Persönlicher Anwendungsbereich (Abs. 1 S. 1).** Der Verbraucher ist in § 13 BGB legal definiert als jede **natürliche Person,** die ein Rechtsgeschäft zu Zwecken abschließt, die überwiegend weder ihrer gewerblichen noch ihrer selbst-ständigen beruflichen Tätigkeit zugerechnet werden können.[6] Arbeitnehmer erfül-len idR diese Eigenschaft.

9   **b) Besonderer Vertrag (Abs. 1 S. 1 bis 3).** Die sachlichen Regelungen zum notwendigen besonderen Vertrag finden sich in den Sätzen 1 bis 3 des Absatzes 1 und werden ergänzt von Absatz 4.[7] Es muss sich – vorbehaltlich Abs. 4 – um einen Verbrauchervertrag handeln, der ein wesentliches Dauerschuldverhältnis, d. h. zur Eindeckung mit Leistungen der angemessenen Daseinsvorsorge, zum Gegenstand hat.

10   **aa) Verbrauchervertrag (Abs. 1 S.1).** Auch für den erforderlichen Verbrau-chervertrag gibt es in § 310 Abs. 3 BGB eine Legaldefinition, nämlich: Vertrag zwi-schen einem Unternehmer und einem Verbraucher.[8] Damit geht einher, dass Ver-träge zwischen Verbrauchern nicht dem Leistungsverweigerungsrecht unterfallen.

11   **bb) Erfasste Dauerschuldverhältnisse (Abs. 1 S. 1 bis 3).** Erfasst sind Ver-braucherverträge in Form von Dauerschuldverhältnissen zur Eindeckung mit Leis-tungen der angemessenen Daseinsvorsorge.

12   Art. 240 § 1 S. 1 EGBGB spricht von Dauerschuldverhältnissen, wohingegen Satz 2 auf wesentliche Dauerschuldverhältnisse abstellt, die sodann in Satz 3 explizit bezeichnet werden als *„solche, die zur Eindeckung mit Leistungen der angemessenen Da-seinsvorsorge erforderlich sind. "*

13   Die Struktur bzgl. der erfassten Verträge ist zu **kritisieren.** Der Gesetzgeber hätte das Wort *„wesentlich "* auch gleich in Satz 1 aufnehmen können, so dass Satz 2 entfallen wäre und Satz 3 wäre Satz 2 geworden. Noch einfacher erscheint die Er-fassung des Inhalts von Satz 3 zugleich in Satz 1. Ein Einwand des weiter steigenden Umfangs und besserer Verständlichkeit von Satz 1 dürfte angesichts des schon vor-handenen Umfangs der Regelung nicht mehr durchgreifen. Zudem wäre in diesem Fall Satz 2 entbehrlich.

14   Der deutsche Begriff der **Daseinsvorsorge** wurde von *Forsthoff* geprägt[9] und re-sultiert aus dem Tätigwerden des Staates in dem Bereich der Leistungsverwaltung.

---

[5] Vgl. Bericht Rechtsausschuss, BT-Drs. 19/18158, S. 2.
[6] Ausführlich dazu MüKoBGB/*Micklitz,* § 13 Rn. 1 ff.
[7] → Rn. 85.
[8] Ausführlich dazu MüKoBGB/*Basedow,* § 310 Rn. 45 ff.
[9] Näher *Doerfert,* JA 2006, 316 ff.

Dies bedeutet, dass die öffentliche Verwaltung bestimmte Leistungen zur Erreichung wirtschafts-, gesellschafts-, sozial- oder kulturpolitischer Zwecke im öffentlichen Interesse für den Bürger erbringt. Sinn und Zweck der Regelungen gebieten dabei, nicht nur auf die Leistungen abzustellen, die vor den großen Privatisierungswellen unmittelbar durch den Staat erbracht worden sind. Vielmehr ist ein weiteres und modernes Verständnis von Daseinsvorsorge erforderlich.[10] Danach ist zunächst ein weites Feld für die in Betracht kommenden Verträge eröffnet.

Die gesetzlich vorgenommene Begrenzung auf **Dauerschuldverhältnisse,** 15 d. h. Verträge, bei denen der Umfang der vertragstypischen Hauptleistung erst mit Hilfe der Zeit quantifizierbar ist,[11] schränkt die Anzahl der relevanten Verträge ein. Auch der gesetzliche **Ausschluss** von Miet- und Pachtverträgen, Darlehensverträgen sowie arbeitsrechtlichen Ansprüchen in Art. 240 § 1 Abs. 4 EGBGB reduziert die erfassten Vertragsverhältnisse weiter.[12]

Ein weiteres gesetzliches Korrektiv für die betroffenen Dauerschuldverhältnisse 16 ist die erforderliche **Angemessenheit** für die Daseinsvorsorge. Diese gesetzlich regelmäßig immanente Unbestimmtheit wird durch die Rechtspraxis ausgefüllt werden müssen. Bezüglich der konkreten Einordnung kommt es nicht auf die subjektiven Präferenzen des jeweiligen Verbrauchers an, sondern relevant ist ein **objektiver Maßstab.**[13]

cc) **Beispiele.** In der Gesetzesbegründung werden als erfasste Verträge **bei-** 17 **spielhaft** genannt:[14] Pflichtversicherungsverträge, Verträge über die Lieferung von Strom und Gas oder über Telekommunikationsdienste, Verträge über die Wasserver- und -entsorgung, soweit zivilrechtlich geregelt.

Daneben können nach dem Vorgenannten unter die beschriebenen Vorausset- 18 zungen auch folgende **Vertragsverhältnisse** subsumiert werden: Wärmeversorgungsverträge, Leasingverträge, zB für ein Fahrzeug, um zur Arbeit zu gelangen. Auch die Kinderbetreuung kann als Leistung angemessener Daseinsvorsorge angesehen werden.[15]

Nach hier vertretener Ansicht sind jedenfalls **nicht erfasst:** Pay-TV-Verträge, 19 Streamingdienst-Verträge (zB Spotify oder Netflix). Hintergrund dafür ist, dass derartige Vertragsverhältnisse nicht der angemessenen Daseinsvorsorge zugeordnet werden können. Vielmehr dienen sie der Unterhaltung des Einzelnen. Insofern kommt weiterhin nur eine Berufung auf das allgemeine Schuldrecht, insbesondere § 326 Abs. 1 BGB und ggfs. § 313 BGB in Betracht.

c) **Zeitliche Komponente (Abs. 1 S. 1).** Zeitlich verlangt die Norm einen 20 Vertragsabschluss **vor dem 8. März 2020.**

Auf dieses Datum wurde nach der Gesetzesbegründung abgestellt, da zu diesem 21 Zeitpunkt noch keine pandemieartige Ausbreitung des SARS-CoV-2-Virus in der breiten Öffentlichkeit abzusehen war. **Danach** geschlossene Verträge sind nicht schutzwürdig. Insoweit geht der Gesetzgeber davon aus, dass diese in Kenntnis einer möglicherweise bevorstehenden tiefgreifenden Veränderung des Wirtschaftslebens

---

[10] Uhlenbruck/*Möllnitz/Schmidt-Kessel,* EGBGB Art. 240 §§ 1–4 Rn. 15.
[11] MüKoBGB/*Gaier,* 8. Aufl. 2019, § 314 Rn. 6 und umfangreiche Bsp. in Rn. 7f.
[12] → Rn. 85.
[13] *Schmidt-Kessel/Möllnitz,* NJW 2020, 1103, 1104.
[14] Begr. Entwurf, BT-Drs. 19/18110, S. 34.
[15] So auch Uhlenbruck/*Möllnitz/Schmidt-Kessel,* EGBGB Art. 240 §§ 1–4 Rn. 21.

geschlossen wurden.[16] Dies Begründung vermag nicht zu überzeugen, da etwa ein Verbraucher auch in dieser Zeit einen Stromlieferungsvertrag abschließen muss, wenn etwa der alte Vertrag ausgelaufen ist.

22   Die Stichtagsfestlegung auf den 8. März 2020 könnte auch bei **anderen Rechtsfragen** Relevanz entfalten. Wer zB einen Rücktritt nach § 313 Abs. 3 BGB mit einer coronabedingten Änderung der Geschäftsgrundlage begründen will, soll bei einem Vertragsschluss ab dem 8. März 2020 nicht durchdringen.[17] Ob gegen eine Übertragung des Stichtags das differenzierte Fristen- und Stichtagsregime des Art. 240 EGBGB spricht,[18] bleibt abzuwarten.

23   **d) Leistungsstörung (Abs. 1 S. 1).** Vorausgesetzt wird, dass die Leistungserbringung infolge der COVID-19-Pandemie nicht **ohne Gefährdung des angemessenen Lebensunterhaltes** des Verbrauchers oder seiner unterhaltsberechtigten Angehörigen möglich ist. Dies bedeutet, dass ein Schuldner, der das zeitweilige Leistungsverweigerungsrecht nutzen will, gerade wegen der COVID-19-Pandemie seine vertraglichen Verpflichtungen nicht erfüllen kann.

24   **aa) Kausalität.** Für die notwendige Abhängigkeit der Zahlungsschwierigkeiten von der Corona-Krise genügt ein **mittelbarer** Zusammenhang, da das Gesetz insoweit auf *„Umstände[n], die auf die Pandemie zurückzuführen sind"*, abstellt.[19]

25   Dabei sind in der (zu empfehlen: schriftlichen) Geltendmachung des Leistungsverweigerungsrechts gegenüber dem Gläubiger **zwingend** die jeweiligen Umstände darzulegen, dass die Zahlungsschwierigkeiten durch die Corona-Krise ausgelöst wurden, und dass die Zahlung nicht ohne Gefährdung des angemessenen Lebensunterhalts möglich ist, wenn zusätzlich die Kosten für den erfassten Vertrag zu leisten sind.

26   **Praktisch** werden viele Verbraucher einfach nicht zahlen. Hier wird der Gläubiger dann erhöhten Arbeitsaufwand haben, um jeden einzelnen Fall aufzuarbeiten.

27   **bb) Gefährdung Lebensunterhalt.** Die Gefährdung des angemessenen Lebensunterhalts des Verbrauchers oder seiner unterhaltsberechtigten Angehörigen kann zB darin liegen, dass
- die Miete nicht mehr gezahlt werden kann
- das Einkommen nicht mehr für den Kauf von Lebensmitteln ausreicht
- kein Geld mehr für Unterhaltszahlungen zur Verfügung steht

28   Nachweise zur **wirtschaftlichen Lage** sind erforderlich, zB dass durch Arbeitslosigkeit oder Kurzarbeit das Einkommen stark verringert ist. Vorhandene liquide Mittel und Reserven sind dabei vorab einzusetzen.[20] Eine vollständige Vermögensauskunft dürfte nicht zu fordern sein.

29   Dabei kann für die Auslegung des Tatbestandsmerkmals des **angemessenen Lebensunterhalts** neben dem Rückgriff auf die Pfändungsfreigrenzen des Vollstreckungsrechts und auf die Grundbedarfsbestimmungen des SGB II auch eine Anleh-

---

[16] Begr. Entwurf, BT-Drs. 19/18110, S. 34.
[17] *Markworth/Bangen,* AnwBl Online 2020, 360, 362; vgl. auch *Wagner/Holtz/Dötsch,* BB 2020, 845, 551.
[18] So Uhlenbruck/*Möllnitz/Schmidt-Kessel,* EGBGB Art. 240 §§ 1–4 Rn. 32.
[19] Uhlenbruck/*Möllnitz/Schmidt-Kessel,,* EGBGB Art. 240 §§ 1–4 Rn. 61; *Schmidt-Kessel/ Möllnitz,* NJW 2020, 1103, 1104.
[20] *Schmidt-Kessel/Möllnitz,* NJW 2020, 1103, 1104.

nung an familienrechtliche Regelungen (etwa §§ 1603, 1610 BGB, Leitlinien der sog. Düsseldorfer Tabelle) erfolgen.[21]

Unterhaltsberechtigte **Angehörige** sind ua minderjährige unverheiratete Kin-   30
der, Ehegatte, früherer Ehegatte, eingetragener Lebenspartner sowie früherer eingetragener Lebenspartner. Relevant sind insoweit für die Bestimmung im Einzelnen die familienrechtlichen Regelungen, insbes. §§ 1601, 1360, 1570 ff., 1615
BGB.

Der Verbraucher hat die **freie Wahl,** gegenüber welchen Gläubigern das Mora-   31
torium in Anspruch genommen wird.[22]

2. Rechtsfolgen (Abs. 1)

a) Aufschub (Abs. 1 S. 1). Liegen die Voraussetzungen vor, steht dem Ver-   32
braucher ein **temporäres Leistungsverweigerungsrecht** zu. *In asu* wird damit
eine **Vorleistungspflicht** des Gläubigers erzwungen.[23]

Macht er dieses, wegen des Charakters als **Einrede,** ausdrücklich gegenüber   33
dem Gläubiger geltend, erhält er einen Zahlungsaufschub für bis zum 30. Juni 2020
fällig werdende **Zahlungs- und sonstige Leistungsansprüche.**[24]

In der Praxis werden betroffene Verbraucher schlichtweg nicht zahlen, etwa   34
durch Nichtüberweisung oder Lastschriftenwiderruf. Für eine **konkludente Erklärung** ist das nicht ausreichend, da insoweit der Bezug zur COVID-19-Pandemie
nicht hinreichend klar ist.[25]

Allerdings erlischt der Anspruch des Gläubigers auf Zahlung nicht, es handelt   35
sich vielmehr um eine bloße Stundung. Nach deren Inanspruchnahme und Ablauf
des Moratoriums sind die aufgelaufenen Verbindlichkeiten zurückzuführen, zB
durch vereinbarte **Ratenzahlungen.**

b) Zeitraum (Abs. 1 S. 1). Die gesetzlichen Regelungen **befristen** das Mora-   36
torium bis zum 30. Juni 2020.

Es ist derzeit noch nicht abzusehen, wann sich die wirtschaftliche Lage der be-   37
troffenen Verbraucher wieder normalisiert.

Eine Verlängerung ist nach Art. 240 § 4 EGBGB möglich.[26] Der Zeitraum bis   38
Juni 2020 scheint bereits jetzt als **nicht ausreichend,** um die wirtschaftlichen Folgen der Krise abzufedern. Sowohl das soziale Leben als auch die Erwerbstätigkeit
vieler Menschen werden durch die COVID-19-Pandemie in erheblichem Maße
auch nach dem Zeitraum beeinträchtigt bleiben.

c) Sonstiges. Das (ausgeübte) Leistungsverweigerungsrecht hindert einerseits   39
die Vollstreckbarkeit der vereinbarten Primärleistung und andererseits zugleich die
Entstehung von **Sekundäransprüchen,** die an die Nichterbringung von Leistungspflichten geknüpft sind (zB **Verzug,** Schadensersatz oder Rücktritt). Wegen

---

[21] *Liebscher/Zeyer/Steinbrück,* ZIP 2020, 852, 853; Uhlenbruck/*Möllnitz/Schmidt-Kessel,*
EGBGB Art. 240 §§ 1–4 Rn. 51.
[22] Uhlenbruck/*Möllnitz/Schmidt-Kessel,* EGBGB Art. 240 §§ 1–4 Rn. 57; so wohl auch *Thole,*
ZIP 2020, 650, 659.
[23] Uhlenbruck/*Möllnitz/Schmidt-Kessel,* EGBGB Art. 240 §§ 1–4 Rn. 79.
[24] Begr. Entwurf, BT-Drs. 19/18110, S. 34; *Markworth/Bangen,* AnwBl Online 2020, 360,
362; Uhlenbruck/*Möllnitz/Schmidt-Kessel,* EGBGB Art. 240 §§ 1–4 Rn. 37.
[25] Uhlenbruck/*Möllnitz/Schmidt-Kessel,* EGBGB Art. 240 §§ 1–4 Rn. 74.
[26] → Teil 3 B Rn. 66f.

der gebotenen weiten Auslegung sind nach Sinn und Zweck auch **nicht ver-tragliche** Ansprüche erfasst, etwa deliktische oder bereicherungsrechtliche An-sprüche.[27]

40   Die Gesetzesbegründung stellt zudem klar, dass auch bereits am **1. April 2020** (Inkrafttreten) fällige Ansprüche nicht mehr durchgesetzt werden können.[28] Erfasst werden grundsätzlich auch Rückgewähransprüche, vertragliche Schadensersatz-ansprüche und Aufwendungsersatzansprüche, die bis zum 31. März 2020 entstan-den sind.[29]

41   Aufgrund des Regelungszwecks von Art. 240 § 1 EGBGB wird dessen Torpe-dierung durch **sonstige Einreden** nach §§ 320, 321, 273 BGB beschränkt.[30]

42   Die Gesetzesbegründung gibt keine Antwort auf die Frage, ob die Voraussetzun-gen für das Moratorium **fortlaufend** vorliegen und geprüft werden müssen. Auf-grund des lediglich vorübergehenden Aufschubs ist die Wiederaufnahme der Zah-lungen bei Wegfall der Störung anzuraten, zB wenn der Verbraucher erbt, im Lotto gewinnt oder die Kurzarbeit beendet ist.[31] Anderenfalls könnte sich der Verbrau-cher Schadensersatzansprüchen des Unternehmens ausgesetzt sehen.

43   Dogmatisch dürfte es sich bei der Einrede um ein **Durchsetzbarkeitshinder-nis** handeln.[32]

IV. Moratorium für Kleinstunternehmen (Abs. 2)

1. Voraussetzungen

44   **a) Persönlicher Anwendungsbereich (Abs. 2 S. 1).** Für die erforderliche Kleinstunternehmenseigenschaft stellt das Gesetz auf die **Empfehlung** 2003/361/ EG der Kommission vom 6. Mai 2003 betreffend die Definition der Kleinstunter-nehmen sowie der kleinen und mittleren Unternehmen[33] ab.

45   Danach wird ein Kleinstunternehmen als ein Unternehmen charakterisiert, das **weniger** als **10 Personen** beschäftigt und dessen Jahresumsatz bzw. Jahresbilanz **2 Mio. EUR** nicht überschreitet.[34] Auszubildende werden bei der Anzahl der be-schäftigten Personen nicht mitgezählt.[35] Vom Anwendungsbereich des Moratori-ums sind kleine und mittlere Unternehmen ausgenommen.

46   **b) Besonderer Vertrag (Abs. 2 S. 1 bis 3).** Die Regelungen zum erfassten be-sonderen Vertrag finden sich in den Sätzen 1 bis 3 des Absatzes 2 und werden flan-kiert von Absatz 4.[36]

---

[27]   Uhlenbruck/*Möllnitz*/*Schmidt-Kessel*, EGBGB Art. 240 §§ 1–4 Rn. 45.

[28]   Begr. Entwurf, BT-Drs. 19/18110, S. 34.

[29]   Begr. Entwurf, BT-Drs. 19/18110, S. 35.

[30]   Näher dazu *Schmidt-Kessel*/*Möllnitz*, NJW 2020, 1103, 1105; Uhlenbruck/*Möllnitz*/ *Schmidt-Kessel*, EGBGB Art. 240 §§ 1–4 Rn. 85 ff.

[31]   *Liebscher*/*Zeyer*/*Steinbrück*, ZIP 2020, 852, 854 f. mit Extrembeispiel: Lottogewinn im Mai 2020.

[32]   Näher dazu: Uhlenbruck/*Möllnitz*/*Schmidt-Kessel*, EGBGB Art. 240 §§ 1–4 Rn. 75.

[33]   ABl. EU L 124 vom 20.5.2003, S. 36 ff.

[34]   ABl. EU L 124 vom 20.5.2003, S. 39.

[35]   ABl. EU L 124 vom 20.5.2003, S. 40.

[36]   → Rn. 85.

aa) Erfasste Dauerschuldverhältnisse. Sachlich sind Verträge in Form von 47
**Dauerschuldverhältnissen zur Eindeckung mit Leistungen zur angemesse-
nen Fortsetzung des Erwerbsbetriebs** erfasst.

Art. 240 § 2 Satz 1 EGBGB spricht von Dauerschuldverhältnissen, wohingegen 48
Satz 2 dann auf wesentliche Dauerschuldverhältnisse abstellt, die dann in Satz 3 explizit bezeichnet werden als *„solche, die zur Eindeckung mit Leistungen zur angemessenen Fortsetzung seines Erwerbsbetriebs erforderlich sind."* Die gesetzliche **Struktur** hätte
dabei einfacher gestaltet werden können. Insoweit gelten die obigen Ausführungen
entsprechend.[37]

Erforderlich ist ein **Dauerschuldverhältnis, d. h.** ein Vertrag, bei denen der 49
Umfang der vertragstypischen Hauptleistung erst mit Hilfe der Zeit quantifizierbar
ist.[38] Gesetzlich sind dabei nach Art. 240 § 1 Abs. 4 EGBGB ausgeschlossen: Miet-
und Pachtverträge, Darlehensverträge sowie arbeitsrechtliche Ansprüche.[39]

Für die betroffenen Dauerschuldverhältnisse kommt es auf die notwendige **An-** 50
gemessenheit für die Fortsetzung der Erwerbstätigkeit an. Dieser unbestimmte
Rechtsbegriff wird durch die Praxis ausgestaltet werden müssen. Bezüglich der jeweiligen Einordnung kommt es auf einen **objektiven** Maßstab an, nicht auf subjektive Einschätzungen.[40] Entscheidend ist damit der jeweilige Einzelfall, um die
Erforderlichkeit für die angemessene Fortsetzung des Erwerbsbetriebs zu beurteilen. Die Angemessenheit ist zu verneinen, wenn die Betriebseinstellung bereits feststeht und die Leistung nicht zur Abwicklung erforderlich ist.[41]

bb) Beispiele. Neben der in der Gesetzesbegründung beispielhaft genannten 51
Verträge,[42] Pflichtversicherungsverträge, Verträge über die Lieferung von Strom
und Gas oder über Telekommunikationsdienste, Verträge über die Wasserver- und
-entsorgung, soweit zivilrechtlich geregelt, kommen als weitere **Beispiele** für betroffene Verträge ua in Betracht: Automatenaufstellung, Bierbezug, Leasing, Facility
Management, Lager, Lizenz, Franchise.

c) Zeitliche Komponente (Abs. 2 S. 1). Zeitlich stellt die Norm auf einen 52
Abschluss des erfassten Dauerschuldverhältnisses **vor dem 8. März 2020** ab. Dieses
Datum wurde nach der Gesetzesbegründung gewählt, da zu diesem Zeitpunkt
noch keine pandemieartige Ausbreitung des SARS-CoV-2-Virus in der breiten Öffentlichkeit abzusehen war. Danach geschlossene Verträge sind nicht schutzwürdig.
Insoweit geht der Gesetzgeber davon aus, dass diese in Kenntnis einer möglicherweise bevorstehenden tiefgreifenden Veränderung des Wirtschaftslebens geschlossen wurden.[43] Das überzeugt nicht, da für ein Kleinstunternehmen auch ab dem
Datum die Situation denkbar ist, dass ein Vertrag, zB über Belieferung mit Strom,
abgeschlossen werden muss.

Die gesetzgeberische Wertentscheidung, als Stichtag den 8. März 2020 festzu- 53
legen, könnte zudem bei **anderen Rechtsfragen** Relevanz entfalten. Wer zB
einen Rücktritt nach § 313 Abs. 3 BGB mit einer coronabedingten Änderung der
Geschäftsgrundlage begründen will, soll bei einem Vertragsschuss ab dem 8. März

---

[37] → Rn. 13.
[38] MüKoBGB/*Gaier*, 8. Aufl. 2019, § 314 Rn. 6 und umfangreiche Bsp. in Rn. 7 f.
[39] → Rn. 85.
[40] *Schmidt-Kessel/Möllnitz*, NJW 2020, 1103, 1104.
[41] Uhlenbruck/*Möllnitz/Schmidt-Kessel*, 15. Aufl. 2020, EGBGB Art. 240 §§ 1–4 Rn. 26.
[42] Begr. Entwurf, BT-Drs. 19/18110, S. 34.
[43] Begr. Entwurf, BT-Drs. 19/18110, S. 34.

2020 nicht durchdringen.[44] Ob gegen eine Übertragung des Stichtags das differenzierte Fristen- und Stichtagsregime des Art. 240 EGBGB spricht,[45] bleibt abzuwarten.

54   **d) Leistungsstörung (Abs. 2 S. 1).** Weiterhin setzte das Moratorium voraus, dass die Leistungserbringung infolge der COVID-19-Pandemie nicht oder nicht ohne Gefährdung der wirtschaftlichen Grundlagen des Erwerbsbetriebs möglich ist. Das heißt, dass das Kleinstunternehmen gerade wegen der COVID-19-Pandemie seine vertraglichen Verpflichtungen nicht erfüllen kann.

55   **aa) Kausalität.** Für die erforderliche Abhängigkeit der wirtschaftlichen Schwierigkeiten von der Corona-Krise genügt ein **mittelbarer** Zusammenhang, da das Gesetz insoweit auf *„Umständen, die auf die Pandemie zurückzuführen sind"* abstellt.[46]

56   In der (zu empfehlen: schriftlichen) Geltendmachung des Moratoriums sind gegenüber dem Gläubiger **zwingend** die jeweiligen Umstände darzulegen, dass die Zahlungsschwierigkeiten durch die Corona-Krise ausgelöst wurden, und dass die Aufrechterhaltung nicht oder nicht ohne Gefährdung der wirtschaftlichen Grundlagen des Erwerbsbetriebs möglich ist, wenn zusätzlich die monatlich anfallenden Kosten für den erfassten Vertrag zu leisten sind. Praktisch werden viele Kleinstunternehmen indes schlichtweg nicht zahlen, etwa durch Nichtüberweisung oder Lastschriftenwiderruf. Hier wird das Forderungsmanagement des Vertragspartners dann erhöhten Arbeitsaufwand haben, um jeden einzelnen Fall aufzuarbeiten.

57   **bb) Unvermögen (Abs. 2 S. 1 Ziff. 1).** In Art. 240 § 1 Abs. 2 S. 1 Ziff. 1 EGBGB ist das **Unvermögen** des Kleinstunternehmers erfasst, wonach dieser infolge der COVID-19-Pandemie *„die ... Leistung nicht erbringen kann"*. Etwaige Ausgleichmaßnahmen des Unternehmens sind dabei nicht erforderlich, zB Kompensation von Personal- oder Materialausfall.[47] Darüber hinaus erfasst sind auch die Fälle, in denen der Kleinstunternehmer seine Leistungspflicht rechtlich nicht erfüllen darf oder tatsächlich nicht erfüllen kann, zB da sein Vertriebsweg versperrt ist oder Arbeitnehmer verhindert sind.[48]

58   **cc) Gefährdung Erwerbsbetrieb (Abs. 2 S. 1 Ziff. 2).** Die **Gefährdung** der Existenz des Kleinstunternehmens nach Art. 240 § 1 Abs. 2 S. 1 Ziff. 2 EGBGB kann vor allem darin liegen, dass (drohende) Zahlungsunfähigkeit und/oder Überschuldung vorliegen.[49]

59   Nachweise zur wirtschaftlichen Lage sind erforderlich, zB dass durch Umsatzrückgang die Einnahmen stark verringert sind.

60   Vorhandene liquide Mittel und Reserven sind dabei vorab einzusetzen.[50]

61   Eine vollständige Vermögensauskunft dürfte nicht zu fordern sein.

---

[44]   *Markworth/Bangen,* AnwBl Online 2020, 360, 362; vgl. auch *Wagner/Holtz/Dötsch,* BB 2020, 845, 551.

[45]   So Uhlenbruck/*Möllnitz/Schmidt-Kessel*EGBGB Art. 240 §§ 1–4 Rn. 32.

[46]   Uhlenbruck/*Möllnitz/Schmidt-Kessel,* EGBGB Art. 240 §§ 1–4 Rn. 61; *Schmidt-Kessel/Möllnitz,* NJW 2020, 1103, 1104.

[47]   *Schmidt-Kessel/Möllnitz,* NJW 2020, 1103, 1104; Uhlenbruck/*Möllnitz/Schmidt-Kessel,* EGBGB Art. 240 §§ 1–4 Rn. 58.

[48]   Begr. Entwurf, BT-Drs. 19/18110, S. 34; Uhlenbruck/*Möllnitz/Schmidt-Kessel,* EGBGB Art. 240 §§ 1–4 Rn. 59.

[49]   *Schmidt-Kessel/Möllnitz,* NJW 2020, 1103, 1104.

[50]   *Schmidt-Kessel/Möllnitz,* NJW 2020, 1103, 1104.

Nicht zu verlangen ist zudem die Auflösung der unternehmerischen Strukturen **62** durch Verwertung von Unternehmensvermögen. Das Kleinstunternehmen ist in der Entscheidung frei, gegenüber welchen Gläubigern das Moratorium in Anspruch genommen wird.[51]

2. Rechtsfolgen

a) Aufschub (Abs. 2 S. 1). Sind die beschriebenen Voraussetzungen erfüllt, **63** steht dem Kleinstunternehmen ein **vorübergehendes Leistungsverweigerungsrecht** zu.

Aufgrund des Charakters als **Einrede** muss dies vom Schuldner ausdrücklich erhoben werden. Die Ausgestaltung des Moratoriums als Einrede schließt zudem das **64** bloße *„nicht mehr zahlen"* als Handlungsoption aus.

Zu empfehlen ist stattdessen die **schriftliche** (Brief, Fax oder E-Mail) Geltendmachung. **65**

In der **Praxis** werden viele Kleinstunternehmen gleichwohl schlichtweg nicht **66** mehr leisten, zB durch Nichtüberweisung oder Lastschriftenwiderruf. Für eine konkludente Erklärung ist das nicht ausreichend, da insoweit der Bezug zur COVID-19-Pandemie nicht hinreichend hergestellt ist.[52]

Macht der Schuldner das Moratorium gegenüber dem Vertragspartner geltend, **67** erhält er einen Aufschub für bis zum 30. Juni 2020 fällig werdende Ansprüche. Neben Zahlungsansprüchen sind auch **sonstige Leistungsansprüche** erfasst, etwa Dienstleistungen des Kleinstunternehmens[53], zB der ausschließlich für Stadtwerke fahrende Busunternehmer.[54]

Ein **Erlöschen** des Gläubigeranspruchs, insbesondere auf Zahlung, gibt es nicht. **68** Es handelt sich vielmehr um einen bloßen Aufschub. Bei dessen Geltendmachung sollte man sich bereits Gedanken machen, wie die aufgelaufenen Verbindlichkeiten nach Ablauf des Moratoriums erfüllt werden können, zB durch vereinbarte **Ratenzahlungen.**

In casu wird damit durch die Einrede eine **Vorleistungspflicht** des Gläubigers **69** erzwungen.[55]

b) Zeitraum (Abs. 2 S. 1). Befristet ist das Leistungsverweigerungsrecht bis **70** zum 30. Juni 2020. Da noch nicht abzusehen ist, wann sich die wirtschaftliche Lage der betroffenen Schuldner wieder normalisiert, ist eine Verlängerung nach Art. 240 § 4 EGBGB möglich.[56] Prognostisch scheint der Zeitraum bis Juni 2020 **nicht ausreichend,** um die wirtschaftlichen Folgen der Krise abzufedern. Sowohl das soziale Leben als auch die unternehmerischen Tätigkeiten werden durch die COVID-19-Pandemie in erheblichem Maße auch nach dem Zeitraum beeinträchtigt bleiben.

c) Sonstiges. Das (geltend gemachte) Moratorium hindert sowohl die Voll- **71** streckbarkeit der vereinbarten Primärleistung als auch zugleich die Entstehung von

---

[51] Uhlenbruck/*Möllnitz/Schmidt-Kessel,* EGBGB Art. 240 §§ 1–4 Rn. 48; so wohl auch *Thole,* ZIP 2020, 650, 659.

[52] Uhlenbruck/*Möllnitz/Schmidt-Kessel,* EGBGB Art. 240 §§ 1–4 Rn. 74.

[53] Begr. Entwurf, BT-Drs. 19/18110, S. 34; *Markworth/Bangen,* AnwBl Online 2020, 360, 362.

[54] *Schmidt-Kessel/Möllnitz,* NJW 2020, 1103, 1104.

[55] Uhlenbruck/*Möllnitz/Schmidt-Kessel,* EGBGB Art. 240 §§ 1–4 Rn. 79.

[56] → Teil 3 B. Rn. 66 f.

Sekundäransprüchen, die an die Nichterbringung von Leistungspflichten ge-knüpft sind (zB Verzug, Schadensersatz oder Rücktritt).

72   Der Telos der Regelungen spricht für deren weite Auslegung, so dass auch **nicht vertragliche** Ansprüche, etwa deliktische oder bereicherungsrechtliche Ansprüche erfasst sind.[57]

73   Die Begründung stellt zusätzlich klar, dass auch bereits zum **Zeitpunkt des Inkrafttretens** des Gesetzes am 1. April 2020 fällige Ansprüche nach Ausübung des Leistungsverweigerungsrechts nicht mehr durchgesetzt werden können. Erfasst sind grundsätzlich auch Rückgewähransprüche, vertragliche Schadensersatzansprüche und Aufwendungsersatzansprüche, die bis zum 31. März 2020 entstanden sind.[58]

74   Aufgrund des Regelungszwecks von Art. 240 § 1 EGBGB wird dessen Torpe-dierung durch sonstige Einreden nach §§ 320, 321, 273 BGB **beschränkt.**[59]

75   Ungeklärt ist, ob die Voraussetzungen für das Moratorium **fortlaufend** vorlie-gen und geprüft werden müssen. Hier bietet die Gesetzbegründung keine Anhalts-punkte. Aufgrund des lediglich temporären Aufschubs ist die Wiederaufnahme der Zahlungen bei Wegfall der Störung anzuraten.[60] Anderenfalls könnte sich das Kleinstunternehmen Schadensersatzansprüchen des Gläubigers ausgesetzt sehen.

76   Dogmatisch dürfte es sich bei der Einrede um ein **Durchsetzbarkeitshinder-nis** handeln.[61]

77   Eine weitere offene Frage ist, wie das Moratorium sich auf die Bilanzierung von Forderungen und damit letztlich auf die **Insolvenzreife** auswirkt. Aufgrund des Problems der Einbringlichkeit der Forderung nach dem 30. Juni 2020 dürften die von einer möglichen Einrede betroffene Ansprüche nicht mehr uneingeschränkt angesetzt werden.[62]

V. Zumutbarkeitsklausel (Abs. 3)

78   Die Einführung des temporären Leistungsverweigerungsrechts stellt sicher einen schwerwiegenden Eingriff in grundrechtlich geschützte Rechte und Freiheiten (ua der aus Art. 2 GG hergeleiteten Vertragsfreiheit) des Gläubigers dar. Daher soll als Schranke in den Fällen, in denen ein Leistungsaufschub aus Sicht des Vertragspart-ners zu Ergebnissen führt, die so unzumutbar sind, wie es die Leistungserbringung für den Schuldner wäre, das Leistungsverweigerungsrecht nicht gelten.[63]

---

[57] Uhlenbruck/*Möllnitz/Schmidt-Kessel,* EGBGB Art. 240 §§ 1–4 Rn. 45.

[58] Begr. Entwurf, BT-Drs. 19/18110, S. 35.

[59] Näher dazu *Schmidt-Kessel/Möllnitz,* NJW 2020, 1103, 1105; Uhlenbruck/*Möllnitz/ Schmidt-Kessel,* EGBGB Art. 240 §§ 1–4 Rn. 85 ff.

[60] *Liebscher/Zeyer/Steinbrück,* ZIP 2020, 852, 854 f. mit Extrembeispiel: Lottogewinn im Mai 2020.

[61] Näher dazu: Uhlenbruck/*Möllnitz/Schmidt-Kessel,* EGBGB Art. 240 §§ 1–4 Rn. 75.

[62] *Thole,* ZIP 2020, 650, 658; Uhlenbruck/*Möllnitz/Schmidt-Kessel,,* EGBGB Art. 240 §§ 1–4 Rn. 78.

[63] Begr. Entwurf, BT-Drs. 19/18110, S. 35.

1. Unzumutbarkeit wegen Gefährdung Erwerbsbetrieb (Abs. 3 S. 1)

Die Unzumutbarkeit für den Gläubiger kann zunächst nach Art. 240 § 1 Abs. 3 **79** S. 1 EGBGB eintreten, wenn *„die Nichterbringung der Leistung die wirtschaftliche Grundlage seines Erwerbsbetriebs gefährden würde."*

Die Praxis wird zeigen, ob und in welchem Umfang sich Unternehmen auf die- **80** sen Ausschluss berufen werden. Insbesondere bei großen Unternehmen, zB Deutsche Telekom AG, dürfte ein vorübergehender Aufschub zunächst nicht unmittelbar zu solchen Liquiditätseinbußen führen, dass die wirtschaftliche Existenz gefährdet wäre. Anders könnte es sein, wenn das Moratorium für eine längere Zeit ermöglicht wird.[64]

2. Unzumutbarkeit wegen Gefährdung Lebensunterhalt (Abs. 3 S. 2)

Zusätzlich besteht die Unzumutbarkeit für den Gläubiger nach Art. 240 § 1 **81** Abs. 3 S. 2 EGBGB, wenn *„die Nichterbringung der Leistung zu einer Gefährdung seines angemessenen Lebensunterhalts oder des angemessenen Lebensunterhalts seiner unterhaltsberechtigten Angehörigen oder der wirtschaftlichen Grundlagen seines Erwerbsbetriebs führen würde."* Es bleibt auch hier abzuwarten, ob und in welchem Umfang sich Unternehmen auf diesen Ausschluss berufen werden.

3. Kündigungsmöglichkeit (Abs. 3 S. 3)

Besteht nach den Sätzen 1 und 2 eine Unzumutbarkeit für den Gläubiger, schüt- **82** zen die gesetzlichen Regelungen den Gläubiger und nicht den Verbraucher bzw. das Kleinstunternehmen.[65] Bei Unzumutbarkeit für den Gläubiger besteht dann zwar kein Anspruch für einen Aufschub, jedoch kann das Kleinstunternehmen bzw. der Verbraucher den Vertrag gemäß Art. 240 § 1 Abs. 3 S. 3 EGBGB **kündigen.**

Unklar ist, ob eine ordentliche oder außerordentliche Kündigung gemeint ist. **83** Die Begründung des Gesetzes verweist für Rechtsfolgen auf § 628 BGB,[66] der die Teilvergütung und Schadensersatz bei fristloser Kündigung zum Gegenstand hat. Danach scheint der Gesetzgeber eine fristlose **Kündigung aus wichtigem Grund** für das Kleinstunternehmen bzw. den Verbraucher zu befürworten.[67] Weitere Voraussetzungen sind nicht zu beachten, jedoch sind etwaige für die Kündigung vorhandene **Form**vorschriften einzuhalten, zB § 650h BGB.[68]

Rechtsfolgen enthält die gesetzliche Regelung nicht. In der Gesetzesbegrün- **84** dung wird eben nur § 628 BGB erwähnt. Damit ist der Anwendungsbereich der (un-)geschriebenen Regeln des besonderen Schuldrechts eröffnet, ua §§ 546, 547 BGB, §§ 667, 670 BGB.[69]

---

[64]   I. d. S. *Markworth/Bangen,* AnwBl Online 2020, 360, 363.
[65]   *Schmidt-Kessel/Möllnitz,* NJW 2020, 1103, 1105.
[66]   Begr. Entwurf, BT-Drs. 19/18110, S. 35.
[67]   So auch Uhlenbruck/*Möllnitz/Schmidt-Kessel,* EGBGB Art. 240 §§ 1–4 Rn. 68; *Markworth/ Bangen,* AnwBl Online 2020, 360, 362.
[68]   Uhlenbruck/*Möllnitz/Schmidt-Kessel,* EGBGB Art. 240 §§ 1–4 Rn. 69.
[69]   Uhlenbruck/*Möllnitz/Schmidt-Kessel,* EGBGB Art. 240 §§ 1–4 Rn. 70.

VI. Geltungsausschluss (Abs. 4)

85 Neben den oben beschriebenen sachlichen Voraussetzungen in Form des jeweils besonderen Vertragsverhältnisses für Verbraucher und Kleinstunternehmen enthält die Vorschrift in Art. 240 § 1 Abs. 4 einen zusätzlichen **sachlichen Ausschluss.** Danach gilt das Moratorium nicht für Miet- und Pachtverträge iSd Art. 240 § 2 EGBGB[70], Darlehensverträge sowie arbeitsrechtliche Ansprüche.

VII. Kein dispositives Gesetzesrecht (Abs. 5)

86 Art. 240 § 1 Abs. 5 EGBGB stellt klar, dass von den Vorschriften über das temporäre Leistungsverweigerungsrecht **nicht zum Nachteil** der Verbraucher bzw. der Kleinstunternehmen durch Individualvereinbarung oder Allgemeine Geschäftsbedingungen abgewichen werden darf. Entgegenstehende Vereinbarungen sind damit unwirksam. Dies gilt unabhängig davon, zu welchem Zeitpunkt derartige Vereinbarungen getroffen wurden.

VIII. Sonstiges

1. Darlegungs- und Beweislast

87 Die gesetzlichen Regelungen in Art. 240 § 1 EGBGB folgen den **allgemeinen Regeln** zur Verteilung der Darlegungs- und Beweislast. Danach haben Verbraucher bzw. Kleinstunternehmen das Vorliegen der Voraussetzungen des Art. 240 § 1 Abs. 1 bzw. 2 EGBGB darzulegen und zu beweisen. Das betrifft die Wesentlichkeit des Dauerschuldverhältnisses, der Nachweis der Gefährdung sowie des kausalen Zusammenhangs mit der Pandemie.

88 Demgegenüber muss der Gläubiger, der sich auf den Ausschluss nach Art. 240 § 1 Abs. 3 EGBGB beruft, deren Erfüllung vortragen und beweisen.[71]

89 Zur etwaigen **Glaubhaftmachung** der erforderlichen Angaben kommt zB die entsprechende Abgabe einer Versicherung an Eides statt, Vorlage von Bescheiden (zB SGB II-Bescheid) und Bescheinigungen (zB vom Arbeitgeber über Kurzarbeit) in Betracht. Zwar enthält die Gesetzesbegründung insoweit keine Beispiele, aber für den ähnlich gelagerten Fall, wonach Mieter berechtigt sind, ihre Mietzahlungen vorübergehend einzustellen, gibt es in der Begründung entsprechende Vorschläge.[72]

2. Geltungsdauer

90 Das Moratorium ist bis zum 30. Juni 2020 befristet.

91 Gemäß Art. 240 § 4 Abs. 1 Ziff. 1 EGBGB wird der Bundesregierung die Möglichkeit eingeräumt, den Zeitraum durch **Rechtsverordnung** ohne Zustimmung des Bundesrats bis zum 30. September 2020 zu verlängern.

---

[70] → Teil 3 B. Rn. 66 f.
[71] Uhlenbruck/*Möllnitz*/*Schmidt-Kessel,* 15. Aufl. 2020, EGBGB Art. 240 §§ 1–4 Rn. 66.
[72] → Teil 3 B. Rn. 34 ff.

Art. 240 § 4 Abs. 2 EGBGB sieht eine noch weitergehende Verordnungsermäch- **92**
tigung mit Zustimmung des Bundestags über den 30. September 2020 vor, wenn
die Beeinträchtigungen auch noch nach Inkrafttreten einer etwaigen Verordnung
nach Abs. 1 fortbestehen.

B. Art. 5 AbmG vom 27. März 2020:
Art. 240 § 2 EGBGB – Miete und Pacht

Übersicht

Artikel 5 Änderung des Einführungsgesetzes zum Bürgerlichen Gesetzbuche

Artikel 240 des Einführungsgesetzes zum Bürgerlichen Gesetzbuche in der Fassung der Bekanntmachung vom 21. September 1994 (BGBl. I S. 2494; 1997 I S. 1061), das zuletzt durch Artikel 2 des Gesetzes vom 19. März 2020 (BGBl. I S. 541) geändert worden ist, wird wie folgt gefasst:

„Artikel 240 Vertragsrechtliche Regelungen aus Anlass der COVID-19-Pandemie

§ 2 Beschränkung der Kündigung von Miet- und Pachtverhältnissen

(1) Der Vermieter kann ein Mietverhältnis über Grundstücke oder über Räume nicht allein aus dem Grund kündigen, dass der Mieter im Zeitraum vom 1. April 2020 bis 30. Juni 2020 trotz Fälligkeit die Miete nicht leistet, sofern die Nichtleistung auf den Auswirkungen der COVID-19-Pandemie beruht. Der Zusammenhang zwischen COVID-19-Pandemie und Nichtleistung ist glaubhaft zu machen. Sonstige Kündigungsrechte bleiben unberührt.

Kästner

(2) Von Absatz 1 kann nicht zum Nachteil des Mieters abgewichen werden.

(3) Die Absätze 1 und 2 sind auf Pachtverhältnisse entsprechend anzuwenden.

(4) Die Absätze 1 bis 3 sind nur bis zum 30. Juni 2022 anzuwenden."

I. Hintergrund und Entstehungsgeschichte

Die Auswirkungen des Coronavirus führen in allen Bereichen der Gesellschaft **1** zu erheblichen (wirtschaftlichen) Beeinträchtigungen und Verwerfungen. Dies führt auch Juristen auf neues Terrain. Zur Eindämmung des Anstiegs der Infektionen mit dem **SARS-CoV-2-Virus** hatten Behörden im März 2020 die Schließung einer Vielzahl von Gastronomiebetrieben und Einzelhandelsgeschäften angeordnet sowie öffentliche Veranstaltungen untersagt. Gesundheitsbehörden ordneten für Menschen, die sich mit diesem Virus infiziert oder Kontakt mit Infizierten hatten, häusliche Quarantäne an. In der Folge mussten Unternehmen aller Art ihr Geschäft beschränken oder einstellen.

Unternehmen und Selbständige, die von behördlich angeordneten **Schließun- 2 gen** betroffen sind, kommen in finanzielle Notlagen, da den laufenden Kosten regelmäßig geringere oder keine Einnahmen entgegenstehen. Aber auch Verbraucher, die aufgrund von **Kurzarbeit** auf große Teile ihres Arbeitslohnes verzichten müssen oder aufgrund vom Einstellungsstopp vieler Unternehmen in Arbeitslosigkeit verbleiben, sind erheblich betroffen.

Die Bundesregierung sah daraufhin für Unternehmer, Einzelunternehmer, an- **3** dere kleine, mittlere und große Unternehmen sowie Kreditinstitute verschiedene wirtschaftliche **Unterstützungsmaßnahmen** vor. Flankierend zu den staatlichen Hilfsprogrammen für Soforthilfe und Unternehmenskredite entschied sich der Gesetzgeber für die temporäre Aussetzung zahlreicher gesetzlicher Vorschriften, von denen einige in dem Gesetz zur Abmilderung der Folgen der COVID-19-Pandemie im Zivil-, Insolvenz- und Strafverfahrensrecht vom 27. März 2020 gebündelt wurden.[1] Die vom Gesetzgeber verabschiedeten umfangreichen Gesetzesänderungen zum Kampf gegen die wirtschaftlichen Auswirkungen der COVID-19-Pandemie betreffen sämtliche im BGB geregelten Dauerschuldverhältnisse.

II. Zweck des Art. 240 § 2 EGBGB

Einen Fokus bei der temporären Aussetzung von gesetzlich vorgesehenen **4** Rechtsfolgen aufgrund Zahlungsverzugs setzte der Gesetzgeber beim Mietrecht. Die mietrechtliche Regelung des COVID-19-Gesetzes bezweckt die Einführung eines **besonderen Kündigungsschutzes** für den Fall, dass der Mieter in der Phase von April bis Juni 2020 kündigungsrelevant in Verzug gerät.

Mit Art. 240 des Einführungsgesetzes zum Bürgerlichen Gesetzbuch (EGBGB) **5** werden die im besonderen Teil des BGB geregelten Vorschriften für Schuldverhältnisse **temporär modifiziert.** Neben dem für Verbraucher und Kleinstunternehmer in § 1 geregelten Moratorium sind durch § 2 des Art. 240 EGBGB Regelungen für Mieter, die (etwa aufgrund von angeordneten Betriebsschließungen) in Liquidi-

---

[1] BGBl I 2020, 569.

tätsprobleme geraten sind, getroffen wurden. Die Regelungen von § 2 des Art. 240 EGBGB sollen dabei als Spezialvorschriften für Miet- und Pachtverhältnisse dem § 1 des Art. 240 EGBGB vorgehen.

III. Verhältnis zu den allgemeinen Kündigungsvorschriften

1. Allgemein: Kündigung wegen Zahlungsverzuges in Mietverhältnissen

6   Vorbehaltlich abweichender Vereinbarung im Mietvertrag kann ein Vermieter einen Mietvertrag gem. § 543 Abs. 2 Nr. 3 BGB außerordentlich fristlos kündigen, wenn der Mieter für zwei aufeinander folgende Termine mit der Entrichtung der Miete oder eines nicht unerheblichen Teils der Miete in **Verzug** ist oder in einem Zeitraum, der sich über mehr als zwei Termine erstreckt, mit der Entrichtung der Miete in Höhe eines Betrages in Verzug ist, der die Miete für zwei Monate erreicht.

7   Die im allgemeinen Teil des Mietrechts stehende Vorschrift findet auf Wohn- und Gewerberaummietvertrage sowie Pachtverträge gleichermaßen Anwendung. Eine vorherige **Abmahnung** des Mieters durch den Vermieter ist in diesen Fällen gemäß § 543 Abs. 3 Ziff. 3 BGB nicht erforderlich.

8   Bei **Wohnraummietverhältnissen** ist der gemäß § 543 BGB Abs. 2 Nr. 3a) BGB erforderliche rückständige Teil der Miete gemäß § 569 Abs. 3 Nr. 1 BGB nur dann als nicht unerheblich anzusehen, wenn er die Miete für einen Monat über-steigt. Da Mieter des Wohnraummietverhältnisses besonders schutzbedürftig sind, ist ein entsprechender Rückstand für andere Mietverträge, wie Gewerberaummiet-verträge, erst recht ausreichend.[2]

2. Beschränkung durch Art. 240 § 2 EGBGB

9   Mieter, die von der Corona-Krise wirtschaftlich betroffen sind, erhalten durch die Neuregelungen des Gesetzgebers ein **Moratorium** für ihre Verpflichtungen zur pünktlichen Mietzahlung. Dies erfolgt durch die Einschränkungen des Rechts des Vermieters zur Kündigung von Mietverhältnissen aufgrund fehlender Mietzah-lungen. Hierfür setzt der Gesetzgeber die für Mietverträge speziellen Vorschriften der §§ 535 ff. BGB durch § 2 des Art. 240 EGBGB teilweise außer Kraft.

10   Mit Art. 240 EGBGB werden die im besonderen Teil des BGB geregelten Vor-schriften für Schuldverhältnisse temporär modifiziert. Neben dem für Verbraucher und Kleinstunternehmer in § 1 geregelten Moratorium sind durch § 2 des Art. 240 EGBGB Regelungen für Mieter, die (etwa aufgrund von angeordneten Betriebs-schließungen) in Liquiditätsprobleme geraten sind, getroffen worden. Die Rege-lungen von § 2 des Art. 240 EGBGB sollen dabei als **Spezialvorschriften** für Miet- und Pachtverhältnisse dem § 1 des Art. 240 EGBGB vorgehen.[3]

11   Die Regelung soll nach den Vorstellungen des Gesetzgebers Mieter von Grund-stücken sowie von zu privaten oder gewerblichen Zwecken angemieteten Räumen für einen bestimmten Zeitraum der COVID-19-Pandemie (1. April bis 30. Juni 2020) absichern, indem sie nicht den **Verlust der Mietsache** befürchten müssen,

---

[2]   Schmidt-Futterer/*Blank*, BGB § 543 Rn. 82.
[3]   Begr. FraktionsE, BT-Drs. 19/18110, S. 35.

wenn sie vorübergehend die fälligen Mieten nicht fristgerecht zahlen können. Hierdurch soll verhindert werden, dass die zu erwartenden negativen wirtschaftlichen Auswirkungen dazu führen, dass Mieter die Wohnräume und Gewerbetreibende die angemieteten Räume und Flächen und damit die **Grundlage ihrer Erwerbstätigkeit** verlieren.[4]

Die Vorschrift erfasst in ihrer aktuellen Ausgestaltung nur Zahlungsrückstände, **12** die vom **1. April bis 30. Juni 2020** entstehen. In diesem Zeitraum seien erhebliche wirtschaftliche Verwerfungen durch die COVID-19-Pandemie zu befürchten.[5] Nach den Einschätzungen des Gesetzgebers wäre ohne die Schaffung dieser Ausnahme zu erwarten, dass infolge des Ausmaßes der wirtschaftlichen Einbußen eine große Anzahl von Personen nicht in der Lage wäre, die Miete weiterhin fristgerecht zu bezahlen, und deswegen Kündigungen befürchten müsste.[6]

Die Regelung stellt eine zeitlich begrenzte **Ausnahme** von dem zivilrechtlichen **13** **Grundsatz „Geld hat man zu haben"** dar. Mit dem Grundsatz „Geld hat man zu haben" wird der Umstand beschrieben, dass § 275 BGB nicht auf die zu erbringende Geldleistung anwendbar ist. Der Geldschuldner kann sich nicht darauf berufen, dass es ihm unmöglich ist die Zahlung zu erbringen, weil es ihm an der erforderlichen Liquidität fehlt. Der Grundsatz besagt also, dass eine Leistungsunfähigkeit aufgrund wirtschaftlicher Schwierigkeiten den Schuldner auch dann nicht von den Folgen des Ausbleibens der (rechtzeitigen) Leistung befreit, wenn sie auf unverschuldeter Ursache beruht.

Der Bundesgerichtshof hat diesen Grundsatz auch für das Wohnraummietrecht, **14** bei dem soziale und **verbraucherfreundliche Erwägungen** erheblich sind, aufrecht erhalten.[7] Er stellte klar, dass auch im Mietvertrag ein Schuldner gemäß § 276 Abs. 1 S. 1 BGB Vorsatz und Fahrlässigkeit zu vertreten hat, soweit eine strengere oder mildere Haftung weder bestimmt ist noch sich aus dem sonstigen Inhalt eines Schuldverhältnisses ergibt. Eine solche **strengere Haftung** bestehe nach allgemeiner Auffassung bei Geldschulden.[8] Dort befreie eine Leistungsunfähigkeit aufgrund wirtschaftlicher Schwierigkeiten den Schuldner auch dann nicht von den Folgen des Ausbleibens der Leistung, wenn sie auf unverschuldeter Ursache beruhe.[9] Von diesem allgemeinen Grundsatz ist auch im Mietrecht, das von sozialen Erwägungen geprägt ist, nicht abzuweichen.

IV. Voraussetzungen für das Kündigungsmoratorium, Abs. 1 S. 1

Voraussetzungen für den temporären Wegfall des Kündigungsrechts sind: **15**
- Ein bestehender, bis zum 31.3.2020 ungekündigter Wohn- oder Gewerberaummietvertrag oder Pachtvertrag **(hierzu 1.)**
- Mietschulden im Zeitraum zwischen dem 1. April 2020 und dem 30. Juni 2020 **(hierzu 2.)**

---

[4] Begr. FranktionsE, BT-Drs. 19/18110, S. 36.
[5] Begr. FranktionsE, BT-Drs. 19/18110, S. 36.
[6] Begr. FraktionsE, BT-Drs. 19/18110, S. 36.
[7] BGH, Urteil vom 4. Februar 2015 – VIII ZR 175/14 = NJW 2015, 1296.
[8] MüKoBGB/*Ernst,* BGB § 275 Rn. 13 mwN.
[9] BGH Urteil vom 4. Februar 2015 – VIII ZR 175/14, Rn. 18 = NJW 2015, 1296 (1297).

- Auf Auswirkungen der COVID-19-Pandemie beruhende Mietschulden **(hierzu 3.)**
- Glaubhaftmachung des Zusammenhanges zwischen Pandemie und Nichtleistung durch den Mieter **(hierzu 4.)**

1. Vermieter, Mietverhältnis

16   Mit **Vermieter** ist die Partei des Mietverhältnisses im Sinne des § 535 Abs. 1 BGB gemeint.

17   Dem **Vertragsrubrum** kommt dabei große Bedeutung zu. Im Zweifel gilt die Vermutungsregel des § 164 Abs. 2 BGB. Eigentümer und Vermieter müssen nicht identisch sein (s. §§ 540, 565 BGB), weshalb allein aus der fehlenden Eigentümerstellung nicht geschlossen werden kann, der Handelnde trete als Vertreter des Eigentümers auf.[10]

18   Die Aussetzung des Kündigungsrechts durch den Vermieter betrifft sowohl **Wohnraum- als auch Gewerberaummietverhältnisse,** die bis zum 1. April 2020 ungekündigt sind. Die Vorschrift umfasst in ihrem Anwendungsbereich somit gleichermaßen Verbraucher und Unternehmer, abweichend vom Moratorium des § 1 des Art. 240 EGBGB unabhängig von der Unternehmensgröße.

19   Erfasst sind lediglich Mietverträge über **Immobilien.** Andere Mietverträge über bewegliche Gegenstände (etwa Leasingverträge) sind nicht von § 2 des Art. 240 EGBGB, sondern ggfls. von § 1 des Art. 240 EGBGB erfasst.

20   **Absatz 3** der Vorschrift stellt klar, dass der Kündigungsausschluss für **Pachtverhältnisse** – einschließlich Landpachtverhältnisse – entsprechend gilt.

21   Die Hinzuziehung von Pachtverträgen ist sachgerecht, denn **zum Betrieb eines Unternehmens** gehörende Immobilien werden nicht immer angemietet, sondern sind oft auch Gegenstand von Pachtverhältnissen. Solche Pächter können ebenso wie Mieter von Geschäftsräumen oder -flächen von den Auswirkungen der COVID-19-Pandemie in ihrer Leistungsfähigkeit betroffen sein. Dies gilt beispielsweise für die von den Beschränkungen des öffentlichen Lebens stark betroffenen Pächter der Hotel- und Gaststättenbetriebe.[11]

2. Nichtleistung der Miete zwischen 1. April 2020 und 30. Juni 2020 trotz Fälligkeit

22   Allein **ausgebliebene Mietzahlungen** im Zeitraum **von April bis Juni 2020** werden durch die Gesetzesänderung erfasst. Das Kündigungsrecht des Vermieters wegen Zahlungsverzugs vor dem 1. April 2020 oder nach dem 30. Juni 2020 bleibt unberührt.

23   Die Miete muss zudem **fällig** sein. Gemäß § 556b Abs. 1 BGB, der für Wohn- und Gewerberaummietverhältnisse gilt, ist mangels vertraglicher Regelungen die Fälligkeit von Mietzahlungen bis zum dritten Werktag der einzelnen Zeitabschnitte zu entrichten, nach denen sie bemessen ist. Hierbei handelt es sich im Regelfalle um den dritten Werktag eines jeden Kalendermonats. Im Wohnraummietrecht ist es ausreichend, wenn der Mieter seinem Zahlungsdienstleister den Zahlungsauftrag bis zum dritten Werktag des vereinbarten Zeitabschnitts erteilt.[12]

---

[10] MüKoBGB/*Häublein,* BGB § 535 Rn. 49.

[11] Begr. FraktionsE, BT-Drs. 19/18110, S. 36.

[12] MüKoBGB/*Artz,* § 556b Rn. 6.

Aufgrund des Wortlauts der Regelung, der Vermieter könne **„nicht allein aus**   24
dem Grund" kündigen, deckt der Kündigungsausschluss nicht Fälle ab, in denen
sich der Mieter bereits vor dem Monat April 2020 im Verzug mit der Mietzahlung
befand und danach sich weitere Mietschulden anhäuften, die die außerordentliche
Kündigung des Vermieters begründen.

3. Mietschulden aufgrund COVID-19-Pandemie

Der temporäre Kündigungsausschluss gilt nur, sofern die Nichtleistung auf den   25
Auswirkungen der Covid-19-Pandemie beruht. Es bedarf eines **kausalen Zusam-**
menhangs zwischen der Nichtleistung der Miete und den Auswirkungen der CO-
VID-19-Pandemie.

Leistet der Mieter aus **anderen Gründen** nicht, etwa weil er zahlungsunwillig   26
ist, seine Zahlungsunfähigkeit andere Ursachen als die COVID-19-Pandemie hat
oder er schlicht „Kasse machen will", ist die Kündigung des Vermieters nach dem
eindeutigen Willen des Gesetzgebers keineswegs ausgeschlossen.[13]

Auch eine durch den Mieter vollzogene **Mietminderung** wegen Beeinträchti-   27
gungen der Mietsache aufgrund von Betriebsschließungen ist, wenn sie sich als
rechtswidrig erweisen sollte, nicht von dem Kündigungsausschluss erfasst.

Allerdings kommt es nicht auf die **allgemeine Leistungsfähigkeit** des Mieters   28
an. Dies verdeutlicht der Vergleich mit Art. 240 §§ 1 und 3 EGBGB, wonach es
einer existenziellen Bedrohung des Mieters nicht bedarf, um die Kündigung zu
sperren.[14] Auch Mieter, die Rücklagen haben oder einen Onlineshop betreiben,
fallen in den Anwendungsbereich des Kündigungsmoratoriums, denn auch bei ihnen „beruht" die Nichtleistung auf der Pandemie.[15]

Der Gesetzgeber hat sich im Sinne des Mieterschutzes bewusst dazu entschieden,   29
die **Voraussetzungen** des Kündigungsausschlusses **gering** zu halten.

Es ist daher nicht erforderlich, dass es beim Mieter zu **„erheblichen Einnah-**   30
meausfällen"[16] kommt. Unabhängig von zu Rechtsunsicherheit führenden Un-
klarheiten, welche Höhe an Einnahmeausfällen hierfür ausreichen sollen, finden
sich für ein derartiges Erfordernis keine Anknüpfungspunkte beim Wortlaut oder
der Begründung des Entwurfsverfassers.

Ebenso wenig ist es erforderlich, dass der Mieter zunächst versucht, **Fremdkapi-**   31
tal oder liquide Reserven bei Muttergesellschaften im Konzern[17] zu besorgen.

Auch die Inanspruchnahme **staatlicher Hilfe** kann nicht dazu führen, dass der   32
Kündigungsausschluss aufgrund der dadurch eintretenden Kompensationswirkung
entfällt.[18] Der Entwurfsverfasser hat als geeignetes Mittel der Glaubhaftmachung
ausdrücklich den Nachweis der Antragstellung sowie die Bescheinigung über die
Gewährung staatlicher Leistungen genannt.[19] Es wäre daher widersprüchlich, die
empfangene staatliche Leistung wiederum als Grund für den Wegfall des Kündigungsmoratoriums zu werten.

---

[13] Begr. FraktionsE, BT-Drs. 19/18110, S. 36.
[14] *Schmidt-Kessel/Möllnitz,* NJW 2020, 1103 (1105).
[15] *Börstinghaus,* ZAP 2020 411 (414).
[16] So aber *Schmidt-Kessel/Möllnitz,* NJW 2020, 1103 (1105).
[17] So *Schmidt-Kessel/Möllnitz,* NJW 2020, 1103 (1105).
[18] Dafür aber *Schmidt-Kessel/Möllnitz,* NJW 2020, 1103 (1105).
[19] Begr. FraktionsE, BT-Drs. 19/18110, S. 36.

33   Der Mieter muss die **Tatsachen darlegen,** aus denen sich eine überwiegende Wahrscheinlichkeit dafür ergibt, dass seine Nichtleistung auf der COVID-19-Pandemie beruht. Dazu soll der Mieter unter anderem darauf verweisen können, dass der Betrieb seines Unternehmens im Rahmen der Corona-Pandemie untersagt oder erheblich eingeschränkt worden ist.[20]

4. Glaubhaftmachung

34   Der Mieter hat die Betroffenheit durch die COVID-19-Pandemie und den Zusammenhang mit der Nichtleistung der Miete **im Streitfall glaubhaft** zu machen.[21]

35   Das Gesetz begnügt sich damit ausdrücklich mit einem – gegenüber der Überzeugungsbildung beim Vollbeweis – herabgesetzten Maß. Der Mieter muss damit lediglich Tatsachen glaubhaft machen, aus denen sich eine **überwiegende Wahrscheinlichkeit** dafür ergibt, dass die Nichtleistung auf der COVID-19-Pandemie beruht.[22]

36   Für die Glaubhaftmachung kann der Mieter die **Mittel des § 294 Abs. 1 ZPO** einschließlich der dort genannten eidesstattlichen Versicherung wählen. Die Glaubhaftmachung ist ein im Hauptsacheprozess grundsätzlich nicht vorgesehenes Beweismaß. Hier helfen normalerweise die üblichen Beweiserleichterungen inkl. der Schätzung gem. § 287 ZPO.[23]

37   Als Beispiele für geeignete **Mittel der Glaubhaftmachung** werden durch den Entwurfsverfasser genannt:
- der Nachweis der Antragstellung
- oder die Bescheinigung über die Gewährung staatlicher Leistungen,
- Bescheinigungen des Arbeitgebers
- oder andere Nachweise über das Einkommen
- beziehungsweise über den Verdienstausfall.[24]

38   Mieter von **Gewerbeimmobilien** können darüber hinaus den Zusammenhang zwischen COVID-19-Pandemie und Nichtleistung zum Beispiel regelmäßig mit dem Hinweis darauf glaubhaft machen, dass der Betrieb ihres Unternehmens im Rahmen der Bekämpfung des SARS-CoV-2-Virus durch Rechtsverordnung oder behördliche Verfügung untersagt oder erheblich eingeschränkt worden ist.[25]

39   Es ist daher gerade nicht zwingend erforderlich, dass der Mieter seine **konkreten wirtschaftlichen Verhältnisse** offenlegt.[26]

40   Die Glaubhaftmachung ist **erst im Prozess** erforderlich.[27]

41   Damit hat sich der Gesetzgeber zur umfassenden Wirksamkeit des Kündigungsmoratoriums dagegen entschieden, die Glaubhaftmachung zur **Voraussetzung** für das Kündigungsmoratorium zu erheben.[28] Vorher muss der Mieter die Betroffenheit lediglich darlegen.

---

[20]   Begr. FraktionsE, BT-Drs. 19/18110, S. 36.
[21]   Begr. FraktionsE, BT-Drs. 19/18110, S. 36.
[22]   Vgl. BGH, Beschl. v. 21. Dezember 2006 – IX ZB 60/06 = NJW-RR 2007, 776.
[23]   *Börstinghaus,* ZAP 2020 411 (414).
[24]   Begr. FraktionsE, BT-Drs. 19/18110, S. 36.
[25]   Begr. FraktionsE, BT-Drs. 19/18110, S. 37.
[26]   So aber *Schmidt-Kessel/Möllnitz,* NJW 2020, 1103 (1106).
[27]   *Börstinghaus,* ZAP 2020 411 (414).
[28]   Der Änderungsantrag der AfD-Fraktion, BT-Drs. 19/18136, wonach die Glaubhaftmachung Voraussetzung für das Kündigungsmoratorium sein müsse, wurde abgelehnt.

Zur Streitvermeidung sollten die für die Glaubhaftmachung erforderlichen   42
Nachweise jedoch bereits **außergerichtlich vorgelegt** werden.

Es ist nicht ganz nachvollziehbar, warum der Gesetzgeber die Pflicht zur Glaub-   43
haftmachung nicht bereits bei Nichtleistung des Mieters statuiert hat. Vermieter haben somit allein die Möglichkeit der Räumungsklage, um **herauszufinden,** ob der
Mieter die Voraussetzungen für das Kündigungsmoratorium glaubhaft machen
kann.

V. Kein Ausschluss weiterer Kündigungsgründe, Abs. 1 S. 2

Unberührt von § 2 des Art. 240 EGBGB bleiben andere Kündigungsgründe des   44
Vermieters, was § 2 S. 3 ausdrücklich klarstellt. Hierbei handelt es sich um die ver-
traglich **vereinbarten sowie gesetzlichen Kündigungsgründe** gemäß § 543,
Abs. 1, 2 und § 573 Abs. 2 Nr. 3 BGB.

Darüber hinaus ist auch bei auf unbestimmte Zeit abgeschlossenen Mietverhält-   45
nissen über Grundstücke oder über Räume, die keine Wohnräume sind, nach
§ 580a BGB die ordentliche Kündigung **ohne Kündigungsgrund** weiterhin
möglich.

Die Beibehaltung der Möglichkeit der ordentlichen Kündigung bei **Gewerbe-**   46
räumen ist sachgerecht. Unabhängig von der Pandemie, existiert in diesen Fällen
für Mieter und Vermieter das Risiko, dass der Vertragspartner jederzeit innerhalb
der gesetzlichen Fristen kündigen kann. Dieses Risiko hat sich durch die CO-
VID-19-Pandemie nicht geändert. Es besteht somit kein Grund für eine Privilegierung dieser Mieter. Für eine bessere Planbarkeit und Investitionssicherheit werden
Gewerbemietverträge daher üblicherweise für eine bestimmte Zeit geschlossen.

VI. Kein dispositives Gesetzesrecht, Abs. 2

Die Vorschrift des § 2 Abs. 2 stellt klar, dass zum **Nachteil des Mieters** nicht   47
von der Regelung des Absatzes 1 abgewichen werden kann.[29]

Etwaige entgegenstehende Vereinbarungen, sowohl **individualvertraglich** als   48
auch in Allgemeinen Geschäftsbedingungen, sind damit unwirksam.

Dies gilt ohne Rücksicht darauf, zu welchem **Zeitpunkt** die Parteien solche   49
Vereinbarungen getroffen haben.

Die Wirksamkeit vertraglich vereinbarter Kündigungsrechte bleibt unberührt   50
für Zahlungsrückstände, die **vor dem 1. April 2020** angefallen sind oder **nach**
dem 30. Juni 2020 anfallen.[30]

VII. Anwendung auf Pachtverhältnisse, Abs. 3

Absatz 3 der Vorschrift stellt klar, dass der Kündigungsausschluss für **Pachtver-**   51
hältnisse – einschließlich Landpachtverhältnisse – entsprechend gilt.

---

[29] *Artz* spricht von einem „halbzwingenden Kündigungsschutz" Schmidt/*Artz,* COVID-19,
    § 3 Mietrecht Rn. 37.

[30] Begr. FraktionsE, BT-Drs. 19/18110, S. 36.

52 Zum Betrieb eines Unternehmens gehörende Immobilien sind regelmäßig Gegenstand von Pachtverhältnissen. Es ist daher sachgerecht, Pächter in den Schutzbereich der Regelung einzubeziehen, da sie ebenso wie Mieter von Gewerberaummietverhältnissen von Auswirkungen der COVID-19-Pandemie betroffen sein können. Dies gilt beispielsweise für die von den Beschränkungen des öffentlichen Lebens stark betroffenen Pächter der Hotel- und Gaststättenbetriebe.[31]

VIII. Befristung des Kündigungsausschlusses, Abs. 4

53 Der gesetzliche Kündigungsausschluss ist zunächst auf die Dauer von **zwei Jahren beschränkt,** Art. 240 § 2 Abs. 4 EGBGB.

54 Das Kündigungsrecht des Vermieters wegen Zahlungsverzugs ist somit bis **zum 30. Juni 2022** ausgeschlossen. Der Mieter hat bis dahin Zeit, seine Mietrückstände auszugleichen. Danach lebt das Kündigungsrecht des Vermieters wieder auf. Wegen Zahlungsrückständen, die vom 1. April bis zum **30. Juni 2020** eingetreten und bis zum Tag des Außerkrafttretens nicht ausgeglichen sind, kann **nach diesem Tag** wieder gekündigt werden.

55–56 Mit Ablauf des 30. September 2022 tritt das Gesetz selbst gemäß Art. 6 Abs. 6 EGBGB außer Kraft.

IX. Kein Leistungsverweigerungsrecht

57 Ein Recht zur Verweigerung der Mietzahlung (Leistungsverweigerungsrecht) hat der Gesetzgeber dem Mieter mit der Vorschrift des Art. 240 § 2 EGBGB ausdrücklich nicht zugesprochen[32].

58 Die Regelung bewirkt **lediglich ein Kündigungsmoratorium,** keine Aussetzung der Mietzahlungspflicht oder ein Leistungsverweigerungsrecht. Somit erstreckt sich das in Art. 240 § 1 Abs. 1 EGBGB geregelte Leistungsverweigerungsrecht („Moratorium") gerade nicht auf Mietverträge.

59 Der Eingriff in die **Rechte des Vermieters** ist damit geringer, da die Regelung lediglich sein sekundäres Recht zur Kündigung wegen Zahlungsverzugs für einen bestimmten Zeitraum beschränkt. Umgekehrt sieht der Gesetzgeber ein erhebliches Interesse auf Seiten des Mieters: Der angemietete Wohnraum stelle für die Mieter regelmäßig ihre Heimstatt dar, für Gewerbemieter seien die angemieteten Räume und Flächen Grundlage ihrer Erwerbstätigkeit.[33]

60 Der Gesetzgeber hat hier in **Abwägung** der Interessen von Mieter und Vermieter und vor dem Hintergrund des erheblichen Eingriffs in die Rechte des Vermieters eine Sonderregelung normiert, die dem Interesse am Fortbestand des Mietverhältnisses den Vorzug gibt. Dies rechtfertige es, nach Auffassung des Gesetzgebers, von einer speziellen **Härteklausel** abzusehen, wie sie etwa Mieter gemäß § 574 BGB bei einer ansonsten berechtigten Kündigung des Vermieters in besonderen Fällen unter Abwägung von beidseitigen Interessen geltend machen können. In

---

[31] Begr. FraktionsE, BT-Drs. 19/18110, S. 36.
[32] Begr. FraktionsE, BT-Drs. 19/18110, S. 36.
[33] Begr. FraktionsE, BT-Drs. 19/18110, S. 36.

ganz besonders gelagerten Einzelfällen komme ein Rückgriff auf Treu und Glauben in Betracht.[34]

Leistet der Mieter die Miete nicht oder nicht vollständig, so gerät er damit weiterhin in **Verzug** gemäß § 286 Abs. 2 Nr. 1 BGB. Er begeht eine **Pflichtverletzung** im Mietverhältnis.   **61**

Der Vermieter bleibt damit berechtigt, die Mietforderungen **gerichtlich** durchzusetzen, auch im Urkundsverfahren gem. § 592 ZPO.   **62**

Weiterhin besteht **Verzinsungspflicht** hinsichtlich der nicht bezahlten Miete gemäß § 288 Abs. 1, 2 BGB.   **63**

Die Regelung des Gesetzgebers versucht die Interessen von Mieter und Vermieter bestmöglich auszugleichen. Hierbei entsteht jedoch ein gewisser **Wertungswiderspruch,** wenn auf der einen Seite bei offenen Mieten in den Monaten ab 1. April 2020 bis 30. Juni 2020 eine Kündigung des Vermieters bis zum 30. Juni 2022 ausgeschlossen sein soll, eine Zahlungsklage mit anschließender Zwangsvollstreckung in das Vermögen des Mieters durch den Vermieter jedoch weiterhin möglich ist. Eine konsequente Umsetzung des Moratoriums hätte zur Folge haben müssen, dass neben dem Kündigungsmoratorium ebenso ein Vollstreckungsverbot für etwaige offene Mieten aus den Monaten April bis Juni 2020 hätte kodifiziert werden müssen.   **64**

Darüber hinaus schafft die Vorschrift **keinen Vollstreckungsschutz** für bereits vollstreckbare Räumungstitel. Gerichtliche Räumungsfristen können daher lediglich durch einen Antrag nach § 721 Abs. 3 S. 1 Alt. 1 ZPO verlängert werden.[35]   **65**

X. Verordnungsermächtigung, § 4 Abs. 1 Ziff. 2

Gemäß Art. 240 § 4 Abs. 1 Ziff. 2 EGBGB wird der Bundesregierung die Möglichkeit eingeräumt, den in § 2 Abs. 1 und Abs. 3 festgelegten Zeitraum durch Rechtsverordnung ohne Zustimmung des Bundesrates um bis zu **drei Monate zu verlängern.**   **66**

Art. 240 § 4 Abs. 2 EGBGB sieht eine noch weitergehende Verordnungsermächtigung (nur mit Zustimmung des Deutschen Bundestags) über den 30. September 2020 vor, wenn die Beeinträchtigungen auch noch nach Inkrafttreten einer etwaigen Verordnung nach Absatz 1 der Norm fortbestehen.   **67**

XI. Rückgriff auf Mietsicherheit

Der Rückgriff auf die **Kaution des Mieters** im laufenden Mietverhältnis ist problematisch.   **68**

---

[34] Begr. FraktionsE, BT-Drs. 19/18110, S. 36.
[35] Das LG Berlin sieht aufgrund der Covid-19-Pandemie grundsätzlich eine Erstreckung der Räumungsfristen bis zum 30. Juni 2020 geboten, LG Berlin Beschl. v. 26.3.2020 – 67 S 16/20.

1. Verzug

69   Die Verwertung einer Mietsicherheit setzt stets **Verzug** des Mieters mit der gesicherten Forderung voraus. Wie vorstehend erläutert, besteht die Mietzahlungspflicht des Mieters fort. Das „Moratorium" in Art. 240 § 1 EGBGB ist auf Mietverträge nicht anwendbar. Mieter befinden sich daher bei nicht fristgerechter Mietzahlung in Verzug.

2. Voraussetzungen der Verwertung

70   Während der Mietzeit besteht die Pflicht des Vermieters zur **getrennten Anlage** der Mietkaution uneingeschränkt.

71   Vorbehaltlich anderweitiger (wirksamer) vertraglicher Regelungen kann der Vermieter jedoch während des Mietverhältnisses auf die Mietsicherheit nur für **unbestrittene,** zumindest nicht ernsthaft streitige, **oder rechtskräftig festgestellte Forderungen** zugreifen („Verwertung").[36] Andernfalls darf der Vermieter die Sicherheit vor Beendigung des Mietvertrags nicht verwerten und der Mieter könnte sich über einstweiligen Rechtsschutz wehren.

72   **Streitige Ansprüche** erlauben ihm keinen Zugriff, weil sonst die treuhänderische Bindung wertlos wäre.[37]

73   Soweit teilweise der Zugriff vor Mietende auch wegen „unmittelbar liquider" oder „offensichtlich begründeter" Forderungen erlaubt wird,[38] ist das problematisch. Die Kategorie **„offensichtlich begründet"** wäre nicht mehr abzugrenzen. Die Rechtsprechung hat dies auch jeweils so eingeschränkt, dass das Bestreiten des Mieters im konkreten Fall nur noch als rechtsmissbräuchlich angesehen werden kann.[39]

74   Da die Mietforderung in den von Art. 240 § 2 EGBGB erfassten Fällen unstreitig sein dürfte und lediglich durch das Gesetz ein Moratorium für die Kündigung erfolgt, ist mit der Rechtsprechung des BGH[40] davon auszugehen, dass die **Verwertung der Mietsicherung durch den Vermieter vorliegend zulässig** sein dürfte.

3. Kündigung mangels Wiederauffüllung?

75   Aus diesem Umstand ergeben sich **Folgeprobleme,** die der Gesetzgeber nicht in die Regelungen zum Kündigungsmoratorium einbezogen hat.

76   Infolge der Schmälerung der Mietkaution kann der Vermieter **Wiederauffüllung** der vertraglich vereinbarten Kautionssumme (im Wohnraummietverhältnis bis zur Höhe von drei Monatskaltmieten) verlangen.[41] Kommt der Mieter dieser Pflicht nicht nach, begeht er eine **Pflichtverletzung im Mietverhältnis.** Der Vermieter könnte daraufhin grundsätzlich den Mietvertrag nach § 543 Abs. 1 BGB außerordentlich fristlos kündigen.[42]

---

[36] Vgl. BGH NZM 2014, 551 mwN; Schmidt-Futterer/*Blank,* § 551 Rn. 91.

[37] Vgl. BGH NZM 2014, 551 mwN; Schmidt-Futterer/*Blank,* § 551 Rn. 91.

[38] Vgl. etwa AG Hamburg-Altona ZMR 2013, 47 = BeckRS 2013, 211; LG Mannheim NJWE-MietR 1996, 219; *Sittner,* NJW 2020, 1169 (1173).

[39] Vgl. OLG Celle NZM 1998, 265; LG Mannheim WuM 1996, 269; LG Wuppertal NZM 2004, 298; LG Darmstadt WuM 2008, 726; LG Halle NZM 2008, 685.

[40] BGH NZM 2014, 551 mwN.

[41] BGH WPM 1972, 335; Schmidt-Futterer/*Blank,* BGB § 551 Rn. 90).

[42] BGH NJW-RR 2007, 886.

Nach dem ausdrücklichen Wortlaut des Art. 240 § 2 Abs. 1 S. 3 EGBGB sind   77
sonstige Kündigungsgründe von der Vorschrift unberührt. Dem Vermieter wäre
daher über die Inanspruchnahme der Mietkaution gleichwohl eine Kündigung des
Mietverhältnisses (aufgrund Verzugs bei der Wideraufüllung der Mietkaution)
möglich. Die Möglichkeit hat der Gesetzgeber durch das Kündigungsmoratorium
selbst geschaffen.

Dieser Wertungswiderspruch ließe sich allein über eine **analoge Anwendung**   78
des Kündigungsausschlusses aus Art. 240 § 2 Abs. 1 S. 1 EGBGB auch auf die Pflicht
zur Wiederaufüllung der Mietkaution auflösen. Es sprechen gute Gründe dafür,
hier eine planwidrige Regelungslücke des Gesetzgebers, die der Zeitnot im Gesetzgebungsverfahren geschuldet ist, zu sehen. Eine Vergleichbarkeit der Interessenlage
zum Kündigungsmoratorium aufgrund Verzuges der Mietzahlung ist ebenso gegeben.[43]

---

[43] In diese Richtung argumentierend auch *Mahdi/Rosner,* NZM 2020, 416 (421).

C. Art. 5 AbmG vom 27.3.2020:
Art. 240 § 3 EGBGB – Darlehensrecht

Übersicht

Artikel 5 **Änderung des Einführungsgesetzes zum Bürgerlichen**
Gesetzbuche

Artikel 240 des Einführungsgesetzes zum Bürgerlichen Gesetzbuche in
der Fassung der Bekanntmachung vom 21. September 1994 (BGBl. I
S. 2494; 1997 I S. 1061), das zuletzt durch Artikel 2 des Gesetzes vom
19. März 2020 (BGBl. I S. 541) geändert worden ist, wird wie folgt gefasst:

„Artikel 240 Vertragsrechtliche Regelungen aus Anlass der COVID-19-
Pandemie

§ 3 Regelungen zum Darlehensrecht

(1) Für Verbraucherdarlehensverträge, die vor dem 15. März 2020
abgeschlossen wurden, gilt, dass Ansprüche des Darlehensgebers auf
Rückzahlung, Zins oder Tilgungsleistungen, die zwischen dem 1. April
2020 und dem 30. Juni 2020 fällig werden, mit Eintritt der Fälligkeit für

die Dauer von drei Monaten gestundet werden, wenn der Verbraucher aufgrund der durch Ausbreitung der COVID-19-Pandemie hervorgerufenen außergewöhnlichen Verhältnisse Einnahmeausfälle hat, die dazu führen, dass ihm die Erbringung der geschuldeten Leistung nicht zumutbar ist. Nicht zumutbar ist ihm die Erbringung der Leistung insbesondere dann, wenn sein angemessener Lebensunterhalt oder der angemessene Lebensunterhalt seiner Unterhaltsberechtigten gefährdet ist. Der Verbraucher ist berechtigt, in dem in Satz 1 genannten Zeitraum seine vertraglichen Zahlungen zu den ursprünglich vereinbarten Leistungsterminen weiter zu erbringen. Soweit er die Zahlungen vertragsgemäß weiter leistet, gilt die in Satz 1 geregelte Stundung als nicht erfolgt.

(2) Die Vertragsparteien können von Absatz 1 abweichende Vereinbarungen, insbesondere über mögliche Teilleistungen, Zins- und Tilgungsanpassungen oder Umschuldungen treffen.

(3) Kündigungen des Darlehensgebers wegen Zahlungsverzugs, wegen wesentlicher Verschlechterung der Vermögensverhältnisse des Verbrauchers oder der Werthaltigkeit einer für das Darlehen gestellten Sicherheit sind im Fall des Absatzes 1 bis zum Ablauf der Stundung ausgeschlossen. Hiervon darf nicht zu Lasten des Verbrauchers abgewichen werden.

(4) Der Darlehensgeber soll dem Verbraucher ein Gespräch über die Möglichkeit einer einverständlichen Regelung und über mögliche Unterstützungsmaßnahmen anbieten. Für dieses können auch Fernkommunikationsmittel genutzt werden.

(5) Kommt eine einverständliche Regelung für den Zeitraum nach dem 30. Juni 2020 nicht zustande, verlängert sich die Vertragslaufzeit um drei Monate. Die jeweilige Fälligkeit der vertraglichen Leistungen wird um diese Frist hinausgeschoben. Der Darlehensgeber stellt dem Verbraucher eine Abschrift des Vertrags zur Verfügung, in der die vereinbarten Vertragsänderungen oder die sich aus Satz 1 sowie aus Absatz 1 Satz 1 ergebenden Vertragsänderungen berücksichtigt sind.

(6) Die Absätze 1 bis 5 gelten nicht, wenn dem Darlehensgeber die Stundung oder der Ausschluss der Kündigung unter Berücksichtigung aller Umstände des Einzelfalls einschließlich der durch die COVID-19-Pandemie verursachten Veränderungen der allgemeinen Lebensumstände unzumutbar ist.

(7) Die Absätze 1 bis 6 gelten entsprechend für den Ausgleich und den Rückgriff unter Gesamtschuldnern nach § 426 des Bürgerlichen Gesetzbuchs.

(8) Die Bundesregierung wird ermächtigt, durch Rechtsverordnung mit Zustimmung des Bundestages und ohne Zustimmung des Bundesrates den personellen Anwendungsbereich der Absätze 1 bis 7 zu ändern und insbesondere Kleinstunternehmen im Sinne von Artikel 2 Absatz 3 des Anhangs der Empfehlung 2003/361/EG der Kommission vom 6. Mai 2003 betreffend die Definition der Kleinstunternehmen sowie der kleinen und mittleren Unternehmen in den Anwendungsbereich einzubeziehen.

I. Zweck des Art. 240 § 3 EGBGB

1   Die Vorschrift des Art. 240 § 3 EGBGB enthält Erleichterungen im Bereich des Darlehensrechts.

2   Sie ist von dem **Grundgedanken** geprägt, dass Darlehensgeber und -nehmer möglichst einvernehmlich Lösungen für den Umgang mit den aufgrund der Covid-19-Pandemie eingetretenen **Liquiditätsproblemen des Verbrauchers** finden sollen.[1]

3   Mit der Vorschrift wird eine gesetzlich angeordnete **Stundungsregelung** normiert, die von der Möglichkeit zur Vertragsanpassung nach Ablauf der Stundung sowie einem Kündigungsschutz flankiert wird.

4   Das Gesetz fordert dabei die Darlehensgeber ausdrücklich dazu auf, mit den Verbrauchern das **Gespräch** zu suchen. Im Unterschied zu den übrigen Regelungen des COVID-19-Abmilderungsgesetzes vom 27. März 2020 ist Art. 240 § 3 EGBGB daher nur in Teilen zwingendes Recht. In wichtigen Einzelbereichen bleiben abweichende Vereinbarungen zwischen den Parteien möglich.

II. Voraussetzungen für die Stundungswirkung, Art. 240 § 3 Abs. 1 S. 1 EGBGB

1. Persönlicher Anwendungsbereich, Art. 240 § 3 Abs. 1 S. 1 EGBGB

5   Gemäß Art. 240 § 3 Abs. 1 S. 1 EGBGB gilt die Vorschrift lediglich für **Verbraucherdarlehensverträge** iSd § 491 BGB.

6   Die Vorschrift des § 491 Abs. 2 S. 1 BGB enthält eine **Legaldefinition** des Begriffs. Die dafür maßgeblichen Tatbestandsmerkmale sind
- der entgeltliche Darlehensvertrag[2] sowie
- die Beteiligung eines Unternehmers als Darlehensgeber und eines Verbrauchers als Darlehensnehmer.[3]

7   Für **Darlehensverträge von Unternehmen,** Sachdarlehen, Finanzierungshilfen und Teilzahlungsgeschäfte im Sinne des § 506 BGB kann im Einzelfall der Anwendungsbereich des Moratoriums gemäß Art. 240 § 1 EGBGB eröffnet sein oder es verbleibt bei der Anwendung der allgemeinen gesetzlichen Regeln.

8   Sie können aber durch Rechtsverordnung **nachträglich in den Anwendungsbereich** der Sonderregelung einbezogen werden. Der Gesetzgeber hat hierfür bereits eine **Erweiterung** angelegt und über Art. 240 § 3 Abs. 8 EGBGB eine Ermächtigungsgrundlage für die Bundesregierung kodifiziert, wonach diese im Wege einer Rechtsverordnung den persönlichen Anwendungsbereich der Absätze 1 bis 7 erweitern und insbesondere Kleinstunternehmen in den Anwendungsbereich einbeziehen kann.

---

[1] Vgl. Begr. FraktionsE, BT-Drs. 19/18110, S. 37.
[2] MüKoBGB/*Schürnbrand/Weber,* § 491 Rn. 35.
[3] MüKoBGB/*Schürnbrand/Weber,* § 491 Rn. 7 ff., 13 ff.

2. Sachlicher Anwendungsbereich, Art. 240 § 3 Abs. 1 S. 1 EGBGB

Die Regelung gilt gemäß Art. 240 § 3 Abs. 1 S. 1 EGBGB nur für **Verträge, die** 9
vor dem 15. März 2020 abgeschlossen wurden, da ab diesem Zeitpunkt die
Krise nicht mehr unvorhersehbar gewesen sei.[4]

Damit gilt im Bereich des Darlehensrechts ein **anderer Stichtag** als für die wei- 10
teren Dauerschuldverhältnisse iSd Art. 240 § 1 EGBGB oder die Insolvenzanträge
von Gläubigern nach § 3 COVInsAG.

Die Entwurfsverfasser begründen diese Divergenz mit dem Umstand, dass Ver- 11
braucherdarlehensverträge oftmals **langfristig vorbereitet** würden und bei Im-
mobilienkrediten auch eine Verpflichtung zum Erwerb des finanzierten Objekts
häufig schon eingegangen würde.[5] Darüber hinaus solle vermieden werden, dass
Leistungen aus Verträgen, die ab dem 15. März 2020 gerade zur Unterstützung für
Verbraucher abgeschlossen wurden und werden, um in der Krise solvent bleiben,
kraft Gesetzes gestundet sind.

3. Einnahmeausfälle aufgrund COVID-19-Pandemie, § Art. 240 § 3 Abs. 1 S. 1 EGBGB

Das Gesetz sieht als Erfordernis für die Stundungswirkung, Einnahmeausfälle 12
beim Verbraucher vor. Die Einnahmeausfälle müssen dazu führen, dass der angemessene Lebensunterhalt gefährdet ist (**Liquiditätsengpass**). Damit sind nicht
allein verringerte Einnahmen ausschlaggebend für die gesetzliche Stundung, sondern auch weitere fehlende liquide Mittel des Verbrauchers.

4. Unzumutbarkeit der Erbringung der geschuldeten Leistung, § Art. 240 § 3 Abs. 1 S. 1 a.E, S. 2 EGBGB

Aufgrund des schwerwiegenden Eingriffs in die Rechte des Gläubigers hat sich 13
der Gesetzgeber für eine restriktive Handhabung entschieden. Das Gesetz regelt
daher die Notwendigkeit einer **Kausalität** im Verhältnis von Einnahmeausfällen
und Unzumutbarkeit der Erbringung der geschuldeten Leistung.

Die Vorschrift des Art. 240 § 3 Abs. 1 S. 2 EGBGB enthält eine **Legaldefinition** 14
des Begriffs der **Unzumutbarkeit**. Dies sei bei einem Verbraucher insbesondere
dann der Fall, wenn sein angemessener Lebensunterhalt oder der angemessene Lebensunterhalt seiner Unterhaltsberechtigten gefährdet ist. Aufgrund der Einfügung
des Wortes „insbesondere" wird deutlich, dass die Legaldefinition nicht abschließend zu verstehen ist.

Die Feststellung der Unzumutbarkeit erfordert somit eine umfassende Betrach- 15
tung aller Umstände des **Einzelfalls** und damit auch etwaiger noch vorhandener
liquider Mittel beim Schuldner. Der Gesetzgeber wählt damit wiederum für Verbraucherdarlehensverträge eine andere Formulierung im Hinblick auf die Betroffenheit von der COVID-19-Pandemie als in den Vorschriften zu sonstigen Dauerschuldverhältnissen in Art. 240 § 1 EGBGB sowie Miet- und Pachtverträgen in
Art. 240 § 2 EGBGB.

Vorrangig geht es auch bei Art. 240 § 3 EGBGB um eine **pandemiebedingte** 16
Existenzgefährdung des Verbrauchers.

---

[4] Begr. FraktionsE, BT-Drs. 19/18110, S. 38.
[5] Begr. FraktionsE, BT-Drs. 19/18110, S. 38.

17   Diese muss sich aber nicht gerade aus der fälligen Leistung unter dem Darlehensvertrag ergeben. In Art. 240 § 3 Abs. 1 S. 2 EGBGB wird – insoweit anders als in Art. 240 § 1 EGBGB – ausdrücklich **kein konkreter Bezug** zwischen der fälligen Leistung und dem Eintritt der Existenzgefährdung gefordert.[6] Verlangt Art. 240 § 3 EGBGB eine umständehalber eingetretene Existenzgefährdung („gefährdet ist"), so spricht Art. 240 § 1 EGBGB davon, dass gerade die Erbringung der Leistung zur Existenzgefährdung führen würde („nicht möglich wäre").

18   Anders als bei den Beschränkungen der Kündigung von Miet- und Pachtverhältnissen nach Art. 240 § 2 EGBGB muss der Verbraucher bei den Regelungen zum Darlehensrecht nach § 3 die **Einnahmeausfälle** und den Umstand, dass ihm die Erbringung der geschuldeten Leistung nicht zumutbar ist, nach den allgemeinen zivilprozessualen Grundsätzen im Streitfall im Zweifel **beweisen.**

III. Stundung der Darlehensforderung („gilt"), Art. 240 § 3 Abs. 1 S. 1 EGBGB

19   Die Vorschrift des Art. 240 § 3 Abs. 1 S. 1 EGBGB sieht vor, dass Ansprüche des Darlehensgebers auf Rückzahlung, Zins- oder Tilgungsleistungen, die im Zeitraum vom 1. April 2020 und dem 30. Juni 2020 fällig werden, mit Eintritt der Fälligkeit für die **Dauer von drei Monaten gestundet** werden.

20   Anders als bei § 1 des Art. 240 EGBGB, der die Stundung über ein geltend zu machendes Leistungsverweigerungsrecht vorsieht, wirkt mit § 3 eine Stundung als **gesetzliche Vertragsanpassung** („gilt").

21   Die Wirkung tritt für jeden einzelnen Anspruch – jede Darlehensrate – gesondert ein. Ein Anspruch, der am 2. Juni 2020 fällig würde, wäre bis zum Ablauf des 1. September 2020 gestundet. Voraussetzung hierfür ist, dass der Verbraucher aufgrund der COVID-19-Pandemie **Einnahmeausfälle** hat, die dazu führen, dass ihm die Erbringung der geschuldeten Leistung **„unzumutbar"** ist. Dies ist nach dem Wortlaut des § 3 Abs. 1 S. 2 dann der Fall, wenn dem Verbraucher oder seinen Unterhaltsberechtigten ein **angemessener Lebensunterhalt gefährdet** ist.

22   Hierbei sind die Regelungen zum **Unterhalt** des BGB entsprechend heranzuziehen, also insbesondere die §§ 1360 a, 1603 BGB. Danach ist dem Darlehensnehmer ein angemessener Selbstbehalt für seine Existenzgrundlage zu belassen. Dabei ist nicht der tatsächliche Lebenszuschnitt entscheidet (der im Einzelfall besonders sparsam, aber auch übertrieben aufwendig sein kann), sondern derjenige Standard, den entsprechend situierte Verbraucher im Regelfall wählen.[7] Zwar lassen sich hierfür keine festen Größen angeben. Allerdings wurden durch die familiengerichtliche Rechtsprechung entsprechende Richtlinien und Kategorien, wie typische Haushaltskosten, persönliche Bedürfnisse, Berufsausbildung und Kindesbedarf gebildet, die hierfür herangezogen werden können.[8]

---

[6] *Tribess,* GWR 2020, 152, 153.
[7] Vgl. BGH NJW 2008, 57 Rn. 27 = FamRZ 2007, 1532; NJW-RR 1993, 898 = FamRZ 1993, 789 (792).
[8] Im Überblick MüKoBGB/*Weber-Monecke,* Rn. 3, BGB § 1360 a Rn. 3 ff.

IV. Berechtigung zur Leistungserbringung, Art. 240 § 3 Abs. 1 S. 3, 4 EGBGB

Die qua Gesetz gestundeten Ansprüche sind zwar nicht fällig, nach Art. 240 § 3   **23**
Abs. 1 S. 3 EGBGB für den Verbraucher aber **erfüllbar.** Erfüllt der Verbraucher die
Forderung, ist eine nachträgliche Rückforderung ausgeschlossen; die Stundung gilt
als nicht eingetreten, Art. § 3 Abs. 1 S. 4 EGBGB.

In dem Umfang („soweit"), in welchem der Verbraucher leistet, gilt die gesetz-   **24**
liche Stundungswirkung als nicht eingetreten, Satz 4. Das dürfte auch bei Nutzung
einer **Einzugsermächtigung** durch den Gläubiger gelten, solange der Schuldner
nicht widersprochen oder Nichtzahlung angekündigt hat.[9]

Die Regelung ist **überflüssig.** Merkmal einer Stundung ist es gerade, dass die   **25**
Fälligkeit einer Forderung bei bestehen bleibender Erfüllbarkeit hinausgeschoben
wird.[10] Bereits aus § 271 Abs. 2 BGB ergibt sich, dass der Gläubiger die Leistung
nicht vorher verlangen, der Schuldner aber sie vorher bewirken kann.

V. Abweichende Vereinbarungen, Art. 240 § 3 Abs. 2 EGBGB

Gemäß Art. 240 § 3 Abs. 2 EGBGB wird den Vertragsparteien die Möglichkeit   **26**
eröffnet, von Art. 240 § 3 Abs. 1 EGBGB abweichende **Vereinbarungen** treffen
zu können. Dies ist zwar, soweit das Gesetz nichts Gegenteiliges vorsieht, eine
Selbstverständlichkeit. Der Gesetzgeber wollte mit der Regelung jedoch offenbar
eine Anregung für die Parteien schaffen, entsprechende konsensuale Vereinbarungen zu treffen.

Hierbei kann es sich **insbesondere** um: **27**
- mögliche Teilleistungen,
- Zins- und Tilgungsanpassungen oder
- Umschuldungen,
- Anpassungen der Zahlungsweise (etwa von monatlich auf quartalsweise oder
  jährlich) oder
- Sicherheitentausch bzw. -freigabe

handeln.

Damit besteht im Bereich des Verbraucherdarlehensrechts eine erheblich grö-   **28**
ßere **Flexibilität** als in den übrigen vom COVID-19-Abmilderungsgesetz betroffenen Regelungsbereichen.

VI. Kündigungsausschluss, Art. 240 § 3 Abs. 3 EGBGB

Zusätzlich zur Stundung ist gemäß Art. 240 § 3 Abs. 3 S. 1 EGBGB die **Kündi-**   **29**
gung des Darlehens durch den Darlehensgeber wegen
- Zahlungsverzugs,
- wesentlicher Verschlechterung der Vermögensverhältnisse des Verbrauchers oder
- der Werthaltigkeit einer der für das Darlehen gestellten Sicherheit

ausgeschlossen.

---

[9]   *Schmidt-Kessel/Möllnitz,* NJW 2020, 1103, 1107.
[10]   MüKoBGB/*Krüger,* § 271 Rn. 22.

30   Dies gilt allerdings nur bis zum Ablauf der zu gewährenden Stundung von **drei Monaten**. Die Vorschrift ist gegenüber der Stundungsregelung zwingendes Recht, Art. 240 § 3 Abs. 3 S. 2 EGBGB. Der Kündigungsausschluss unterliegt allerdings der Zumutbarkeitsschranke des Art. 240 § 3 Abs. 6 EGBGB (hierzu unter IX.).

31   Die Regelung hat (abermals) nur **klarstellenden Charakter**,[11] da die Stundung nach Art. 240 § 3 Abs. 1 S. 1 EGBGB die Fälligkeit der betreffenden Ansprüche ohnehin hinausschiebt, so dass der Darlehensnehmer mit diesen Ansprüchen bereits nicht in Verzug gerät.

32   Relevanz hat die Norm aber in den Fällen, bei denen zwar die Voraussetzungen für die Kündigung aufgrund Verzugs vor dem Stichtag des 1. April 2020 eingetreten sind, die für die Kündigung erforderliche **Fristsetzung** jedoch erst danach abläuft oder erklärt wird. Auch für diese Fälle ist die Kündigung dem Darlehensgeber nach dem Wortlaut des Gesetzes abgeschnitten: „sind bis zum Ablauf der Stundung ausgeschlossen".

VII. Gesprächsangebot, Art. 240 § 3 Abs. 4 EGBGB

1. Vertragsfreiheit

33   Die Vorschrift des Art. 240 § 3 Abs. 4 EGBGB fordert von dem Darlehensgeber das Angebot an den Verbraucher, zu einem **Gespräch** über die Möglichkeit einer einverständlichen Regelung und über mögliche Unterstützungsmaßnahmen.

34   Die Verpflichtung zum Gesprächsangebot steht im Zusammenhang mit der vom Gesetzgeber in Art. 240 § 3 Abs. 2 EGBGB getroffenen Entscheidung, abweichende Vereinbarungen zu möglichen Teilleistungen, Zins- und Tilgungsanpassungen oder Umschuldungen treffen zu können.

2. Gesprächsinhalt

35   Ein bestimmter Gesprächsinhalt wird nicht gefordert, lediglich zwei Themen werden vorgegeben:
- Möglichkeit einer einverständlichen Regelung und
- mögliche Unterstützungsmaßnahmen.

36   **Unterstützungsmöglichkeiten** könnten etwa sein:
- Herabsetzung des Zinssatzes
- Aussetzung der Tilgung
- Teilverzicht

37   Falls der Darlehensgeber **keine Unterstützungsmaßnahmen** anbietet, muss er das schlicht mitteilen. Das Gesetz zwingt den Darlehensgeber nicht dazu, Unterstützung vorzusehen, das steht vielmehr in seinem freien Belieben.

38   Auch im Hinblick auf die „einverständliche Regelung" gilt, dass der Gesetzgeber keiner Vertragspartei **inhaltliche Direktiven** vorgibt. Das Gespräch kann also auch so verlaufen, dass der Darlehensgeber dem Verbraucher anbietet, das Darlehen unverändert fortzuführen.

39   Wenn der Darlehensgeber nicht zu Angeboten bereit ist, verkommt die Regelung in Absatz 3 zu einer sinnlosen **Förmelei**. Dieses Risiko wird der Gesetzgeber gesehen haben, hat aber gleichwohl auf inhaltliche Vorgaben verzichtet.

---

[11] Begr. FraktionsE, BT-Drs. 19/18110, S. 39.

3. Form

Für das Gesprächsangebot können auch **Fernkommunikationsmittel,** also 40
Telefon, Videokonferenz, E-Mail, Schreiben etc. genutzt werden, Art. 240 § 3
Abs. 4 S. 2 EGBGB.

4. Rechtsfolge bei Verstoß

Unklar ist, welche **Rechtsfolge** sich aus dem Umstand ergeben könnte, sofern 41
der Darlehensgeber diese **Pflicht verletzt,** also dem Verbraucher kein Gespräch
anbietet. Der Gesetzgeber hat hierzu keine Regelung getroffen.

Es ist daher davon auszugehen, dass eine etwaige Pflichtverletzung des Darle- 42
hensgebers insoweit **keine Auswirkungen** zeitigt. Unterlässt es der Darlehensgeber, dem Verbraucher ein Gespräch anzubieten, verbleibt es bei der gesetzlich
ohnehin bereits angeordneten Stundungswirkung des Art. 240 § 3 Abs. 1 S. 1
EGBGB mit Laufzeitverlängerung gemäß Art. 240 § 3 Abs. 4 EGBGB.

VIII. Laufzeitverlängerung, Art. 240 § 3 Abs. 5 EGBGB

Mit Ablauf der in Art. 240 § 3 Abs. 1 geregelten Stundungsfrist wären die bis 43
zum 30. Juni 2020 fälligen, aber gesetzlich gestundeten Ansprüche und die nach
diesem Zeitpunkt wieder regulär fällig werdenden Ansprüche **parallel zu erfüllen.**

Kommen Darlehensgeber und Verbraucher für den Zeitraum nach dem 30. Juni 44
2020 zu keiner Einigung, **fingiert** das Gesetz mit Art. 240 § 3 Abs. 5 EGBGB eine
automatisch eintretende Verlängerung der Vertragslaufzeit des Darlehensvertrages
um drei Monate.

Die Entwurfsverfasser entschieden sich somit für eine Regelung, um eine **Dop-** 45
pelbelastung der Verbraucher und möglicher Überforderung zu **vermeiden.**[12]

Die im **Zusammenhang** mit Art. 240 § 3 EGBGB gesetzlich angeordneten 46
oder zwischen den Vertragsparteien vereinbarten Vertragsänderungen müssen gemäß Art. 240 § 3 Abs. 5 S. 3 EGBGB **dokumentiert** werden.

IX. Unzumutbarkeit der Stundung für den Darlehensgeber, Art. 240 § 3 Abs. 6 EGBGB

Die den Verbraucher begünstigenden Regelungen stehen unter dem Vorbehalt 47
des Art. 240 § 3 Abs. 6 EGBGB, dass nicht dem **Darlehensgeber** deren Anwendung ebenso **unzumutbar** ist.

Eine Unzumutbarkeit von Stundung oder Kündigungsausschluss kann sich nach 48
dem Wortlaut der Vorschrift insbesondere aus den „durch die COVID-19-Pande-
mie verursachten Veränderungen der allgemeinen Lebensumstände" ergeben.
Zur Frage, welche Veränderungen der allgemeinen **Lebensumstände** hier gemeint
sein sollen, schweigt die Entwurfsbegründung. So bleibt eine erhebliche rechtliche
Unsicherheit.

---

[12] Begr. FraktionsE, BT-Drs. 19/18110, S. 40.

49   Das Gesetz stellt seinem klaren Wortlaut nach nicht auf die individuellen Lebensumstände des Darlehensgebers, sondern auf die „allgemeinen" Lebensumstände ab. Diese Abstraktion ist im Grunde wenig verständlich, da es um eine Unzumutbarkeit gerade für den konkreten Darlehensgeber geht. Ob und inwieweit die „allgemeinen" Lebensumstände sich auf ihn auswirken, ist eine Frage des Einzelfalles. Die „konkreten" bzw. **„individuellen" Lebensumstände** werden aber unter dem Oberbegriff der Zumutbarkeit für den Kreditgeber zu subsumieren sein. Die Hervorhebung der „allgemeinen" Lebensumstände ist insoweit also wenig nachvollziehbar, aber auch unschädlich.

50   Nach Sinn und Zweck der Norm, die grundsätzlich dem Schutz des Verbrauchers dient, können hier nur außergewöhnliche Fallkonstellationen in Betracht kommen. Hierbei könnte auf die für § 314 BGB entwickelten Fallkonstellationen zurückgegriffen werden, wonach das **Vertrauensverhältnis** der Vertragspartner nachhaltig zerstört sein muss.[13] Dabei geht es um Gründe, die dem Risikobereich des Kündigungsgegners entstammen.

51   Ein wichtiger Grund ist regelmäßig etwa dann gegeben, wenn einem der Vertragspartner aus Gründen, die nicht in seinem Verantwortungsbereich liegen, eine weitere Nutzung der Leistungen des anderen Vertragspartners nicht mehr zumutbar ist. Diese Fälle bedürfen jedenfalls einer sorgfältigen **Abwägung** zwischen den wirtschaftlichen Interessen des Darlehensgebers und den Auswirkungen einer Kündigung auf den Darlehensnehmer.

52   Über die allgemeinen Lebensumstände hinaus, sollen nach dem Willen der Entwurfsverfasser von der Vorschrift besondere Fälle **treuwidriger Verbraucher** erfasst werden, etwa:
– Frühere (gravierende) Vertragsverletzungen des Darlehensnehmers,
– sich über einen längeren Zeitraum hinziehende schuldhafte Pflichtverletzungen des Verbrauchers,
– absichtlich **falsche Angaben** des Verbrauchers oder
– pflichtwidrige Veräußerungen von Sicherheiten vor oder während der pandemiebedingten Ausnahmesituation.[14]

53   Während das Leistungsverweigerungsrecht nach Art. 240 § 1 EGBGB nur bei einer Gefährdung der Lebensgrundlage oder der wirtschaftlichen Grundlage des Erwerbsbetriebs möglich ist, erfolgt bei Art. 240 § 3 EGBGB eine **Interessenabwägung,** bei der die Pandemie nur ein möglicher Abwägungsgesichtspunkt ist.[15]

X.   Rückgriffsansprüche unter Gesamtschuldnern, Art. 240 § 3 Abs. 7 EGBGB

54   Art. 240 § 3 Abs. 7 EGBGB sieht eine entsprechende Anwendung der Vorschriften des Art. 240 § 3 Abs. 1 bis 5 EGBGB für den Bereich der Ausgleichs- und Rückgriffsansprüche unter Gesamtschuldnern nach § 426 BGB vor.

55   Die Verbraucher begünstigenden Wirkungen der Vorschrift geltend somit **für sämtliche Darlehensnehmer,** auch wenn die Voraussetzungen nicht für alle Darlehensnehmer vorliegen. Dies führt auch in Fällen, in denen Verbraucher und Unternehmer gemeinsam ein Darlehen aufnehmen, dazu, dass der Unternehmer in

---

[13] Im Überblick MüKoBGB/*Gaier*, § 314 Rn. 17.
[14] Begr. FraktionsE, BT-Drs. 19/18110, S. 40.
[15] *Schmidt-Kessel/Möllnitz,* NJW 2020, 1103, 1107.

den Genuss der Stundungswirkung sowie des Kündigungsausschlusses kommt, obwohl er selbst vom Anwendungsbereich der Norm ausgeschlossen ist.

XI. Ermächtigung, Art. 240 § 3 Abs. 8 EGBGB

Durch **Rechtsverordnung** können gemäß Art. 240 § 3 Abs. 8 EGBGB Unternehmen, insbesondere Kleinstunternehmen, nachträglich in den persönlichen Anwendungsbereich der Sonderregelung einbezogen werden. Der Gesetzgeber hat insoweit eine Ermächtigungsgrundlage für die **Bundesregierung** kodifiziert. **56**

Um eine Beteiligung des Deutschen Bundestages an der Entscheidung über die Erstreckung auf weitere Darlehensnehmergruppen sicherzustellen, sah der Entwurf der Regierungsfraktionen noch das Erfordernis vor, dass eine Verordnung durch die Bundesregierung zunächst dem Bundestag zuzuleiten wäre. Dieser sollte dann die Möglichkeit haben, die Verordnung zu ändern oder abzulehnen und einen entsprechenden Beschluss der Bundesregierung zuzuleiten.[16] Im Rahmen des Gesetzgebungsverfahrens wurde dieses Erfordernis gestrichen. **57**

---

[16] Begr. FraktionsE, BT-Drs. 19/18110, S. 41.

D. Art. 1 AbmG vom 15.5.2020:
Art. 240 § 5 EGBGB – Gutscheine für
Freizeitveranstaltungen und Freizeiteinrichtungen

Übersicht

Gesetz zur Abmilderung der Folgen der COVID-19-Pandemie im Veranstaltungsvertragsrecht und im Recht der Europäischen Gesellschaft (SE) und der Europäischen Genossenschaft (SCE)

Artikel 1 Änderung des Einführungsgesetzes zum Bürgerlichen Gesetzbuche

Dem Artikel 240 des Einführungsgesetzes zum Bürgerlichen Gesetzbuche in der Fassung der Bekanntmachung vom 21. September 1994 (BGBl. I S. 2494; 1997 I S. 1061), das zuletzt durch Artikel 6 Absatz 6 des Gesetzes vom 27. März 2020 (BGBl. I S. 569) geändert worden ist, wird folgender § 5 angefügt:

„§ 5 Gutschein für Freizeitveranstaltungen und Freizeiteinrichtungen

(1) Wenn eine Musik-, Kultur-, Sport- oder sonstige Freizeitveranstaltung aufgrund der COVID-19-Pandemie nicht stattfinden konnte oder kann, ist der Veranstalter berechtigt, dem Inhaber einer vor dem 8. März 2020 erworbenen Eintrittskarte oder sonstigen Teilnahmeberechtigung anstelle einer Erstattung des Eintrittspreises oder sonstigen Entgelts einen Gutschein zu übergeben. Umfasst eine solche Eintrittskarte oder sonstige Berechtigung die Teilnahme an mehreren Freizeitveranstaltungen und konnte oder kann nur ein Teil dieser Veranstaltungen stattfinden, ist der Veranstalter berechtigt, dem Inhaber einen Gutschein in Höhe des Wertes des nicht genutzten Teils zu übergeben.

(2) Soweit eine Musik-, Kultur-, Sport- oder sonstige Freizeiteinrichtung aufgrund der COVID-19-Pandemie zu schließen war oder ist, ist der Betreiber berechtigt, dem Inhaber einer vor dem 8. März 2020 erworbenen Nutzungsberechtigung anstelle einer Erstattung des Entgelts einen Gutschein zu übergeben.

(3) Der Wert des Gutscheins muss den gesamten Eintrittspreis oder das gesamte sonstige Entgelt einschließlich etwaiger Vorverkaufsgebühren umfassen. Für die Ausstellung und Übersendung des Gutscheins dürfen keine Kosten in Rechnung gestellt werden.

(4) Aus dem Gutschein muss sich ergeben,
1. dass dieser wegen der COVID-19-Pandemie ausgestellt wurde und
2. dass der Inhaber des Gutscheins die Auszahlung des Wertes des Gutscheins unter einer der in Absatz 5 genannten Voraussetzungen verlangen kann.

(5) Der Inhaber eines nach Absatz 1 oder 2 ausgestellten Gutscheins kann von dem Veranstalter oder Betreiber die Auszahlung des Wertes des Gutscheins verlangen, wenn
1. der Verweis auf einen Gutschein für ihn angesichts seiner persönlichen Lebensumstände unzumutbar ist oder
2. er den Gutschein bis zum 31. Dezember 2021 nicht eingelöst hat.‘‘

Artikel 2   Inkrafttreten

Dieses Gesetz tritt am Tag nach der Verkündung in Kraft.

I. Hintergrund

1   Den Hintergrund dieses speziell auf Veranstaltungen ausgerichteten Gesetzes bilden die Auswirkungen der COVID-19-Pandemie in Deutschland auf diesen Bereich. Nachdem der Virus zuerst in größerem Ausmaße im Dezember 2019 in China aufgetreten war, kam es Ende Januar 2020 zu mehreren Erkrankungen bei dem Automobil-Zulieferer *Webasto* in Stockdorf südlich von München. Die dortigen Fälle konnten kurze Zeit später als geheilt gemeldet werden. Ein wachsendes Ausmaß nahm die Infektion in Deutschland sodann ab Ende **Februar 2020** an und Mitte März begannen die Bundesregierung und die Regierungen der Bundesländer immer einschneidenderen **Maßnahmen.**

2   Einer der schon im März 2020 besonders stark betroffenen Lebens- und Wirtschaftsbereiche war die **Veranstaltungsbranche.** Durch Allgemeinverfügungen in den Bundesländern war die Bewegungsfreiheit der Bevölkerung rasch erheblich eingeschränkt, internationale Sperren verhinderten nahezu jeden privaten Reiseverkehr über die Grenzen hinweg und Veranstaltungen nahezu aller Art wurden verboten. Schon im März 2020 kamen Buchungen praktisch vollständig zum Erliegen, stattdessen stornierten die Kunden, wo immer möglich, frühere Buchungen und Reservierungen. Aufgrund der Ausbreitung des SARS-CoV-2-Virus und der damit verbundenen Veranstaltungsverbote wurde ein Großteil der geplanten Musik-, Kultur-, Sport- und sonstigen Freizeitveranstaltungen abgesagt und Freizeiteinrichtungen bleiben geschlossen.

3   Die Folgen für die Kunden und Teilnehmer an Veranstaltungen: **Tickets** für Freizeitveranstaltungen konnten praktisch **nicht mehr eingelöst** werden. Institutionen wie Museen, Freizeitparks oder Schwimmbäder waren **geschlossen** und konnten nicht mehr besucht werden.

4   Damit wurden die vertraglichen Pflichten von Seiten der Veranstalter nicht mehr erfüllt. Sie waren gehalten, die Vorauszahlung der Kunden, nämlich die Aufwendungen für den Erwerb von Eintrittskarten, **zurückzuzahlen.** Die Veranstalter und Betreiber wären in einem solchen Falle, so stellt auch die Begründung des Gesetzentwurfs fest, „mit einem erheblichen Liquiditätsabfluss konfrontiert [gewesen].

Da sie infolge der Krise derzeit auch kaum neue Einnahmen haben, ist für viele eine die Existenz bedrohende Situation entstanden."[1]

Die Bundestags-Abgeordnete *Elisabeth Motschmann* berichtete in der Debatte des **5** Deutschen Bundestages: „Wir rechnen übrigens inzwischen – ich habe vorhin noch mal mit dem Chef des Verbandes der Veranstalter gesprochen – mit 160 000 ausgefallenen Veranstaltungen, und wir reden über einen Schaden von 4 Milliarden Euro."[2]

Das Gesetz will dieses Problem mit einem tiefen **Eingriff in das Vertragsrecht 6** lösen. Die Veranstalter von Freizeitveranstaltungen und die Betreiber von – bei Verabschiedung des Gesetzes geschlossenen – Freizeiteinrichtungen werden danach berechtigt, den Inhabern der Eintrittskarten statt der Erstattung des Eintrittspreises einen Gutschein zu übergeben. Der Erstattungsanspruch wird abgeschnitten, den Veranstaltern dadurch de facto ein Kredit von Seiten ihrer Kunden eingeräumt. Unter zwei Voraussetzungen kann ein Kunde gleichwohl die Auszahlung erzwingen: Wenn ihm die Annahme des Gutscheins aufgrund seiner persönlichen Lebensverhältnisse unzumutbar ist oder wenn der Gutschein nicht bis zum 31. Dezember 2021 eingelöst wird.

Der Gutschein kann in mehreren **Varianten eingelöst** werden: Entweder für **7** eine Nachholveranstaltung oder für eine alternative Veranstaltung.

Wirtschaftlich flankiert wurden die vertragsrechtlichen Bestimmungen durch **8** Soforthilfen des Bundes für die Kulturschaffenden, die bereits im März 2020 beschlossen worden waren. Zu nennen sind insbesondere ein Soforthilfeprogramm für freie Orchester und Ensembles, ausgestattet mit 5,4 Mio. Euro, das Programm „Neustart" für coronabedingte Schutzmaßnahmen in Museen, ausgestattet mit 10 Mio. Euro, sowie der Sonderpreis für Programmkinos, ausgestattet mit 5 Mio. Euro. Darüber hinaus wurden Ausfallhonorare für freie Künstler, die für Kultureinrichtungen des Bundes tätig sind, gezahlt.

II. Entstehungsgeschichte und Regelungsort

Um das Gesetzgebungsverfahren in kurzer Zeit durchführen zu können, wurde **9** der Weg der Einbringung eines Gesetzentwurfs aus der Mitte des Deutschen Bundestages, nämlich durch die **Fraktionen,** gewählt. Damit entspricht die Struktur der Entstehungsgeschichte des Gesetzes zur Abmilderung der Folgen der CO-VID-19-Pandemie im Veranstaltungsvertragsrecht und im Recht der Europäischen Gesellschaft (SE) und der Europäischen Genossenschaft (SCE) derjenigen ihres Vorläufers, nämlich des Gesetzes zur Abmilderung der Folgen der COVID-19-Pandemie im Zivil-, Insolvenz- und Strafverfahrensrecht vom 27. März 2020 (*Römermann*, § 1 COVInsAG Rn. 2 f.).

Wie bereits beim Abmilderungsgesetz vom 27. März 2020, stellte auch im Falle **10** des Abmilderungsgesetzes vom 15. Mai 2020 die Bundesregierung den Fraktionen der Regierungskoalition im Deutschen Bundestag eine **„Formulierungshilfe"** zur Verfügung, die sodann in Form eines Fraktionsentwurfs in das Parlament eingebracht wurde. Am 2. April 2020 fasste das sog. Corona-Kabinett den Beschluss,

---

[1] Gesetzentwurf der Fraktionen CDU/CSU und SPD, BT-Drucksache 19/18697 vom 21. April 2020, S. 1.
[2] Deutscher Bundestag, Plenarprotokoll 19/155 der 155. Sitzung vom 22. April 2020, S. 19257 (A).

eine solche Formulierungshilfe zu erarbeiten. Die Formulierungshilfe wurde sodann auf Wunsch der für Veranstaltungen zuständigen Ressorts – Die Beauftragte
der Bundesregierung für Kultur und Medien (BKM), das Bundesministerium des
Innern, für Bau und Heimat (BMI), das Bundesministerium für Bildung und Forschung (BMBF) – durch das Bundesministerium der Justiz und für Verbraucherschutz (BMJV) erstellt. Im Bundeskabinett wurde die Formulierungshilfe in der Sitzung vom 8. April 2020 verabschiedet.

11   Der Gesetzentwurf der Fraktionen CDU/CSU und SPD wurde zur BT-Drucksache 19/18697 am 21. April 2020 in den Deutschen Bundestag eingebracht.[3] Der
Deutsche Bundestag hat die Vorlage in seiner 155. Sitzung am 22. April 2020 beraten und an den Ausschuss für Recht und Verbraucherschutz zur federführenden
Beratung und an den Sportausschuss, den Finanzausschuss, den Ausschuss für Wirtschaft und Energie, den Ausschuss für Tourismus und den Ausschuss für Kultur und
Medien zur Mitberatung überwiesen, gleichzeitig mit weiteren Anträgen der Fraktionen der FDP („Verbraucherschutz in der Corona-Krise – Gutscheinlösung
verbraucherfreundlich ausgestalten“)[4] und der Fraktion BÜNDNIS 90/DIE GRÜ-
NEN („Faire und freiwillige Gutscheinlösungen im Veranstaltungs- und Freizeitbereich“).[5]

12   Am 12. Mai 2020 erstattete der **Ausschuss für Recht und Verbraucherschutz** (6. Ausschuss) Bericht und gab eine Beschlussempfehlung ab.[6] Die mitbera-
tenden Ausschüsse hatten zuvor wie folgt getagt: Der Sportausschuss hat in seiner
48. Sitzung am 13. Mai 2020 beraten, der Finanzausschuss in seiner 78. Sitzung am
13. Mai 2020, der Ausschuss für Wirtschaft und Energie in seiner 70. Sitzung am
13. Mai 2020, der Ausschuss für Tourismus in seiner 43. Sitzung am 13. Mai 2020
und der Ausschuss für Kultur und Medien in seiner 49. Sitzung am 13. Mai 2020.

13   Der **Deutsche Bundestag** hat in seiner 160. Sitzung am 14. Mai 2020 aufgrund
der Beschlussempfehlung und des Berichtes des Ausschusses für Recht und Verbraucherschutz den von den Fraktionen der CDU/CSU und SPD eingebrachten
Entwurf eines Gesetzes zur Abmilderung der Folgen der COVID-19-Pandemie im
Veranstaltungsvertragsrecht mit einigen Maßgaben, im Übrigen unverändert angenommen.[7]

14   Der **Bundesrat** hat in seiner 989. Sitzung am 15. Mai 2020 beschlossen, dem
vom Deutschen Bundestag am 14. Mai 2020 verabschiedeten Gesetz gemäß
Artikel 23 Absatz 1 Satz 2 des Grundgesetzes zuzustimmen.[8]

15   Als **Regelungsort** wurde **Art. 240 EGBGB** gewählt. Diese Vorschrift steht unter der Überschrift „Vertragsrechtliche Regelungen aus Anlass der COVID-19-
Pandemie“ und wurde erst mit dem Gesetz zur Abmilderung der Folgen der CO-
VID-19-Pandemie im Zivil-, Insolvenz- und Strafverfahrensrecht vom 27. März
2020 (BGBl. 2020 I, S. 569) geschaffen. Die ersten vier Paragraphen des Art. 240
EGBGB stehen unter folgenden Überschriften: § 1 Moratorium, § 2 Beschränkung
der Kündigung von Miet- und Pachtverhältnissen, § 3 Regelungen zum Darlehens-

---

[3] Gesetzentwurf der Fraktionen CDU/CSU und SPD, BT-Drucksache 19/18697 vom
    21. April 2020.

[4] BT-Drucks. 19/18702.

[5] BT-Drucks. 19/18708.

[6] Beschlussempfehlung und Bericht des Ausschusses für Recht und Verbraucherschutz, BT-
    Drucks. 19/19218.

[7] Maßgaben genannt in BR-Drucks. 248/20.

[8] Beschluss des Bundesrates, BR-Drucksache 248/20 vom 15. Mai 2020.

recht, § 4 Verordnungsermächtigung. Sie beinhalten in den §§ 1 bis 3 ebenfalls vertragsrechtliche Änderungen im Zuge der Bekämpfung der Folgen der Pandemie.

III. Verfassungs- und vertragsrechtliche Aspekte

Das Gesetz bringt tiefe Einschnitte in das Vertragsrecht mit sich. Durch den Kauf **16** eines Tickets haben die potenziellen Teilnehmer ein Recht erworben. Erweist sich die Veranstaltung als nicht durchführbar und entfällt somit die Gegenleistung auf Veranstalterseite, so ist die Erstattung des gezahlten Preises die logische Konsequenz. Der Gesetzgeber nimmt die Kunden auch in Konstellationen, in denen dieser Zahlungsanspruch des Kunden bereits entstanden war, ihr Recht und wandelt es um in eine erneute Anwartschaft auf eine Veranstaltung, von der noch nicht einmal feststeht, ob es sie überhaupt geben wird, geschweige denn, ob sie gleichwertig und dem Kunden möglich ist. Die ursprünglich freie Auswahlentscheidung des Kunden wird auf diese Weise umgewandelt in ein **zwangsweise gewährtes Darlehen.** Das tangiert das **Eigentumsgrundrecht** des Kunden, Art. 14 GG.

In der Bundestags-Debatte hat der Abgeordnete *Volker Ullrich* dazu ausgeführt:[9] **17** „Das, was wir heute als kulturelles Rettungspaket vorschlagen, ist sicherlich juristisch keine leichte Kost. Im Bürgerlichen Gesetzbuch gilt der Grundsatz, dass, wenn eine Leistung unmöglich gemacht wird oder unmöglich ist, Wertersatz in Geld zu leisten ist. Aber wir müssen auch sehen, dass wir im Augenblick gerade für die Kultur- und Veranstaltungsszene eigentlich die Figur des Wegfalls der Geschäftsgrundlage im gesellschaftlichen Maßstab haben.“

Das **Darlehen,** das die Kunden dem Veranstalter nach Umwandlung in einen **18** Gutschein faktisch gewähren, ist **weder zweckgebunden noch insolvenzrechtlich abgesichert.** Es ist daher durchaus denkbar, dass einige Veranstalter kein neues Veranstaltungsangebot mehr unterbreiten, sondern das vorhandene Vermögen durch die Verwaltung verbrauchen und am 1. Januar 2022 mit Fälligkeit der Auszahlungsansprüche wegen Zahlungsunfähigkeit den Insolvenzantrag stellen müssen.

Das Verfassungsrecht wird aber auch durch die Beschränkung auf Freizeitein- **19** richtungen und -veranstalter herausgefordert. Während des Gesetzgebungsverfahrens wurde die **Ungleichbehandlung mit den professionellen Veranstaltern** kaum thematisiert, obgleich sie vor dem Hintergrund des Gleichbehandlungsgrundsatzes aus Art. 3 GG auf der Hand liegt. Besonders augenscheinlich wird das Problem, wenn man etwa Sprachkurse in den Blick nimmt. Richten sie sich an Privatleute, dann greift die Gutscheinlösung ein. Sind die vorgesehenen Kunden hingegen Geschäftsleute, dann liegt der Vertrag außerhalb des Anwendungsbereiches des neuen Gesetzes. Im einen Fall wird den Interessen des Veranstalters die eindeutige Priorität gegenüber den Kunden gegeben, im anderen Fall bleiben die Kundenrechte unangetastet.

---

[9] Deutscher Bundestag, Plenarprotokoll 19/155 der 155. Sitzung vom 22. April 2020, S. 19258 (B).

IV. Freizeitveranstaltungen, Absatz 1

1. Relevante Veranstaltung

20   Das Gesetz spricht von einer „Musik-, Kultur-, Sport- oder sonstige[n] Freizeit-veranstaltung". **Oberbegriff** ist somit die Freizeitveranstaltung und die vorgestell-ten Kategorien von Veranstaltungen stellen lediglich Beispiele ohne enumerativen Charakter dar.

21   **a) Veranstaltung.** Der Begriff der Veranstaltung ist nicht allgemein definiert.[10] *Michow* referiert: „Im Versammlungsstättenrecht wird die Veranstaltung definiert als ein organisiertes Ereignis mit einem bestimmten Zweck und einem begrenzten Zeitumfang, an dem eine Gruppe von Menschen teilnimmt." Veranstaltungsfor-men und Inhalte seien vielfältig. Allen Veranstaltungsformen ist in Anlehnung an den Veranstaltungsbegriff des § 81 UrhG gemeinsam, dass sie die Anwesenheit eines **Publikums** als Grundvoraussetzung beinhalteten.

22   Die **„Anwesenheit"** wird in der heutigen Zeit nicht mehr durch die physische Präsenz allein gekennzeichnet. Als Veranstaltung haben auch virtuelle, allein online durchgeführte Ereignisse zu gelten.

23   Die Verordnung über die Berufsausbildung für Kaufleute in den Dienstleistungs-bereichen Gesundheitswesen sowie Veranstaltungswirtschaft (KflDiAusbV) vom 25. Juni 2001 (BGBl. 2001 I S. 1262, 1878, jetzt idF. d. Art. 2 Nr. 1 V. v. 4. Juli 2007, BGBl. 2007 I 1252 mWv. 1. August 2007) legt heterogene Ausprägungen des **Ausbildungsprofils** zugrunde, u. a. Konzertveranstalter, Künstleragenturen, Veranstalter von Kongressen.[11]

24   Eine „Freizeitveranstaltung" ist in den bisherigen Gesetzes nicht definiert.

25   **2. Positive Beispiele.** Die Begründung des Gesetzentwurfes nennt ergänzend zur grundsätzlichen Aufzählung einige Beispiele.[12] Im Ergebnis werden in der Be-gründung damit insgesamt aufgelistet:
- Musikveranstaltung
- Kulturveranstaltung
- Sportveranstaltung
- Konzert
- Festival
- Theatervorstellung
- Filmvorführung
- Wissenschaftsveranstaltung
- Vorträge
- Lesungen
- Sportwettkämpfe
- Sprachkurs
- Musikkurs
- Sportkurs

---

[10]   Michow/Ulbricht/*Michow,* Veranstaltungsrecht, § 1 Rn. 6.
[11]   Michow/Ulbricht/*Michow,* Veranstaltungsrecht, § 1 Rn. 7.
[12]   Gesetzentwurf der Fraktionen CDU/CSU und SPD, BT-Drucksache 19/18697 vom 21. April 2020, S. 7.

c) Abgrenzung. aa) Kein beruflicher Kontext. Nicht in den Anwendungs- 26
bereich der Norm fallen Veranstaltungen, die im beruflichen Kontext erfolgen, wie
sich aus dem Begriff der „Freizeitveranstaltung" als Oberbegriff ergibt.

bb) Beispiele. Die Begründung des Gesetzentwurfes nennt beispielhaft: 27
- Fortbildungen
- Seminare
- Veranstaltungen, die sich vorrangig an ein **Fachpublikum** wenden, wie etwa
  o Fachmessen und
  o Kongresse

cc) Motive der Beschränkung auf den Freizeitbereich. Diese beruflich 28
orientierten Veranstaltungen wurden ausweislich der Entwurfsbegründung „nicht
in den Anwendungsbereich einbezogen, weil für sie in der Regel deutlich höhere
Entgelte zu zahlen sind. So könnte etwa die Übergabe eines Gutscheins anstelle
einer Erstattung des Entgelts für beruflich veranlasste Veranstaltungen wie Fachfort-
bildungen oder Fachseminare zu einer erheblichen Liquiditätsbindung bei den Inhabern einer Teilnahmeberechtigung führen. Dies würde insbesondere Selbststän-
dige, Freiberufler und kleine Betriebe häufig stark belasten."[13]

dd) Kritik. Diese Begründung hat zunächst zur Prämisse, dass in beruflichen 29
Zusammenhängen die Entgelte in der Regel deutlich höher seien als bei privaten
Veranstaltungen. Wie bereits die Einschränkung „in der Regel" erweist, ist den
Entwurfsverfassern indes deutlich, dass es beruflich bedingte Veranstaltungen gibt,
die günstig, und private, die teuer sind. Der Entwurf verzichtet hier auf weiter-
gehende Differenzierungen.

Zudem stellen die Entwurfsverfasser an dieser Stelle etwas überraschend auf die 30
Perspektive des Kunden ab, den es belaste, wenn er seine Anzahlung nicht zeit-
nah zurückerhalte. Das ist deswegen überraschend, weil bei Freizeitveranstaltungen
unabhängig von dem hierfür entrichteten Preis lediglich die Interessen des Veranstalters in den Blick genommen werden. Der Entwurf wechselt also an diesem Ort
die Blickrichtung, ohne dass es dafür überzeugende Gründe gäbe. Eine der Vertragsparteien wird geschützt, die andere muss dafür an Rechten einbüßen – weder
die eine noch die andere Seite des Veranstaltungsvertrages ist strukturell in höherem
Maße schutzwürdig als die andere.

ee) Art der Abgrenzung. Die Abgrenzung kann in verschiedener Hinsicht 31
vorgenommen werden: Zum einen nach dem Schwerpunkt der Veranstaltung **(objektiv)**, zum anderen nach der Intention des Kunden **(subjektiv)**.

Messen richten sich oft „vorrangig" an ein Fachpublikum, wie die Entwurfs- 32
verfasser ausführen, das muss aber nicht so sein. So gibt es beispielsweise Verbrau-
chermessen. Zu sehen sind zudem Messen, die sich sowohl dem Fach- als auch
dem allgemeinen Publikum öffnen, beispielsweise die Frankfurter Buchmesse.

Die **Abgrenzung** kann in solchen Fällen nur eine **wertende** sein. Messen wer- 33
den im Zweifel eher beruflich geprägt sein. Überwiegt hingegen im konkreten Fall
der Charakter als Freizeitveranstaltung, dann kommt § 5 zur Anwendung.

Bei einigen Veranstaltungen wird im Einzelfall zu prüfen sein, ob die **Prägung** 34
beruflich oder privat ist. So kann beispielsweise ein **Sprachkurs,** den die Entwurfs-

---

[13] Gesetzentwurf der Fraktionen CDU/CSU und SPD, BT-Drucksache 19/18697 vom
21. April 2020, S. 7.

begründung explizit erwähnt, von den Teilnehmern zu beruflichen oder zu privaten Zwecken eingesetzt werden.

2. Veranstalter

35   a) **Arten und Kriterien.** Veranstalter ist derjenige, der Teilnahmeberechtigungen ausgegeben hat, also der **Vertragspartner des Kunden.** Das ist im Hinblick auf das Abmilderungsgesetz vom 15. Mai 2020 das entscheidende Kriterium, während sich im Übrigen die Definition des Veranstalters nicht immer eindeutig gestaltet. Es kommt dabei auf den jeweiligen Kontext an, also insbesondere darauf, ob es um vertragsrechtliche Aspekte geht, organisationsrechtliche, öffentlich-rechtliche oder Haftungsfragen zivil- oder strafrechtlicher Natur. Eine trennscharfe und überzeugende Definition des Veranstalters für alle Rechtsbereiche ist bislang nicht gelungen.

36   Der Veranstalter ist als „zentraler Akteur der Veranstaltungsbranche" typischerweise **unmittelbarer Vertragspartner** folgender Personen und Unternehmen:[14]
- Rechteinhaber des Programms, also z. B.:
  - Künstler,
  - Gastspieldirektoren,
  - Tourneeveranstalter,
  - Produktionsunternehmen,
  - Ensemble-Betreiber,
- Besucher der Veranstaltung,
- Vermieter des Veranstaltungsortes bzw. -geländes,
- Dienstleister, die an der Vorbereitung und Durchführung der Veranstaltung beteiligt sind.

37   **Kein Veranstalter ist:**
- ein bloßer Vermittler von Tickets,
- der ausübende Künstler, sofern er sich auf die darbietende Funktion beschränkt.

38   In der Praxis finden sich verschiedene Arten von Veranstaltern, insbesondere **Allein- oder Mitveranstalter.** Denkbar sind auch Konstellationen, in denen ein Unternehmer im Außenverhältnis als Alleinveranstalter in Erscheinung tritt, im Innenverhältnis aber ganz oder teilweise für fremde Rechnung.[15]

39   Die **Verantwortlichkeit** ist bei der üblichen Definition des Veranstalters ein zentrales **Abgrenzungskriterium.**[16] Veranstalter ist danach im Ausgangspunkt, wer die Verantwortung für die Durchführung einer Veranstaltung trägt. Diese Verantwortung bezieht sich in der Regel auf die organisatorische und die finanzielle Seite, aber auch auf einen gewissen Einfluss auf die Programmgestaltung. Das **Urheberrecht** stellt für den Veranstalterbegriff iSd. § 81 UrhG maßgeblich auf die wesentlichen Verträge mit den ausübenden Künstlern und dem Publikum ab. **Steuerrechtlich** kommt es darauf an, wer im eigenen Namen und für eigene Rechnung die organisatorischen Maßnahmen trifft, insbesondere die Umstände, den Ort und die Zeit der Darbietungen bestimmt, um die Veranstaltung abhalten zu können.[17]

---

[14]   Michow/Ulbricht/*Michow,* Veranstaltungsrecht, § 1 Rn. 41.
[15]   Michow/Ulbricht/*Michow,* Veranstaltungsrecht § 1 Rn. 42.
[16]   Hierzu und zum Folgenden eingehend Michow/Ulbricht/*Michow,* Veranstaltungsrecht § 1 Rn. 45 ff.
[17]   BFH NJW 1996, 1168.

b) Bestimmung für Art. 240 § 5 EGBGB. Angesichts der mangelnden ge-   40
setzlichen Begriffsbestimmung und in Anbetracht der Heterogenität der wesensbil-
denden Aspekte ist ein **eigenes Verständnis** für die Zwecke des Art. 240 § 5
EGBGB festzulegen. Entscheidend geht es dieser Norm um die Umwandlung vertraglicher Erstattungsansprüche in einen Gutschein. Damit ist relevant, gegen wen
der Teilnahmeberechtigte einen Rückzahlungsanspruch geltend machen kann.
Veranstalter iSd Art. 240 § 5 EGBGB ist vor diesem Hintergrund der Vertragspartner desjenigen, der Ansprüche in Gestalt einer Teilnahmeberechtigung erworben
hat.

Damit kommt es für Art. 240 § 5 EGBGB **grundsätzlich nicht** darauf an, wer   41
für die Art und inhaltliche Ausrichtung einer Veranstaltung **verantwortlich** ist. Es
könnte sogar Fälle geben, bei denen nach herkömmlichem Begriffsverständnis eine
Person Haupt-Veranstalter ist und nur die vertragliche Abwicklung im Außenverhältnis auf ein als „Veranstalter" nach außen auftretendes Unternehmen ausgelagert
hat. In diesem Fall wäre der „Vertragsunternehmer", der „Veranstalter" genannt
wird, der „Veranstalter" iSd Art. 240 § 5 EGBGB. Zu Missbrauchsfällen unten unter
4 → Rn. 47.

Sind nach außen **mehrere Unternehmer** als „Veranstalter" aufgetreten, z. B.   42
der Tourneeveranstalter und der örtliche Veranstalter, dann können gegenüber
dem Kunden beide z. B. auf Schadensersatz haften.[18] Vertragspartner für den Ticke-
terwerb ist aber grundsätzlich nur einer von ihnen. Sofern die Umstände des Ti-
cketverkaufs und etwa der **Aufdruck auf dem Ticket** ein Unternehmen auswei-
sen, ist dieses Unternehmen allein „Veranstalter" iSd Art. 240 § 5 EGBGB und
damit berechtigt, die Umwandlung des Tickets in einen Gutschein zu verlangen.

3. Zurechnung. Hat der Kunde unmittelbar bei demjenigen ein Ticket erwor-   43
ben, der allein die Veranstaltung durchführt, und wurde auf Ankündigungsplakaten
und **auf dem Ticket** auch stets ausschließlich dieser Unternehmer bezeichnet,
dann ist die Frage, wer Veranstalter im Sinne des Art. 240 § 5 EGBGB ist, eindeutig
zu beantworten.

Die Ermittlung des Veranstalters im Sinne eines Vertragspartners des Inhabers   44
einer Teilnahmeberechtigung kann sich in der Praxis aber durchaus auch schwierig
gestalten.[19] So wird in Werbedrucksachen, etwa auf Ankündigungsplakaten, typischerweise lediglich ein Veranstalter genannt, insbesondere der **Tourneeveranstalter.** Die Durchführung kann in solchen Fällen aber durchaus bei anderen Unternehmen liegen.

Ein Unternehmer, der auf einem Ticket mit seinem Einverständnis als Veranstal-   45
ter erwähnt wird, hat zumindest einen hinreichenden **Vertrauenstatbestand** gesetzt, der es gestattet, ihn als Veranstalter anzusehen.[20]

Gleiches muss für einen sonstigen **Anknüpfungstatbestand** an ein Vertrauen   46
des Betrachters gelten, z. B. durch die namentliche Erwähnung als Veranstalter auf
Ankündigungsplakaten für die relevante Veranstaltung. Allerdings kommt es
hier auf die Umstände des Einzelfalls an.[21] Das Publikum wird nicht jede Erwähnung eines „Veranstalters" auf eine Tourneeplakat automatisch und zwingend als
seinen Vertragspartner interpretieren.

---

[18] AG Schöneberg, Urt. v. 2. 3. 1995 – 8 C 435/94, VuR 1995, 359.
[19] Michow/Ulbricht/*Michow,* Veranstaltungsrecht § 1 Rn. 45.
[20] BGH NJW 1984, 164.
[21] Wie hier Michow/Ulbricht/*Michow,* Veranstaltungsrecht § 1 Rn. 83.

47   **d) Missbrauchsfälle.** Bei missbräuchlicher Gestaltung kann die Eigenschaft als Veranstalter demjenigen zugerechnet werden, der nicht als Vertragspartner der Kunden auftritt. Das gilt beispielsweise in einer Konstellation, bei welcher der Organisator, der nach tradiertem Verständnis „Veranstalter" ist, einen **anderen vorschiebt,** über den er die Verträge mit Kunden abwickeln lässt, um das wirtschaftliche Risiko etwa von Gewährleistungsfällen von sich zu streifen. Nach Treu und Glauben – § 242 BGB – kann es in solchen Konstellationen zu Ansprüchen des Kunden gegen den hinter dem offiziellen Veranstalter stehenden, diesen faktisch beherrschenden Unternehmer kommen. Der faktische Veranstalter hat indes keinen eigenen Anspruch gegen den Kunden, etwa auf Umwandlung des Tickets in einen Gutschein. Er muss sich vielmehr an dem von ihm gesetzten Vertragsverhältnis festhalten lassen, aus dem für ihn kein eigener Anspruch resultiert.

3. Inhaber einer Teilnahmeberechtigung

48   **a) Teilnahmeberechtigung.** Der Gutschein kann an den „Inhaber einer vor dem 8. März 2020 erworbenen Eintrittskarte oder sonstigen Teilnahmeberechtigung" gegeben werden, so der Wortlaut des § 5 Abs. 1 Satz 1.

49   Oberbegriff ist die „Teilnahmeberechtigung", ohne dass es im Grunde darauf ankäme, ob sie etwa in Gestalt einer Eintrittskarte **verkörpert** oder beispielsweise virtuell in Form eines Zugangscodes verbrieft ist.

50   Inhalt der Teilnahmeberechtigung ist die Verpflichtung eines Veranstalters gegenüber dem Inhaber der Berechtigung, „an einem bestimmten Tag, einem bestimmten Ort und zu einem bestimmten Zeitpunkt die angekündigte Darbietung zur Aufführung zu bringen und dem Karteninhaber den Eintritt in den Veranstaltungssaal sowie ggfs. die Nutzung eines bestimmten Sitzplatzes und damit das Recht zu gewähren, die Veranstaltung wahrnehmen zu können."[22]

51   Die Eintrittskarte ist damit in der Regel ein **Legitimationspapier bzw. kleines Inhaberpapier** iSd § 807 BGB.[23] Es verbrieft einem Inhaber eine Forderung. Dem Aussteller obliegt gem. § 797 BGB die Pflicht, gegen Vorlage des Papiers zu leisten, ohne die materielle Berechtigung näher zu prüfen.

52   Möglich und in den letzten Jahren zunehmend relevant ist aber auch die Qualifikation als **qualifiziertes Inhaberpapier** gem. § 808 BGB.[24] Damit geht die Befugnis – aber nicht die Verpflichtung – des Veranstalters einher, die materielle Berechtigung des jeweiligen Inhabers einer Prüfung zu unterziehen. Der Sinn dieser Papiere gegenüber dem klassischen kleinen Legitimationspapier besteht in einer besseren Möglichkeit, Schwarz- und Zweithandel zu bekämpfen.

53   **b) Zeitliche Voraussetzung.** In zeitlicher Hinsicht sind diejenigen Veranstaltungsverträge umfasst, die **vor dem 8. März 2020** geschlossen wurden. Die Entwurfsbegründung erläutert dazu (S. 8): „Ab diesem Zeitpunkt war der breiten Öffentlichkeit die pandemieartige Ausbreitung des Sars-CoV-2-Virus mit tiefgreifenden Folgen für das gesellschaftliche Leben bekannt. Ein besonderes Schutzbedürfnis für Veranstalter, die in Kenntnis dieser Umstände weiterhin Eintrittskarten verkauft oder sonstige Teilnahmeberechtigungen ausgestellt haben, besteht nicht."

---

[22] Michow/Ulbricht/*Michow,* Veranstaltungsrecht, § 1 Rn. 229.
[23] Bamberger/Roth/Hau/Poseck/*Gehrlein,* BeckOK BGB, 53. Edition, Stand: 1.2.2020, § 807 BGB Rn. 2; Michow/Ulbricht/*Michow,* Veranstaltungsrecht § 1 Rn. 229.
[24] Michow/Ulbricht/*Michow,* Veranstaltungsrecht § 1 Rn. 230.

Der Gesetzesentwurf benennt kein konkretes Ereignis, das mit dem 8. März **54** 2020 in Verbindung zu bringen wäre. Die Chronologie der Pandemie verzeichnet erst am 10. März 2020 eine „Empfehlung" – keine Anordnung – der Bundesministerien des Innern und für Gesundheit, Großveranstaltungen mit mehr als 1.000 Teilnehmern abzusagen und bei Veranstaltungen mit weniger Teilnehmern eine Risikoeinschätzung vorzunehmen. Angesichts des Umstandes, dass auch zu diesem Zeitpunkt noch keine Verbote verhängt worden waren, kann ein Verkauf durch Veranstalter kaum als vorsätzlich oder fahrlässig eingestuft werden.

c) Personelle Voraussetzung. Das Gesetz stellt lediglich darauf ab, wer In- **55** haber einer Teilnahmeberechtigung ist. Es kommt als nicht darauf an, wer die Berechtigung ursprünglich erworben hat. Der Erwerbsvertrag ist allerdings für die Bestimmung des „Veranstalters" relevant, s. o. → Rn.

d) Veranstaltungsbesuchsvertrag. Dem Erwerb einer Teilnahmeberechti- **56** gung liegt ein **Vertragsverhältnis** zugrunde, das typischerweise eine Darbietung und einen dafür zu entrichtenden Preis vorsieht.

Wird die geschuldete Zahlung erbracht, so händigt der Veranstalter seinem Be- **57** sucher eine Legitimation aus. Das kann in **verkörperter** (Ticket, Eintrittskarte) oder nicht verkörperter Form geschehen.

Die **Rechtsnatur** des Vertrages ist unterschiedlich.[25] Oft wird es sich um einen **58** Werkvertrag handeln, der gerichtet ist auf die Wahrnehmbarmachung der Veranstaltung. Möglich ist auch ein Anteil, der als Mietvertrag zu qualifizieren ist, z. B. im Hinblick auf einen Sitzplatz.

Angesichts dieser Elemente des Vertragsverhältnisses wird oft ein **typen- 59 gemischter Vertrag** bzw. ein Werkvertrag mit mietvertraglichem Einschlag vorliegen.

4. Nicht stattgefunden aufgrund der COVID-19-Pandemie

a) „Nicht stattfinden konnte". „Wenn eine Musik-, Kultur-, Sport- oder **60** sonstige Freizeitveranstaltung aufgrund der COVID-19-Pandemie nicht stattfinden konnte oder kann", so heißt es in § 5 Abs. 1 Satz 1.

Die **Auslegung des „Könnens"** ist nicht näher bestimmt. Die Entwurfsbe- **61** gründung führt zum „Nicht-Können" aus: „Dies ist beispielsweise insbesondere dann der Fall, wenn die Durchführung aufgrund öffentlich-rechtlicher Veranstaltungs- oder Kontaktverbote ausgeschlossen ist oder etwa der gebuchte Künstler aufgrund einer angeordneten Quarantäne oder eines Reiseverbots nicht an den Veranstaltungsort gelangen kann."[26]

b) Unmöglichkeit und Verzug. Das Gesetz differenziert nicht danach, ob die **62** Veranstaltung an einen bestimmten Zeitpunkt oder Zeitraum gebunden ist.[27] Steht und fällt eine Verpflichtung mit einem bestimmten Zeitpunkt, so spricht man von einem **absoluten Fixgeschäft.** Ist sie zwar an einen Zeitpunkt gebunden, kann aber ohne Veränderung ihrer Natur noch zu einer anderen Zeit nachgeholt werden, so handelt es sich um ein **relatives Fixgeschäft.**

---

[25]   Näher Michow/Ulbricht/*Michow,* Veranstaltungsrecht § 1 Rn. 231 ff.

[26]   Gesetzentwurf der Fraktionen CDU/CSU und SPD, BT-Drucksache 19/18697 vom 21. April 2020, S. 8.

[27]   Ausführlich zum Fixgeschäft im Veranstaltungsbereich Michow/Ulbricht/*Michow,* Veranstaltungsrecht § 1 Rn. 454 ff.

63   Ein Kirchenkonzert zum Osterfest 2020 ist in diesem Sinne ein absolutes Fixgeschäft. Ein Konzertbesuch im Juni anlässlich des Geburtstages des Ticketinhabers ist hingegen nicht als absolutes Fixgeschäft zu qualifizieren, zumal das Konzert nicht an dem Datum des Geburtstages hängt und dem Veranstalter der Geburtstag des Besuchers auch regelmäßig unbekannt sein wird.

64   Bei einem absoluten Fixgeschäft wird die Erbringung der Veranstaltungsleistung mit Verstreichen des Termins unmöglich.

65   Handelt es sich hingegen um eine Veranstaltung, deren Datum zwar festgelegt ist, die aber nicht unbedingt jegliches Interesse für den Besucher verliert, nachdem dieser Tag vorüber ist (relatives Fixgeschäft), dann gerät der Veranstalter zunächst in Verzug mit seiner Leistungserbringung.[28] Der Veranstalter kann die Nachholung allerdings auch in diesen Konstellationen nicht unbegrenzt hinausschieben.

66   **c) Rechtlich begründete Unmöglichkeit. aa) Nur Pandemie relevant.** Das Gesetz stellt lediglich auf die auf COVID-19 beruhende Unmöglichkeit ab. Für sonstige Fälle bleibt es bei dem bisherigen Leistungsstörungsrecht im Veranstaltungsbereich.[29]

67   **bb) Rechtliches Unvermögen.** Eindeutig sind Konstellationen, bei denen ein **behördliches Verbot,** das rechtmäßig ergangen ist, die Durchführung der Veranstaltung verhindert hat und diese daraufhin abgesagt wurde. In diesen Fällen ist einem Veranstalter die Durchführung der Veranstaltung unmöglich und es kann ihn daran kein Verschulden treffen.

68   Falls es an einer behördlichen Anordnung in Gestalt eines Verwaltungsakts fehlt, jedoch eine Norm, ggfs. eine **Allgemeinverfügung** auf Landesebene die Durchführung untersagt, kann die Veranstaltung nicht durchgeführt werden.

69   **cc) Zweifelhafte Rechtslage.** Liegt ein behördliches Verbot in Gestalt eines rechtlich zweifelhaften Verwaltungsakts vor, stellt sich die Frage, ob der Veranstalter dagegen zunächst hätte vorgehen müssen, um etwa rechtswidrige **Anordnungen wieder zu beseitigen,** bevor er sich auf die Regelung in § 5 Abs. 1 Satz 1 berufen könnte.

70   Angesichts der Zielsetzung der Norm, den betroffenen Unternehmen zu helfen, ist hier eine großzügige Betrachtung angezeigt. Der Veranstalter muss also **kein Rechtsmittel** gegen eine Untersagung einlegen, sondern kann sich darauf beschränken, sich daran zu halten.

71   **d) Anderweitig begründete Unmöglichkeit.** Fehlt es an einer konkreten Untersagung und an einer abstrakten Norm, dann stellt sich die Frage, ob eigene, etwa **wirtschaftliche Erwägungen** des Veranstalters die Qualifikation mit sich bringen, dass er „nicht kann".

72   Es sind eine Reihe von **Gründen** denkbar, die den Veranstalter zu einer Absage veranlassen können, beispielsweise:

- Bei einem Konzert kann das Orchester nicht zum Veranstaltungsort gelangen, weil ihm die Einreise nach Deutschland verwehrt wird.
- Das vorgesehene Orchester weigert sich, zu reisen, weil die Musiker Furcht vor der Pandemie haben.
- Einzelne Mitglieder des Orchesters sind infiziert und die übrigen Mitglieder weigern sich, mit ihnen zu spielen.

---

[28] Michow/Ulbricht/*Michow,* Veranstaltungsrecht, § 1 Rn. 580.
[29] Dazu ausführlich Michow/Ulbricht/*Michow,* Veranstaltungsrecht § 1 Rn. 453 ff.

Das Tatbestandsmerkmal des fehlenden „Könnens" ist auch vom sprachlichen   **73** Verständnis her fraglich, denn in diesen Fällen wäre eine Durchführung zum Teil möglich. Fürchten sich die Musiker, so wäre dennoch eine Anordnung der **Durchführung** durch den Veranstalter **denkbar,** wenn die Furcht im Grunde nicht sachlich begründbar ist.

In allen genannten Konstellationen ist m. E. dennoch bei der **gebotenen groß–**   **74** **zügigen Betrachtung** davon auszugehen, dass der Veranstalter die Veranstaltung ohne eigenes Verschulden nicht durchführen kann.

Noch weiter entfernt sich der Sachverhalt vom juristischen Tatbestandsmerkmal   **75** des fehlenden „Könnens", wenn es um rein **wirtschaftliche Erwägungen** geht.

Beispiel: Es wurden nach Bekanntwerden der Pandemie nur noch erheblich **we–**   **76** **niger Tickets verkauft** als vorausgesagt.

In einer solchen Konstellation ist es eine **Wertungsfrage,** ob der Veranstalter die   **77** Veranstaltung noch durchführen „kann", auch wenn sie ihm wirtschaftliche Verluste bringen würde. M. E. ist auch mit solchen Fällen nach Sinn und Zweck des Gesetzes großzügig zu verfahren. Im Zweifel ist anzunehmen, dass der Veranstalter das Event nicht durchführen „kann", auch wenn es „nur" wirtschaftlich sinnlos ist.

Anders liegt es aber, wenn der Veranstalter absagt, weil **im Vorfeld** schon vor   **78** März 2020 zu wenige Tickets verkauft wurden, dass sich die Durchführung nicht lohnt. In diesem Fall hätte die Annullierung nichts mit der Pandemie zu tun.

e) Rechtsfolge unverschuldeter Unmöglichkeit. Rechtsfolge ist ein An-   **79** spruch des Teilnahmeberechtigten auf **Rückabwicklung des Vertrages** und Erstattung des gezahlten Entgelts, §§ 323, 326 Abs. 1, 346 BGB.

Zu dem Entgelt gehört zunächst der reine **Ticketpreis.**   **80**

Hinzu kommt eine etwaige **Vorverkaufsgebühr.**[30] Sie wurde früher nicht zu   **81** dem Entgelt gerechnet, das zu erstatten ist. Seit einer Entscheidung des BFH[31] steht aber fest, dass die Vorverkaufsgebühr Teil des dem Veranstalter vom Kunden geschuldeten Entgelts ist.

Sonstige Aufwendungen etwa für die An- und Abfahrt oder Logis vor Ort   **82** sind nicht vom Veranstalter zu erstatten.

f) Verzug. Erbringt der Veranstalter die geschuldete Veranstaltungsleistung   **83** nicht zur vorgesehenen Zeit, so steht dem Teilnahmeberechtigten ein **Rücktrittsrecht** zu, §§ 323 Abs. 1, 346 BGB.

Nur im Falle eines Verschuldens des Veranstalters hätte der Teilnahmeberech-   **84** tigte ferner einen Anspruch auf **Schadensersatz,** §§ 280 Abs. 1 und 3, 281 BGB. Der Verzug infolge der Pandemie ist indes nicht verschuldet.

Einer **Fristsetzung** des Teilnahmeberechtigten bedarf es angesichts der termin-   **85** lichen Festlegung der Veranstaltung nicht.[32]

5. Berechtigung des Veranstalters

a) Berechtigung. Die Bestimmung des Art. 240 § 5 EGBGB räumt allein dem   **86** **Veranstalter** das Recht ein, von der Gutscheinlösung Gebrauch zu machen.

Der **Teilnehmer** hat hingegen keine Wahlmöglichkeit. Findet die Veranstaltung   **87** nicht statt und hat er ein Ticket gekauft, dann kann er keine Umwandlung in einen

---

[30]   Eingehend Michow/Ulbricht/*Michow,* Veranstaltungsrecht § 1 Rn. 586 ff.

[31]   BFHE 235, 547.

[32]   Michow/Ulbricht/*Michow,* Veranstaltungsrecht § 1 Rn. 619 ff.

Gutschein beanspruchen, sondern er hat lediglich den gesetzlichen Rückerstattungsanspruch (→ Rn. 79).

88   **b) Option.** Die Berechtigung ist eine Option, von der ein Veranstalter **einseitig** Gebrauch machen kann. Auf eine Willenserklärung des Kunden kommt es dabei nicht an.

89   Das wäre nach dem **bis zum Inkrafttreten** des Gesetzes geltenden Recht anders gewesen. Die Begründung des Gesetzentwurfes[33] führt dazu aus, dass Veranstalter vielfach den Inhabern der Eintrittskarten anbieten werden, ihre Tickets zu behalten und für Nachhol- und Alternativveranstaltungen nach dem Ende des Veranstaltungsverbots einzulösen. Es sei jedoch zu erwarten, dass sich die Inhaber der Eintrittskarten in vielen Fällen hiermit nicht einverstanden erklären und die Erstattung des Eintrittspreises verlangen würden. Hierzu seien sie nach der geltenden Rechtslage auch berechtigt, da die Veranstalter die ihrerseits geschuldete Leistung, nämlich die Durchführung der Veranstaltung im angekündigten Rahmen und zu der angekündigten Zeit aufgrund öffentlich-rechtlicher Verbote nicht erbringen könnten und die Leistung demnach unmöglich geworden sei (§§ 275, § 326 Abs. 1, 4 iVm § 346 Abs. 1 BGB).

90   Die Regelung in § 5 Abs. 1 **entzieht** dem Inhaber dieses **Erstattungsrecht.** Das gilt zum einen **rückwirkend,** soweit der Anspruch bereits bei Inkrafttreten des Gesetzes entstanden war und dann durch Aushändigung des Gutscheins aufgrund des Gesetzes wieder entfällt. Zum anderen gilt es im Hinblick auf nach Inkrafttreten des Gesetzes verkündete Absagen von Veranstaltungen.

91   **c) Verfassungsrechtliche Aspekte.** Diese zum Teil sogar rückwirkenden Regelungen sind verfassungsrechtlich problematisch.

92   Die Entwurfsbegründung[34] hält insoweit fest, dass die Regelung des Absatzes 1 einen Eingriff in Form einer Inhalts- und Schrankenbestimmung in das **Eigentum** im Sinne des **Art. 14 Abs. 1 GG** darstelle.

93   Die **Verfassungsmäßigkeit** und insbesondere Verhältnismäßigkeit des Eingriffs würden jedoch gewahrt, weil einerseits der Inhaber der Eintrittskarte oder sonstigen Berechtigung einen Gutschein von entsprechendem Wert erhalte und der Rückzahlungsanspruch wegen der schwierigen finanziellen Situation vieler Veranstalter derzeit häufig gar nicht durchsetzbar sein werde. Um darüber hinaus die Verhältnismäßigkeit der Regelung auch in besonderen Situationen sicherzustellen, enthalte Absatz 5 Nr. 1 eine Unzumutbarkeitsregelung.

6. Anstelle einer Erstattung

94   Die Regelung setzt, wie die Begründung des Gesetzentwurfes[35] hervorhebt, einen **bestehenden Erstattungsanspruch** voraus.

95   Ist der Veranstalter nicht in der Lage, die Veranstaltung durchzuführen, dann sieht das geltende Recht grundsätzlich einen **Rückzahlungsanspruch** des In-

---

[33] Gesetzentwurf der Fraktionen CDU/CSU und SPD, BT-Drucksache 19/18697 vom 21. April 2020, S. 5.

[34] Gesetzentwurf der Fraktionen CDU/CSU und SPD, BT-Drucksache 19/18697 vom 21. April 2020, S. 9.

[35] Gesetzentwurf der Fraktionen CDU/CSU und SPD, BT-Drucksache 19/18697 vom 21. April 2020, S. 7.

habers einer Eintrittskarte oder einer sonstigen Teilnahme- oder Nutzungsberechtigung vor (§ 326 Abs. 1, 4 i. V. mit § 346 Abs. 1 BGB).

Der Erstattungsanspruch besteht bei einem absoluten **Fixgeschäft** ab dem Ver- 96
streichen des vorgesehenen Tages oder bei einer vorherigen Absage durch den Veranstalter. Für den Fall des relativen Fixgeschäfts und des Verzuges ist ebenfalls bereits davon auszugehen, dass mit Absage der Veranstaltung oder Geltendmachung durch den Teilnahmeberechtigten ein Erstattungsanspruch entsteht.

7. Übergabe eines Gutscheins

Der Gutschein muss nach dem Wortlaut der Norm dem Inhaber der Eintritts- 97
karte „übergeben" werden. Dies soll nach der Entwurfsbegründung ebenso wie in
§ 433 Abs. 1 Satz 1 BGB grundsätzlich als Verschaffen des unmittelbaren Besitzes zu
verstehen sein. Der Veranstalter könne diese Voraussetzung zum Beispiel erfüllen,
indem er den Gutschein dem Inhaber der Eintrittskarte in einer Vorverkaufsstelle
aushändigen lasse oder diesem per Brief oder E-Mail zusende.[36]

Entscheidend ist eine gewisse **Verkörperung** des neu entstandenen Anspruchs 98
des Teilnahmeberechtigten. Eine bloße mündliche Zusage genügt diesem Erfordernissen nicht. Der Berechtigte muss etwas in der Hand haben, auch in elektronischer
Form, das ihm den Nachweis seines Anspruchs aus dem umgestalteten Rechtsverhältnis ermöglicht. Eine Übergabe eines physischen Papiers ist hingegen nicht erforderlich.

8. Mehrheit von Veranstaltungen, Satz 2

a) Zweck: Klarstellung. Satz 2 enthält nach dem Willen der Entwurfsverfasser 99
„eine Klarstellung dahingehend, dass von der Regelung auch solche Veranstaltungen umfasst sind, die an mehreren Terminen stattfinden."[37]

b) Mehrere Freizeitveranstaltungen. Erfasst ist eine Mehrheit von Veranstal- 100
tungen, die zu einem **einheitlichen Veranstaltungsvertrag** gehören.

Die Begründung des Gesetzentwurfes nennt folgende **Beispiele:** 101

- Musikkurs,
- Sprachkurs,
- Sportkurs,
- sogenannte Dauerkarten, die etwa zum Besuch sämtlicher Heimspiele eines Sportvereins berechtigen.

c) Wert des nicht genutzten Teils. Der Wert des nicht genutzten Teils ist im 102
Verhältnis zu dem Teil zu bestimmen, der bereits stattgefunden hat und deswegen
durch den Inhaber des Tickets hätte genutzt werden können. Auf eine **tatsächliche Inanspruchnahme** kommt es nicht an, entscheidend ist die vom Veranstalter
zur Verfügung gestellte **Nutzungsmöglichkeit.**

Bei einigen Veranstaltungsreihen werden den jeweiligen Veranstaltungen **Ein-** 103
zelwerte zugewiesen worden sein. In diesen Fällen ist leicht zu ermitteln, welcher
Wert den Veranstaltungen zuzuordnen ist, die noch nicht stattgefunden hatten.

---

[36] Gesetzentwurf der Fraktionen CDU/CSU und SPD, BT-Drucksache 19/18697 vom 21. April 2020, S. 7.
[37] Gesetzentwurf der Fraktionen CDU/CSU und SPD, BT-Drucksache 19/18697 vom 21. April 2020, S. 7.

104   Soweit eine Serie von Veranstaltungen nicht im Einzelnen mit Preisen versehen worden ist, wird im Zweifel eine **zeitanteilige** Aufteilung des Gesamtpreises vorzunehmen sein.

V. Freizeiteinrichtungen, Absatz 2

1. Freizeiteinrichtungen

105   Neben einmaligen oder wiederholten Veranstaltungen umfasst das Gesetz in § 5 Abs. 2 auch Freizeiteinrichtungen, die zur permanenten oder zeitlich begrenzten **Nutzung** durch Kunden offen stehen würde, wenn die Pandemie dies nicht verhindert hätte.

106   Das Gesetz nennt drei **Arten** von Freizeiteinrichtungen exemplarisch:
- Musik-Freizeiteinrichtung
- Kultur-Freizeiteinrichtung
- Sport-Freizeiteinrichtung

107   Die Begründung des Gesetzentwurfes[38] nennt dazu folgende konkrete **Beispiele:**
- Schwimmbäder
- Sportstudios
- Tierparks
- Freizeitparks oder
- Museen

2. Relevante Nutzungsberechtigung

108   **a) Grundsatz.** Das Gesetz spricht von „einer vor dem 8. März 2020 erworbenen Nutzungsberechtigung".

109   **b) Nutzungsberechtigung.** Die Nutzungsberechtigung in Absatz 2 korrespondiert mit der Teilnahmeberechtigung in Absatz 1, so dass auf die Erläuterungen oben → Rn. 48 verwiesen werden kann.

110   Als Arten der Nutzungsberechtigung zählt die Entwurfsbegründung exemplarisch auf:
- Eine im Voraus erworbene Eintrittskarte
- Monatskarte
- Saisonkarte
- Jahreskarte

111   **c) Zeitliche Einschränkung.** Zu der zeitlichen Eingrenzung auf den 8. März 2020 siehe bereits → Rn. 53 oben.

3. „Zu schließen war oder ist"

112   Die Nutzungsmöglichkeit muss gerade aufgrund der COVID-19-Pandemie entfallen. Das entspricht im Grundsatz dem Gedanken in Art. 240 § 5 Abs. 1 Satz 1 EGBGB, wonach eine Veranstaltung infolge der Pandemie nicht stattfinden „konnte oder kann", siehe daher bereits die → Rn. 60 dortigen Erläuterungen.

---

[38] Gesetzentwurf der Fraktionen CDU/CSU und SPD, BT-Drucksache 19/18697 vom 21. April 2020, S. 8.

Auch in Absatz 2 geht es um die Frage der „Unmöglichkeit" der Ermöglichung 113
einer Nutzung. In allen Fällen ist eine großzügige Betrachtung geboten. Eindeutig
sind insoweit die Fälle des rechtmäßig ergangenen behördlichen Verbotes, die Einrichtung zu betreiben. Aber auch bei einer wirtschaftlich oder aufgrund der Außen-
wirkung gebotenen Schließung wird angesichts des gebotenen weiten Maßstabes
eine Unmöglichkeit in diesem Sinne anzunehmen sein.

4. Übergabe eines Gutscheins

Der Betreiber einer solchen Einrichtung ist berechtigt, dem Inhaber einer Nut- 114
zungsberechtigung einen Gutschein zu übergeben, statt das (anteilige) Entgelt zu-
rückzuerstatten. Zur „Übergabe" siehe wiederum die Erläuterungen → Rn. 97 zu
Absatz 1 Satz 1.

VI. Wert des Gutscheins und Kosten, Absatz 3

1. Zweck und Geltungsbereich

Nach Art. 240 § 5 Abs. 3 EGBGB muss der Wert des Gutscheins den gesamten 115
Eintrittspreis oder das gesamte Entgelt einschließlich etwaiger Vorverkaufsgebühren
umfassen. Damit sind beide vorher genannten Konstellationen, die Freizeitveranstaltung (Art. 240 § 5 Abs. 1 EGBGB) wie auch die Freizeiteinrichtung (Art. 240
§ 5 Abs. 2 EGBGB), von der Regelung umfasst.

Die Regelung soll verhindern, dass der Inhaber eines Gutscheins durch die An- 116
nahme des Gutscheins finanziell schlechter steht als bei der nach bislang geltender
Rechtslage geschuldeten Rückzahlung. Aus diesem Grund dürfen ihm auch keine
Kosten für die Ausstellung und Übersendung des Gutscheins in Rechnung gestellt
werden.

2. Wertgutschein oder Sachgutschein

Nach der Entwurfsbegründung soll aus dieser Reglung außerdem folgen, „dass 117
es sich bei dem Gutschein um einen reinen Wertgutschein handeln muss. Ein Veranstalter ist daher nicht berechtigt, einen Sachgutschein auszustellen oder die Ein-
lösung des Gutscheins auf die Nachholveranstaltung einer nach Absatz 1 abgesagten
Veranstaltung zu beschränken. Der Inhaber eines Gutscheins soll grundsätzlich frei
entscheiden können, ob er den Wertgutschein für eine Eintrittskarte zu dem Nachholtermin einlöst oder für eine alternative Veranstaltung desselben Veranstalters ver-
wendet."[39]

Aus dem **Wortlaut** der Norm ergibt sich dieser Regelungsgehalt allerdings nicht 118
mit hinreichender Deutlichkeit. Die Formulierung „Der Wert des Gutscheins muss
den gesamten Eintrittspreis … umfassen" lässt mehrere Varianten zu: Zum einen die
Ausstellung des Gutscheins auf einen bestimmten Geldbetrag, zum anderen aber
auch die Erteilung eines Gutscheins für eine Nachholveranstaltung zum gleichen
Wert wie die bisherige.

Eine Beschränkung der Möglichkeiten, einen Gutschein auszustellen, auf Geld- 119
beträge erscheint auch nicht in jeder Konstellation als erforderlich, um dem Berech-

---

[39] Gesetzentwurf der Fraktionen CDU/CSU und SPD, BT-Drucksache 19/18697 vom
21. April 2020, S. 8.

tigten gerecht zu werden. Wenn beispielsweise ein Schwimmbad einen Monat lang geschlossen war, spräche im Grunde nichts dagegen, wenn der Betreiber der Einrichtung den Kunden statt eines Gutscheines über den finanziellen Gegenwert der Monatskarte einen Gutschein über einen Monat Schwimmbadbenutzung im bisherigen Umfang und zu einem vom Kunden gewählten Zeitpunkt aushändigt. Angesichts des offenen Wortlauts ist in diesem Fall die Aushändigung eines nicht mit einem Preis versehenen Benutzungsgutscheins rechtmäßig.

3. Vollständiger Wert

120   Das Gesetz stellt klar, dass sich der Gutschein auf den vollen Ticketpreis einschließlich etwaiger Vorverkaufsgebühren beziehen muss.

121   Für die Ausstellung und Zusendung des Gutscheins dürfen **keine Kosten** abgezogen werden.

122   Insgesamt soll dadurch Vorsorge dafür getroffen werden, dass dem Kunden der **gesamte Wert** erhalten bleibt, um ihn für eine Nachfolgeveranstaltung einzusetzen oder sich später erstatten zu lassen.

123   Dieser Zweck wird indes nur teilweise erfüllt. Das Gesetz ordnet zwar den Werterhalt auf Seiten des schon entrichteten Preises an. Aber die Variable des neuen Preises für eine spätere (Nachhol- oder Ersatz-) Veranstaltung bleibt gänzlich ungeregelt. Vor diesem Hintergrund bleibt der Wert zwar als absolute Größe erhalten, aber es ist unbestimmt, ob damit noch eine Folgeveranstaltung aufgesucht werden kann, weil deren Wert vom Veranstalter frei bestimmt werden kann.

4. Konditionen der Nachholveranstaltung/-nutzung

124   Die Entwurfsbegründung erwähnt die Möglichkeit einer **Preissteigerung** zwischen der bisherigen und der Nachholveranstaltung. Es heißt dort: „Hierbei ist in Kauf zu nehmen, dass die Nachholveranstaltung gegebenenfalls zu einem anderen Preis angeboten wird als die ursprüngliche Veranstaltung. Eine solche Preisanpassung könnte sich etwa aus der Verlegung in eine andere Veranstaltungshalle oder aufgrund der allgemeinen Preisentwicklung ergeben."[40]

125   Wenn der Kunden lediglich einen Gutschein über einen Wert erhält (→ Rn. 117), also ohne Anbindung an eine bestimmte Nachholveranstaltung, dann steht es im Belieben des Verbrauchers, den Gutschein für eine von ihm gewählte Veranstaltung einzulösen oder auf den Ablauf des 31. Dezember 2021 zu warten und sich den Wert sodann erstatten zu lassen. Dabei bleibt offen, ob es überhaupt zu einer **Folgeveranstaltung** kommt und ggfs. zu welchem Eintrittspreis. Der Kunde kann immer nur den Betrag einlösen, auf den der Gutschein ausgestellt ist. Ob er damit den Eintritt bei einer späteren Veranstaltung erreichen kann oder ob nach der Krise womöglich nur noch teurere Events von dem Veranstalter angeboten werden, ist für den Kunden nicht vorherzusehen. Der Kunde wird dann also auch nicht davor geschützt, für eine Nachholveranstaltung eine Preisdifferenz entrichten zu müssen.

---

[40]   Gesetzentwurf der Fraktionen CDU/CSU und SPD, BT-Drucksache 19/18697 vom 21. April 2020, S. 8.

VII. Inhalt des Gutscheins, Absatz 4

1. Inhalt und Zweck

Aus dem Text des Gutscheins selbst muss sich ergeben, dass dieser **„wegen" der**   126
COVID-19-Pandemie ausgestellt wurde. Zudem muss er die Angabe enthalten,
unter welchen Voraussetzungen der Inhaber nach Art. 240 § 5 Abs. 5 EGBGB die
Auszahlung des Gutscheinwertes verlangen kann.

Das soll nach der Entwurfsbegründung[41] der **Rechtssicherheit** des Inhabers des   127
Gutscheins dienen und ihm soll so die Durchsetzung etwaiger Rechte nach
Absatz 5 erleichtert werden.

Das Gesetz gibt nur den Mindest-, aber keine Höchstinhalt vor. Zusätzlich zu   128
den sogleich in der Musterformulierung wiedergegebenen Inhalten ist daher z. B.
ein Verbot der **Übertragung an Dritte** nicht unzulässig.

2. Musterformulierung

Eine Musterformulierung könnte etwa wie folgt lauten: 129

> *„(Genaue Angabe des Veranstalters mit Adresse)*
>
> *Gutschein*
>
> *Über einen Wert von EUR …*
>
> *Dieser Gutschein wurde nach Absage einer Veranstaltung wegen der COVID-19-Pandemie ausgestellt.*
>
> *Der Inhaber dieses Gutscheins kann die Auszahlung des oben angegebenen Wertes von dem oben genannten Veranstalter verlangen, wenn*
>
> *1. der Verweis auf einen Gutschein für ihn angesichts seiner persönlichen Lebensumstände unzumutbar ist oder*
>
> *2. er den Gutschein bis zum 31. Dezember 2021 nicht eingelöst hat.*
>
> *(Ort, Datum, Unterschrift)"*

3. Übertragung des Gutscheins

Das Gesetz enthält keine Beschränkungen der Übertragbarkeit des Anspruchs   130
aus dem Gutschein, so dass einer Abtretung durch den Inhaber grundsätzlich nichts
entgegensteht.

Andererseits ist dem Gesetz aber auch nicht zu entnehmen, dass ein Gutschein   131
nicht in einer Weise ausgestellt werden könnte, welche die **Übertragung ausschließt.** Nach dem Gesetz hat der Verbraucher Anspruch auf einen bestimmten
Inhalt des Gutscheins. Das ist aber nicht exklusiv, sondern stellt einen Mindestinhalt
dar. Der Veranstalter ist daher an einer Beschränkung auf den Käufer nicht gehindert.

---

[41] Gesetzentwurf der Fraktionen CDU/CSU und SPD, BT-Drucksache 19/18697 vom
21. April 2020, S. 8.

132   Dieses Thema war vom Gesetzgeber durchaus gesehen, dann aber nicht weiter geregelt worden. So führte der Abgeordnete *Jan-Marco Luczak* in der Plenardebatte aus: „Ein ganz wichtiger Punkt ist: Es wird natürlich viele Menschen geben, die sagen: Ich nehme zwar den Gutschein, aber ich will ihn am Ende nicht einlösen. Ich möchte ihn möglicherweise verkaufen, ihn verschenken. – Die Handelbarkeit, die Übertragbarkeit des Gutscheins müssen wir noch im Gesetzgebungsverfahren regeln."[42] Eine weitere Regelung ist sodann allerdings unterblieben.[43] Auch im Bericht des Ausschusses für Recht und Verbraucherschutz wird erwähnt, dass die Fraktion der CDU/CSU die **Abtretbarkeit** der Ansprüche als ein Element betrachtete, das die Folgen der Gutscheinlösung für die Verbraucher abmildern sollte.[44]

VIII. Auszahlungsanspruch, Absatz 5

1. Sinn und Zweck

133   Die Ausstellung und Übergabe eines Gutscheins ist ein einseitiger Akt des Veranstalters, den der Kunde nicht verhindern kann und auf den er keinen Einfluss hat. Seinen Interessen wird durch das Gesetz nicht durch ein Ablehnungsrecht Rechnung getragen.

134   Allerdings sollen die Interessen des Verbrauchers auch nicht gänzlich unberücksichtigt bleiben. Der Sinn des § 5 Abs. 5 besteht darin, einen angemessenen Ausgleich zwischen den Interessen beider Vertragsparteien zu finden.

135   Das trägt nicht zuletzt den verfassungsrechtlichen Bedenken Rechnung, denen die Gutschein-Lösung im Hinblick auf den damit verbundenen Eingriff in die Rechte der Verbraucher unterliegt.

2. Auszahlungsverlangen

136   Anspruchsberechtigt ist der **Inhaber** eines Gutscheins.

137   Solange noch kein Gutschein übergeben wurde, ergibt sich der Auszahlungsanspruch hinsichtlich des Eintrittspreises, da die Veranstalter die ihrerseits geschuldete Leistung, nämlich die Durchführung der Veranstaltung im angekündigten Rahmen und zu der angekündigten Zeit aufgrund öffentlich-rechtlicher Verbote nicht erbringen können und die Leistung demnach unmöglich geworden ist (§§ 275, § 326 Abs. 1, 4 iVm § 346 Abs. 1 BGB).

138   Ab Übergabe eines Gutscheins, als Zugang beim Kunden, endet dieser Anspruch und wird vollständig ersetzt durch den Anspruch aus dem Gutschein.

139   Sofern eine der in Absatz 5 genannten Voraussetzungen vorliegt, kann der Inhaber eines Gutscheins von dem Veranstalter die Auszahlung des Wertes des Gutscheins verlangen.

140   Für die Geltendmachung eines Anspruchs nach Absatz 5 gilt die regelmäßige Verjährungsfrist von drei Jahren (§ 195 BGB).

---

[42] *Jan-Marco Luczak* (CDU), Deutscher Bundestag, Plenarprotokoll 19/155 der 155. Sitzung vom 22. April 2020, S. 19254 (A–B).

[43] Bedauernd die Äußerung der SPD-Fraktion im Bericht des Ausschusses für Recht und Verbraucherschutz, BT-Drucks. 19/19218, S. 10.

[44] Beschlussempfehlung und Bericht des Ausschusses für Recht und Verbraucherschutz, BT-Drucks. 19/19218, S. 9.

3. Unzumutbarkeit für den Kunden, Nummer 1

Der Inhaber eines Gutscheins kann die Auszahlung des Wertes verlangen, wenn   **141**
der Verweis auf einen Gutschein für ihn angesichts seiner persönlichen Lebensumstände unzumutbar ist.

Die Begründung des Gesetzentwurfes erläutert dies durch **Beispiele:**[45]   **142**

- Die Voraussetzungen dieser Ausnahmevorschrift „dürften etwa dann erfüllt
  sein" – so die vorsichtige Formulierung in der Entwurfsbegründung[46] –, wenn
  der Inhaber einer Eintrittskarte die Veranstaltung im Rahmen einer Urlaubsreise
  besuchen wollte und einen Nachholtermin nur unter Aufwendung hoher
  Reisekosten wahrnehmen könnte.

- Sie „dürften ebenfalls erfüllt sein",[47] wenn der Inhaber des Gutscheins ohne die
  Auszahlung des Gutscheinwerts nicht in der Lage sei, existenziell wichtige Lebenshaltungskosten wie Miet- oder Energierechnungen zu begleichen.

Die **„Härteklausel"** entzieht sich einer allgemeinen Konkretisierung. In der   **143**
Debatte des Bundestages war die Zumutbarkeit dementsprechend Gegenstand von
Diskussionen. Von einer Abgeordneten wurde kritisiert: „Das ist total unklar. Daher
brauchen wir Regelbeispiele: zum Beispiel von Kurzarbeit oder Arbeitslosigkeit
Betroffene. Schülerinnen und Schüler, Studierende oder Azubis müssen pauschal
ausgenommen bleiben. Denn die brauchen ebenfalls unsere Unterstützung."[48]

Von einem Abgeordneten der Regierungskoalition wurde angekündigt: „Ich   **144**
glaube, wir sollten auch im Gesetzestext, nicht nur in der Gesetzesbegründung, die
Voraussetzung noch klarer herausarbeiten."[49] Eine solche **Konkretisierung** ist
dann aber im weiteren Verlauf der Gesetzgebung unterblieben.[50]

Abstrakt ist die Idee nicht von der Hand zu weisen, dass die persönlichen Le-   **145**
bensumstände ein Abwarten unzumutbar erscheinen lassen, wenn der Betroffene
ohne die Rückzahlung seine Lebenshaltungskosten nicht bestreiten könnte (Beispiel aus der Begründung des Gesetzentwurfes). Allerdings ist der Fall kaum rea-
litätsnah. Der Besuch von Veranstaltungen oder Einrichtungen ist in aller Regel
nicht mit Kosten in einer Größenordnung verbunden, die von **existenzieller
Tragweite** wären. Derartige Veranstaltungen sind auch nicht **lebensnotwendig,**
sondern gehören in den Bereich privater Freizeitgestaltung. Der Teilnehmer leistet
sich die Teilnahme, weil er zunächst dafür Geld übrig hat. In der Zeit der Pandemie
verfügen viele Menschen über spürbar geringere Einnahmen, das steht aber in keinem Zusammenhang mit Freizeitveranstaltungen.

Will sich ein Gutscheininhaber auf die Härtefallklausel in Absatz 5 berufen, so   **146**
wird er spätestens im **Prozess** darlegen müssen, warum er ohne sofortige Auszah-

---

[45] Gesetzentwurf der Fraktionen CDU/CSU und SPD, BT-Drucksache 19/18697 vom
  21. April 2020, S. 8.

[46] Gesetzentwurf der Fraktionen CDU/CSU und SPD, BT-Drucksache 19/18697 vom
  21. April 2020, S. 8.

[47] Gesetzentwurf der Fraktionen CDU/CSU und SPD, BT-Drucksache 19/18697 vom
  21. April 2020, S. 8.

[48] *Tabea Rößner* (BÜNDNIS 90/DIE GRÜNEN), Deutscher Bundestag, Plenarprotokoll
  19/155 der 155. Sitzung vom 22. April 2020, S. 19256 (B).

[49] *Jan-Marco Luczak* (CDU), Deutscher Bundestag, Plenarprotokoll 19/155 der 155. Sitzung
  vom 22. April 2020, S. 19254 (A).

[50] Bedauernd die Äußerung der SPD-Fraktion im Bericht des Ausschusses für Recht und Verbraucherschutz, BT-Drucks. 19/19218, S. 10.

lung seinen Lebenshaltungskosten nicht nachkommen kann. Angesichts der Zeitdauer von Gerichtsprozessen ist diese Darlegung schwierig.

147   Das **Verhalten des Veranstalters** kann zu einer Unzumutbarkeit weiterer Abwartens führen. Das gilt etwa für den Fall, dass der Veranstalter ankündigt, bis Ende 2021 keine Darbietungen mehr anbieten zu wollen.

148   Ebenso unzumutbar ist das Abwarten, wenn der Veranstalter keine **Events aus der Kategorie** mehr anbietet, welcher das Ticket zuzurechnen ist, das später in einen Gutschein umgetauscht wurde. Wenn beispielsweise ein Country-Festival zum letzten Mal veranstaltet wurde und der Veranstalter sich nun in Richtung Barockmusik orientiert, muss der Kunde, der ein Ticket gekauft hatte, nicht bis Ende 2021 warten.

4. Nichteinlösung bis 31. Dezember 2021, Nummer 2

149   Löst der Inhaber den Gutschein nicht ein, kann er nach dem 31. Dezember 2021 die Auszahlung des Wertes des Gutscheins von dem Veranstalter oder Betreiber verlangen.

150   Die Entwurfsbegründung nennt dazu mögliche **Motive:** Etwa, weil er an dem Termin der Nachholveranstaltung verhindert ist oder an dem Besuch der Freizeiteinrichtung kein Interesse mehr hat. Auf diese Motive kommt es allerdings im Rahmen der Nummer 2 – anders als bei Nummer 1 im Hinblick auf die Prüfung der Unzumutbarkeit – nicht an. Bei Nummer 2 entscheidet ausschließlich der Fristablauf.

151   Die Regelung des Art. 240 § 5 EGBGB bewirkt in diesem Fall eine Stundung des Rückzahlungsanspruchs.

Teil 4: Strafrecht

Übersicht

Artikel 3 AbmG vom 27.3.2020: Änderung des Einführungsgesetzes zur Strafprozessordnung

§ 10 des Einführungsgesetzes zur Strafprozessordnung in der im Bundesgesetzblatt Teil III, Gliederungsnummer 312-1, veröffentlichten berei-
nigten Fassung, das zuletzt durch Artikel 2 des Gesetzes vom 20. Novem-
ber 2019 (BGBl. I S. 1724) geändert worden ist, wird wie folgt gefasst:

§ 10 EGStPO Hemmung der Unterbrechungsfristen wegen Infektionsschutzmaßnahmen

(1) Unabhängig von der Dauer der Hauptverhandlung ist der Lauf der
in § 229 Absatz 1 und 2 der Strafprozessordnung genannten Unterbrechungsfristen gehemmt, solange die Hauptverhandlung aufgrund von
Schutzmaßnahmen zur Verhinderung der Verbreitung von Infektionen
mit dem SARS-CoV-2-Virus (COVID-19-Pandemie) nicht durchgeführt
werden kann, längstens jedoch für zwei Monate; diese Fristen enden frühestens zehn Tage nach Ablauf der Hemmung. Beginn und Ende der
Hemmung stellt das Gericht durch unanfechtbaren Beschluss fest.
(2) Absatz 1 gilt entsprechend für die in § 268 Absatz 3 Satz 2 der Strafprozessordnung genannte Frist zur Urteilsverkündung.

I. Hintergründe und Normzweck des § 10 EGStPO

1. Allgemeines

1   Die Bestimmung des § 10 EGStPO wurde eingefügt durch **Art. 3** des **Gesetzes zur Abmilderung der Folgen der COVID-19-Pandemie im Zivil-, Insolvenz- und Strafverfahrensrecht**[1] vom 27.3.2020 (im Folgenden: **„COVFAG"**) und ist nach Art. 6 Abs. 3 COVFAG am Folgetag in Kraft getreten.

2   In § 10 EGStPO fand sich zuletzt eine Übergangsvorschrift zum Opferrechtsreformgesetz, die bereits mit Ablauf des 31.12.2014 außer Kraft getreten war. Insoweit bestand also eine **„Leerstelle"** im EGStPO, die der Gesetzgeber nun mit den Neuregelungen ausgefüllt hat.

2. § 10 Abs. 1 EGStPO: Hemmung der Unterbrechungsfristen in § 229 Abs. 1 und 2 StPO

3   Durch § 10 Abs. 1 EGStPO sind – in Ansehung der COVID-19-Pandemie – besondere Hemmungstatbestände für die Fristen zur **Unterbrechung von strafgerichtlichen Hauptverhandlungen** eingeführt worden, die die bisherigen Regelungen in § 229 StPO flankieren. Diese Neuregelungen in § 10 Abs. 1 EGStPO ermöglichen es den Strafgerichten nun, eine **Hauptverhandlung** für bis zu **drei Monate und zehn Tage** zu **unterbrechen,** falls diese aufgrund von Maßnahmen zur Vermeidung der Verbreitung der COVID-19-Pandemie (im Folgenden: „Corona-Schutzmaßnahmen") nicht fortgesetzt werden kann.

4   Nach **§ 229 Abs. 1 StPO** durfte eine Hauptverhandlung bislang – also vor der Einführung von § 10 Abs. 1 EGStPO – lediglich bis zu **drei Wochen** unterbrochen werden.

5   Nach **§ 229 Abs. 2 StPO** durfte eine Hauptverhandlung vor der Einführung von § 10 Abs. 1 EGStPO zwar bis zu **einem Monat** unterbrochen werden, musste hierfür allerdings zuvor bereits an **mindestens zehn Tagen** stattgefunden haben.

6   Nach **§ 229 Abs. 3 StPO** war vor der Einführung von § 10 Abs. 1 EGStPO der Lauf der in § 229 Abs. 1 und Abs. 2 StPO genannten Fristen **gehemmt,** solange ein Angeklagter oder ein Richter bzw. Schöffe wegen Krankheit oder ein Richter bzw. Schöffe wegen Mutterschutzes oder Elternzeit nicht zu der Hauptverhandlung erscheinen kann, längstens jedoch für **zwei Monate.**

7   Wird den zeitlichen Vorgaben der § 229 Abs. 1 bis 3 StPO nicht genügt, so ist nach § 229 Abs. 4 StPO mit der Hauptverhandlung **von Neuem** zu beginnen. Das Verfahren wird nach § 229 Abs. 4 S. 1 StPO hierbei in denjenigen Stand **zurückversetzt,** den es nach Eröffnung des Hauptverfahrens und Zulassung der Anklage hatte, so dass insbesondere auch die in der bisherigen Hauptverhandlung erzielten Beweisergebnisse hinfällig werden.[2] Mit den bisherigen Regelungen in § 229 Abs. 1 bis 3 StPO hätten die Strafgerichte mithin in vielen Fällen nicht sachgerecht auf die besonderen Herausforderungen der COVID-19-Pandemie reagieren können.

---

[1] BGBl. I 2020, 569.
[2] MüKoStPO/*Arnoldi* § 229 StPO Rn. 23.

Im **Gesetzentwurf** der Fraktionen der CDU/CSU und SPD zum Entwurf des   **8**
COVFAG (im Folgenden: „Gesetzentwurf") heißt es hierzu wie folgt[3]:

> *„Die Schutzmaßnahmen zur Vermeidung der Ausbreitung der COVID-19-Pande-*
> *mie betreffen auch die Gerichte und Staatsanwaltschaften. Vor allem für strafgerichtliche*
> *Hauptverhandlungen ist trotz der zuletzt im Gesetz zur Modernisierung des Strafverfah-*
> *rens vom 10. Dezember 2019 (BGBl. I S. 2121) vorgenommenen Erweiterungen abseh-*
> *bar, dass die gesetzlich vorgesehenen Möglichkeiten zur Hemmung der Unterbrechungsfris-*
> *ten bei strafgerichtlichen Hauptverhandlungen nicht ausreichend sind. Ziel der strafverfah-*
> *rensrechtlichen Regelungsvorschläge ist es, durch*
> *einen zusätzlichen Hemmungstatbestand die Fortsetzung vieler durch die COVID-19-*
> *Pandemie unterbrochener Strafverfahren zu ermöglichen und so die Aussetzung und voll-*
> *ständige Neuverhandlung dieser Prozesse zu vermeiden. "*

3. § 10 Abs. 2 EGStPO: Hemmung der Frist zur Urteilsverkündung in § 268 Abs. 3 StPO

Zudem haben die Neuregelungen in § 10 Abs. 2 EGStPO Auswirkungen auf die   **9**
Vorgaben zur **Verkündung strafgerichtlicher Urteile** in § 268 Abs. 3 StPO, da
nach § 10 Abs. 2 EGStPO die Regelungen des § 10 Abs. 1 EGStPO entsprechend
für die Frist zur Urteilsverkündung gemäß § 268 Abs. 3 S. 2 StPO gelten.

Nach § 268 Abs. 3 S. 2 StPO musste ein Urteil vor der Einführung von § 10   **10**
Abs. 2 EGStPO **spätestens am elften Tag** nach dem Schluss der mündlichen Verhandlung verkündet werden. Wird die Frist des § 268 Abs. 3 S. 2 StPO nicht gewahrt, so ist mit der Hauptverhandlung **von Neuem** zu beginnen.

Eine **Verlängerung** der Frist des § 268 Abs. 3 StPO – in entsprechender An-   **11**
wendung des § 229 Abs. 2 StPO – kommt nicht in Betracht, da § 268 Abs. 3 S. 3
StPO gerade nicht auf § 229 Abs. 2 StPO verweist.[4]

Es stand vor diesem Hintergrund zu befürchten, dass die Strafgerichte den bishe-   **12**
rigen Regelungen zur Urteilsverkündung in § 268 Abs. 3 StPO – angesichts der
besonderen Herausforderungen der COVID-19-Pandemie – nicht mehr würden
genügen können und dementsprechend in einer Vielzahl von Fällen eine **Wieder-**
holung der Hauptverhandlung unausweichlich geworden wäre.

Im Gesetzentwurf heißt es hierzu wie folgt[5]:   **13**

> *„Absatz 2 ordnet an, dass der in Absatz 1 geregelte Hemmungstatbestand auch für die*
> *Hemmung der in § 268 Absatz 3 Satz 2 StPO genannten Frist zur Urteilsverkündung*
> *gilt. § 268 Absatz 3 Satz 3 StPO verweist bereits auf § 229 Absatz 3 und ordnet die*
> *entsprechende Geltung der dort geregelten Hemmungsvorschriften für die Urteilsverkün-*
> *dungsfrist an. Gleiches soll für den Hemmungstatbestand des § 10 Absatz 1 StPOEG*
> *gelten. "*

---

[3]   FraktE, BT-Drucksache 19/18110, S. 3.
[4]   KK-StPO/*Kuckein/Bartel* § 268 Rn. 9; MüKoStPO/*Moldenhauer* § 268, Rn. 29; BGH
     Beschl. v. 11.2.2003 – 4 StR 5/03, NStZ 2004, 52; BGH Beschl. v. 30.11.2006 – 4 StR
     452/06, NStZ 2007, 235; BGH Beschl. v. 20.6.2007 – 1 StR 58/07, NStZ-RR 2007, 278;
     BGH Beschl. v. 14.5.2014 – 3 StR 130/14, BeckRS 2014, 11834.
[5]   FraktE, BT-Drucksache 19/18110, S. 33.

II. Zu den Regelungen des § 10 Abs. 1 EGStPO

1. Zur Regelung des § 10 Abs. 1 S. 1 EGStPO

14   Nach § 10 Abs. 1. S. 1 EGStPO ist – unabhängig von der Dauer der Hauptverhandlung – der Lauf der Unterbrechungsfristen in § 229 Abs. 1 und 2 StPO **gehemmt,** so lange die Hauptverhandlung aufgrund von Corona-Schutzmaßnahmen nicht durchgeführt werden kann, längstens jedoch für **zwei Monate.**

15   **a) Zu § 229 Abs. 1 und Abs. 2 StPO.** Nachdem § 10 Abs. 1 S. 1 EGStPO auf
§ 229 Abs. 1 und Abs. 2 StPO verweist, müssen hier zunächst auch die dortigen
Vorschriften kursorisch dargestellt werden.

16   **aa) Zur Ratio und zum Anwendungsbereich des § 229 StPO.** Für die
Durchführung einer strafgerichtlichen Hauptverhandlung gelten insbesondere
auch die Grundsätze der **Konzentration** und der **Einheit der Hauptverhandlung,** wonach eine Hauptverhandlung im Idealfall *en bloc* durchgeführt werden
soll.[6]

17   Eine sich lang hinziehende und/oder von Unterbrechungen geprägte Hauptverhandlung steht hingegen – vor allem wegen der **Gefahr von Erinnerungsverlus-
ten** – dem in § 261 StPO verankerten **Unmittelbarkeitsprinzip** entgegen.[7]

18   Nach dem **Grundsatz der Mündlichkeit** darf zudem nur das in einer Hauptverhandlung mündlich Erörterte Grundlage eines Strafurteils sein.[8]

19   Eine – gerade auch im Hinblick auf den Grundsatz der Mündlichkeit – länger
andauernde Hauptverhandlung kann allerdings ganz regelmäßig **nicht völlig
ohne Unterbrechung** durchgeführt werden, so dass auch das Beschleunigungsgebot und das Konzentrationsprinzip insoweit ihre **inhärenten Grenzen** finden
müssen.[9]

20   Jedoch könnten längere Unterbrechungen **Strafrichter** ggf. dazu verleiten, ihr
Wissen nicht mehr aus ihrer Erinnerung zu schöpfen.[10]

21   Die Vorschrift des § 229 StPO dient vor diesem Hintergrund dazu, Unterbrechungen zwar grundsätzlich zu gestatten, deren Dauer aber zugleich zu begrenzen
und so einen **Ausgleich der widerstreitenden Interessen** herzustellen.[11]

22   Entgegen ihrem Wortlaut ist die Vorschrift des § 229 StPO nur **bis zum letzten
Wort des Angeklagten** anwendbar.[12] Steht nur noch die **Urteilsverkündung**
aus, so ist die Sonderregelung in **§ 268 Abs. 3 S. 2 StPO** vorrangig.[13]

23   **bb) Zur Regelung des § 229 Abs. 1 StPO.** Nach **§ 229 Abs. 1 StPO** darf
eine strafgerichtliche Hauptverhandlung grundsätzlich **bis zu drei Wochen** unterbrochen werden, ohne dass dies an zeitliche oder formelle Voraussetzungen oder an
einen bestimmten Unterbrechungsgrund geknüpft wäre.[14]

---

[6] MüKoStPO/*Arnold* § 229 Rn. 1.
[7] MüKoStPO/*Arnold* § 229 Rn. 1.
[8] KK-StPO/*Gmel* § 229 Rn. 1.
[9] KK-StPO/*Gmel* § 229 Rn. 1.
[10] KK-StPO/*Gmel* § 229 Rn. 1.
[11] KK-StPO/*Gmel* § 229 Rn. 1; MüKoStPO/*Arnoldi* § 229 Rn. 1.
[12] MüKoStPO/*Arnoldi* § 229 Rn. 6.
[13] MüKoStPO/*Arnoldi* § 229 Rn. 6.
[14] BeckOK-StPO/*Graf* Stand: 1.1.2020, § 229, Rn. 1.

Zwischen zwei Hauptverhandlungsterminen dürfen nach § 229 Abs. 1 StPO also   24
grundsätzlich immer drei Wochen liegen,[15] wobei die Hauptverhandlung **spätestens am Tag nach dem Ablauf von drei Wochen** fortgesetzt werden muss, um
die Vorgaben des § 229 Abs. 1 StPO zu wahren.[16]

Da es sich bei den Fristen des § 229 StPO um keine Fristen iSd §§ 42, 43 StPO   25
handelt, wird weder der **Tag der Unterbrechung** noch der **Tag der Fortsetzung** der Hauptverhandlung mitgerechnet.[17] Bei einem Fristende an einem
Sonnabend, Sonntag oder allgemeinen Feiertag kann die Hauptverhandlung nach
§ 229 Abs. 4 S. 2 StPO mithin fristwahrend **am nächsten Werktag** fortgesetzt
werden.[18]

Eine Unterbrechung nach § 229 Abs. 1 StPO wird vom Vorsitzenden **verfügt**[19]   26
bzw. es ergeht ein **Unterbrechungsbeschluss** des Gerichts.[20]

Es ist bei der Unterbrechung nach § 229 Abs. 1 StPO **irrelevant, wie lange** die   27
Hauptverhandlung zuvor bereits gedauert hat, solange sie nur überhaupt begonnen
worden ist.[21] Es ist also – soweit das **Beschleunigungsgebot** (Art. 6 Abs. 1, Art. 5
Abs. 3 EMRK) dem nicht entgegensteht[22] – grundsätzlich durchaus zulässig, eine
Hauptverhandlung nach jedem Hauptverhandlungstermin **erneut** für drei Wochen
zu unterbrechen.[23]

Voraussetzung für eine Unterbrechung nach § 229 Abs. 1 StPO ist allerdings, dass   28
an den jeweiligen Sitzungstagen **zur Sache verhandelt** worden ist.[24] Erforderlich
hierfür sind Prozesshandlungen oder Erörterungen zu Sach- und Verfahrensfragen,
die geeignet sind, die Sache ihrem Abschluss substantiell näher zu bringen[25] bzw.
inhaltlich auf den abschließenden Urteilsspruch hin zu fördern.[26] Ein Fortsetzungs-
termin darf sich mithin nicht allein in der Abwicklung solcher **Formalia** erschöp-
fen, die weder für die Urteilsfindung noch für den dorthin führenden Verfahrens-
gang eigenständiges Gewicht besitzen.[27] Das Gericht darf folglich nicht allein die
Wahrung der Unterbrechungsfrist im Auge haben.[28] Durch sog. „**Schiebeter-**

---

[15] BeckOK-StPO/*Graf* Stand: 1.1.2020, § 229, vor Rn. 1.
[16] BeckOK-StPO/*Graf* Stand: 1.1.2020, § 229 Rn. 1.
[17] BGH Beschl. v. 18.2.2016 – 1 StR 590/15, NStZ-RR 2016, 178; BeckOK-StPO/*Graf*
      Stand: 1.1.2020, § 229, Rn. 1; KK-StPO/*Gmel* § 229 Rn. 7.
[18] MüKoStPO/*Arnoldi* § 229 Rn. 14.
[19] KK-StPO/*Gmel* § 229 Rn. 10; BeckOK-StPO/*Graf* Stand: 1.1.2020, § 229, Rn. 1;
      MüKoStPO/*Arnoldi* § 229 Rn. 8.
[20] MüKoStPO/*Arnoldi* § 229 Rn. 8.
[21] BeckOK-StPO/*Graf* Stand: 1.1.2020, § 229, Rn. 1.
[22] Vgl. hierzu etwa: MüKoStPO/*Arnoldi* § 229 Rn. 2.
[23] KK-StPO/*Gmel* § 229 Rn. 3; BeckOK-StPO/*Graf* Stand: 1.1.2020, § 229, Rn. 1; MüKo-
      StPO/*Arnoldi* § 229 Rn. 15.
[24] KK-StPO/*Gmel* § 229 Rn. 6; BeckOK-StPO/*Graf* Stand: 1.1.2020, § 229 vor Rn. 1 und
      Rn. 12.
[25] BGH Beschl. v. 16.10.2007 – 3 StR 254/07, NStZ 2008, 115; BGH Urt. v. 16.1.2014 – 4
      StR 370/13, BeckRS 2014, 3160.
[26] MüKoStPO/*Arnoldi* § 229 Rn. 8; BGH Urt. v. 30.4.1952 – 5 StR 275/52, NJW 1952,
      1149.
[27] KK-StPO/*Gmel* § 229 Rn. 6; BGH Urt. v. 16.11.2017 – 3 StR 262/17, NStZ 2018, 297.
[28] KK-StPO/*Gmel* § 229 Rn. 6; BGH Beschl. v. 7.4.2011 – 3 StR 61/11, NStZ 2011, 532;
      BGH, Urt. v. 16.1.2014 – 4 StR 370/13, BeckRS 2014, 3160.

mine" kommt es dementsprechend nicht zu einer fristwahrenden Unterbrechung isd § 229 Abs. 1 StPO.[29]

29   Ohne die Neuregelung in § 10 EGStPO hätten die Strafgerichte **nach § 229 Abs. 1 StPO** Hauptverhandlungen im Hinblick auf die besonderen Anforderungen der COVID-19-Pandemie mithin immer **nur bis zu drei Wochen** unterbrechen können, ohne dass die Hauptverhandlung nach § 229 Abs. 4 S. 1 StPO hätte wiederholt werden müssen.

30   **cc) Zur Regelung des § 229 Abs. 2 StPO.** Nach **§ 229 Abs. 2 StPO** darf eine Hauptverhandlung grundsätzlich auch **bis zu einem Monat** unterbrochen werden, wenn sie davor jeweils an **mindestens zehn Tagen** stattgefunden hat.

31   Die Regelung in § 229 Abs. 2 StPO zielt vor allem auf **Groß- und Umfangsverfahren** ab.[30]

32   Die Regelungen in § 229 Abs. 1 und Abs. 2 StPO schließen sich nicht gegenseitig aus, sondern sind **nebeneinander** anwendbar.[31]

33   Nach jeweils zehn weiteren Verhandlungstagen kann eine **erneute Unterbrechung** der Hauptverhandlung nach § 229 Abs. 2 StPO erfolgen.[32] Von der Unterbrechungsmöglichkeit des § 229 Abs. 2 StPO kann ein Strafgericht grundsätzlich **beliebig oft** Gebrauch machen, solange hierbei eine rechtsstaatswidrige **Verfahrensverzögerung** ausgeschlossen werden kann.[33]

34   Mithin wäre auch die Regelung des § 229 Abs. 2 StPO nicht ausreichend gewesen, um den besonderen Herausforderungen der **COVID-19-Pandemie** in allen Fällen sachgerecht zu begegnen. Die Vorschrift des § 229 Abs. 2 StPO setzt für ihre Anwendbarkeit nämlich zunächst einmal voraus, dass eine Hauptverhandlung zuvor – also vor der Unterbrechung – bereits an **mindestens zehn Tagen** stattgefunden hat. Zum anderen ermöglicht § 229 Abs. 2 StPO lediglich eine Unterbrechung einer Hauptverhandlung von bis zu **einem Monat.**

35   **b) Nichtdurchführbarkeit der Hauptverhandlung aufgrund von Corona-Schutzmaßnahmen iSd § 10 Abs. 1 S. 1 EGStPO.** Nach § 10 Abs. 1 S. 1 EGStPO wird – unabhängig von der Dauer der Hauptverhandlung – der Lauf der eben dargestellten Unterbrechungsfristen nach § 229 Abs. 1 und Abs. 2 StPO für bis zu zwei Monate gehemmt, solange die Hauptverhandlung aufgrund von *„Schutzmaßnahmen zur Verhinderung der Verbreitung von Infektionen mit dem SARS-CoV-2-Virus (COVID-19-Pandemie)"* – also aufgrund von Corona-Schutzmaßnahmen – nicht durchgeführt werden kann.

36   Wie sich dem Gesetzentwurf entnehmen lässt, sollte der **Tatbestand** des § 10 Abs. 1 EGStPO bewusst **weit gefasst** worden.[34] Was allerdings genau unter *„Schutzmaßnahmen zur Verhinderung der Verbreitung von Infektionen mit dem SARS-CoV-2-Virus (COVID-19-Pandemie)"* – also unter Corona-Schutzmaßnahmen – zu

---

[29] BGH Beschl. v. 16.10.2007 – 3 StR 254/07, NStZ 2008, 115; BGH Beschl. v. 7.4.2011 – 3 StR 61/11, BeckRS 2011, 9184; BGH Urt. v. 2.2.2012 – 3 StR 401/11, BeckRS 2012, 5085; BGH Beschl. v. 5.11.2008 – 1 StR 583/08, BeckRS 2008, 24704.

[30] MüKoStPO/*Arnoldi* § 229 Rn. 16.

[31] KK-StPO/*Gmel* § 229 Rn. 4.

[32] KK-StPO/*Gmel* § 229 Rn. 4; BeckOK-StPO/*Graf* Stand: 1.1.2020, § 229, Rn. 3; BGH Beschl. v. 22.5.2013 – 4 StR 106/13, BeckRS 2013, 10079.

[33] BGH Beschl. v. 22.5.2013 – 4 StR 106/13, BeckRS 2013, 10079.

[34] BT-Drucksache 19/18110, S. 33.

verstehen ist, definieren bedauerlicherweise weder das Gesetz noch die Gesetzesbegründung.

Immerhin lässt sich dem Gesetzentwurf allerdings entnehmen, dass ein Fall der 37 Nichtdurchführbarkeit einer Hauptverhandlung aufgrund von Corona-Schutzmaßnahmen dann gegeben sein soll, wenn **Infektionsschutzmaßnahmen** der Gerichte und der Gesundheitsbehörden der ordnungsgemäßen Durchführung einer Hauptverhandlung entgegenstehen.[35]

Es soll laut dem Gesetzentwurf zur Annahme eines solchen Falles zudem aus- 38 drücklich nicht erforderlich sein, dass der Angeklagte oder eine zur Urteilsfindung berufene Person **selbst erkrankt** ist oder sich in **Quarantäne** befindet.[36] Dies ist folgerichtig, ist doch der Fall der Erkrankung eines Angeklagten oder eines Richters – inklusive Schöffen – bereits von § 229 Abs. 3 S. 1 Nr. 1 StPO erfasst.[37]

Der Hemmungstatbestand des § 10 Abs. 1 EGStPO geht – so auch der Gesetz- 39 entwurf[38] – allerdings nach dem Willen des Gesetzgebers weit über den Anwendungsbereich des § 229 Abs. 3 S. 1 Nr. 1 StPO hinaus, weil auch **reine Verdachtsfälle** oder Erkrankungen, die **(noch) nicht (positiv) getestet** worden sind, ausreichen sollen, solange eine Person gehalten ist, sich deshalb in häusliche **Quarantäne** zu begeben.[39]

Darüber hinaus soll laut dem Gesetzentwurf auch ein **eingeschränkter Ge-** 40 **richtsbetrieb** oder die **Beteiligung zur Risikogruppe gehörender Personen** – wie beispielsweise ältere Personen, Personen mit Grunderkrankung oder einem unterdrückten Immunsystem – für die Annahme von Corona-Schutzmaßnahmen iSd § 10 Abs. 1 EGStPO genügen, die eine weitere Durchführung der Hauptverhandlung verhindern.[40]

Ein Hindernis für die Durchführung der Hauptverhandlung iSd § 10 Abs. 1 S. 1 41 EGStPO soll laut dem Gesetzentwurf schließlich auch dann vorliegen, wenn dieses Hindernis lediglich mittelbar auf gerichtlichen oder gesundheitsbehördlichen Schutzmaßnahmen beruht.[41]

Die Unmöglichkeit der Durchführung der Hauptverhandlung kann laut dem 42 Gesetzentwurf auch auf Anordnungen und Empfehlungen der **Gerichtsverwaltung** oder der **Gesundheitsbehörden** beruhen, sich daraus ergeben, dass ein Gericht auf Notbetrieb umgestellt hat, dass die Abstände zwischen den Verfahrensbeteiligten im Gerichtssaal nicht eingehalten werden können[42] oder dass sich Personen in häuslicher Quarantäne befinden oder bei Durchführung der Hauptverhandlung potentiell gefährdet wären.[43]

Das Gericht soll grundsätzlich im **Freibeweisverfahren** prüfen, ob, ab wann 43 und bis wann der Hemmungstatbestand iSd § 10 Abs. 1 S. 1 EGStPO vorliegt.[44] Deshalb muss das Gericht laut dem Gesetzentwurf bei der Anwendung des § 10

---

[35] BT-Drucksache 19/18110, S. 33.
[36] BT-Drucksache 19/18110, S. 33.
[37] So auch: BT-Drucksache 19/18110, S. 33.
[38] BT-Drucksache 19/18110, S. 33.
[39] BT-Drucksache 19/18110, S. 33.
[40] BT-Drucksache 19/18110, S. 33.
[41] BT-Drucksache 19/18110, S. 33.
[42] Vgl. hierzu etwa: SächsVerfGH, Beschl. v. 20.3.2020 – Vf. 39-IV-20, NJW 2020, 1285; OLG Karlsruhe, Beschl. v. 30.3.2020 – HEs 1 Ws 84/20, BeckRS 2020, 4623.
[43] BT-Drucksache 19/18110, S. 33.
[44] BT-Drucksache 19/18110, S. 33.

EGStPO im Freibeweisverfahren prüfen, ob **Infektionsschutzmaßnahmen** erforderlich sind, welche die Durchführung der Hauptverhandlung unmöglich machen.[45]

44   Das OLG Hamburg hat – bereits unter der Ägide der Neuregelungen des § 10 EGStPO – jüngst festgestellt, dass die Anordnung der **Fortsetzung** einer bereits begonnenen Hauptverhandlung gegen einen **hochbetagten** Angeklagten auch in Zeiten der COVID-19-Pandemie **ermessenfehlerfrei** sei, wenn **hinreichende Maßnahmen zum Schutz vor einer Infektion** mit dem SARS-CoV-2-Erreger getroffen werden.[46] Hierbei – so das OLG Hamburg – sei insbesondere in den Blick zu nehmen, dass § 10 EGStPO lediglich eine Unterbrechung einer Hauptverhandlung von bis zu drei Monaten und zehn Tagen gestatte, so dass auch eine solche Unterbrechung nach dem gegenwärtigen Stand der Forschung **weit vor der Entwicklung eines Impfstoffes** enden würde und damit eine Anordnung einer solchen Unterbrechung nicht zielführend erscheine.[47]

45   **c) Hemmung der Unterbrechungsfristen des § 229 Abs. 1 und Abs. 2 StPO.** Sind die vorstehend skizzierten Voraussetzungen des § 10 Abs. 1 S. 1 EGStPO erfüllt, ist also die Durchführung einer Hauptverhandlung aufgrund von Corona-Schutzmaßnahmen nicht möglich, so sind als Folge die Unterbrechungsfristen der § 229 Abs. 1 und Abs. 2 StPO **gehemmt.**

46   Nach § 10 Abs. 1 S. 1 EGStPO greift diese Hemmung des Laufes der Fristen iSd § 229 Abs. 1 und 2 StPO **längstens für zwei Monate,** wobei die Fristen frühestens zehn Tage nach Ablauf der Hemmung enden.

47   Dementsprechend lässt sich also sagen, dass § 10 Abs. 1 EGStPO die Hemmung des Laufes der Fristen in § 229 Abs. 1 und Abs. 2 StPO für **bis zu zwei Monate** ermöglicht, so lange eine Hauptverhandlung aufgrund von Corona-Schutzmaßnahmen nicht durchgeführt werden kann.

48   Somit ergeben sich nach Maßgabe von § 10 Abs. 1 S. 1 EGStPO iVm § 229 Abs. 1 und Abs. 2 StPO also folgende **Maximalzeiträume** für die Unterbrechung von Hauptverhandlungen:

- Eine Hauptverhandlung, die zuvor **noch nicht an mindestens zehn Tagen** stattgefunden hat, darf – unabhängig von der COVID-19-Pandemie – nach § 229 Abs. 1 StPO bis zu drei Wochen unterbrochen werden. Der Lauf dieser dreiwöchigen Frist kann nun – nach Maßgabe des § 10 Abs. 1 S. 1 EGStPO – für bis zu **zwei Monate** gehemmt werden. Die nach § 10 Abs. 1 S. 1 EGStPO gehemmte Frist des § 229 Abs. 1 StPO endet nach § 10 Abs. 1 S. 1 EGStPO frühestens **zehn Tage** nach Ablauf der Hemmung. Eine Hauptverhandlung, die zuvor noch nicht an mindestens zehn Tagen stattgefunden hat, kann im Ergebnis nach § 10 Abs. 1 S. 1 EGStPO iVm § 229 Abs. 1 StPO also **maximal drei Monate** (genau genommen zwei Monate und einunddreißig Tage) unterbrochen werden, wenn die Hauptverhandlung aufgrund von Corona-Schutzmaßnahmen nicht durchgeführt werden kann.

- Eine Hauptverhandlung, die zuvor bereits an **mindestens zehn Tagen** stattgefunden hat, darf nach § 229 Abs. 2 StPO – unabhängig von der COVID-19-Pandemie – für bis zu **einen Monat** unterbrochen werden. Der Lauf dieser Monatsfrist kann nun – nach Maßgabe des § 10 Abs. 1 S. 1 EGStPO – also für

---

[45] BT-Drucksache 19/18110, S. 33.
[46] OLG Hamburg, Beschl. v. 14.4.2020 – 2 Ws 54–55/20, BeckRS 2020, 7013.
[47] OLG Hamburg, Beschl. v. 14.4.2020 – 2 Ws 54–55/20, BeckRS 2020, 7013.

bis zu **zwei Monate** gehemmt werden. Die nach § 10 Abs. 1 S. 1 EGStPO gehemmte Frist des § 229 Abs. 2 StPO endet nach § 10 Abs. 1 S. 1 EGStPO ebenfalls frühestens **zehn Tage** nach Ablauf der Hemmung. Eine Hauptverhandlung, die zuvor bereits an mindestens zehn Tagen stattgefunden hat, kann im
Ergebnis nach § 10 Abs. 1 S. 1 EGStPO iVm § 229 Abs. 2 StPO also **maximal
drei Monate und zehn Tage** unterbrochen werden, wenn die Hauptverhandlung aufgrund von Corona-Schutzmaßnahmen nicht durchgeführt werden kann.

d) Sonderfall: Haftsache. Das OLG Celle und das OLG Braunschweig ha- 49
ben – das OLG Celle hierbei bereits unter der Ägide der Neuregelungen des § 10
EGStPO – jüngst festgestellt, dass die Aussetzung einer Hauptverhandlung in einer
Haftsache zum Schutz vor der Ausbreitung des Corona-Virus dann nicht gerechtfertigt sei, wenn sie ohne jegliche Begründung ergeht und der **erneute Verhand-
lungsbeginn ungewiss** ist.[48]

2. Zur Regelung des § 10 Abs. 1 S. 2 EGStPO

Nach § 10 Abs. 1 S. 2 EGStPO stellt das Gericht – also nicht der Vorsitzende 50
allein – Beginn und Ende der Hemmung iSd § 10 Abs. 1 S. 1 EGStPO durch einen
unanfechtbaren Beschluss fest.

Nachdem die Formulierung in § 10 Abs. 1 S. 1 EGStPO jedoch „ist […] ge- 51
hemmt" lautet und dementsprechend die Hemmung nach § 10 Abs. 1 S. 1
EGStPO von Gesetzes wegen eintreten dürfte, dürfte dem Beschluss iSd § 10
Abs. 1 S. 2 EGStPO wohl primär **deklaratorische Wirkung** zukommen. Konsti-
tutive Wirkung dürfte einem Beschluss iSd § 10 Abs. 1 S. 2 EGStPO mithin nur insofern zukommen, als dieser den genauen Zeitraum der Hemmung unanfechtbar
feststellt.

Die Regelung in § 10 Abs. 1 S. 2 EGStPO entspricht der Regelung in § 229 52
Abs. 3 S. 3 StPO.

III. Zu den Regelungen des § 10 Abs. 2 EGStPO

Nach § 10 Abs. 2 EGStPO gelten die Regelungen des § 10 Abs. 1 EGStPO ent- 53
sprechend für die Frist zur **Urteilsverkündung** gemäß § 268 Abs. 3 S. 2 StPO.

1. Zur Regelung des § 268 Abs. 3 StPO

Nach § 268 Abs. 3 S. 1 StPO soll ein Strafurteil grundsätzlich am Schluss der 54
Hauptverhandlung verkündet werden. Nach § 268 Abs. 3 S. 2 StPO muss ein Urteil
allerdings **spätestens am elften Tag** nach dem Schluss der mündlichen Verhandlung verkündet werden.

Die durch § 268 Abs. 3 S. 2 StPO eröffnete Möglichkeit, einen **Verkündungs-** 55
termin zu bestimmen, soll einem Strafgericht in umfangreichen oder schwierigen
Sachen eine ausführlichere Beratung ermöglichen.[49] In umfangreicheren Verfahren
ist es in der Praxis dementsprechend auch durchaus üblich, dass nach den Schluss-

---

[48] OLG Braunschweig, Beschl. v. 25.3.2020 – 1 Ws 47/20, BeckRS 2020, 4624; OLG Celle,
Beschl. v. 6.4.2020 – 2 HEs 5/20, BeckRS 2020, 6511.

[49] KK-StPO/*Kuckein/Bartel* § 268 Rn 9.

vortrügen und dem letzten Wort des Angeklagten unterbrochen wird, damit das Gericht sodann ausreichend Zeit zur Beratung hat.[50]

56   Die mit elf Tagen relativ kurz gefasste Frist des § 268 Abs. 3 S. 2 StPO soll hierbei sicherstellen, dass *„die Schlussvorträge und das letzte Wort bei der Beratung allen Richtern noch lebendig in Erinnerung sind".*[51]

57   Wird die Frist nicht gewahrt, ist nach § 268 Abs. 3 S. 2 StPO mit der Hauptverhandlung **von Neuem** zu beginnen.[52] Das Verfahren wird nach § 268 Abs. 3 S. 2 StPO also in denjenigen Stand **zurückversetzt,** den es nach Eröffnung des Hauptverfahrens und Zulassung der Anklage hatte.

58   Eine **Verlängerung** der Frist des § 268 Abs. 3 S. 2 StPO in entsprechender Anwendung des § 229 Abs. 2 StPO kommt *nicht* in Betracht, da § 268 Abs. 3 S. 3 StPO gerade *nicht* auf § 229 Abs. 2 StPO verweist.[53]

59   Allerdings verweist § 268 Abs. 3 S. 3 StPO ausdrücklich auf § 229 Abs. 3 StPO, weshalb die Frist während der Dauer einer in der Unterbrechungszeit eingetretenen **Erkrankung** des Angeklagten oder eines Richters – oder im Fall von Mutterschutz oder Elternzeit bei einem Richter – gehemmt ist.[54]

60   Zudem verweist § 268 Abs. 3 S. 3 StPO auch auf **§ 229 Abs. 4 S. 2 StPO** (Stichwort: Sonnabend, Sonntag oder Feiertag), so dass sich die Frist nach Maßgabe dieser Norm entsprechend verlängert.

61   Schließlich verweist § 268 Abs. 3 S. 3 StPO auch auf **§ 229 Abs. 5 StPO,** so dass diese Regelung Anwendung findet, wenn die Urteilsverkündung wegen einer vorübergehenden **technischen Störung** nicht fristgerecht möglich ist.

62   Die bisherigen Regelungen in § 268 Abs. 3 StPO wären allein eindeutig nicht geeignet gewesen, sachgerecht auf die Folgen der **COVID-19-Pandemie** zu reagieren.

2. Zu den Voraussetzungen und Folgen des § 10 Abs. 2 EGStPO

63   Nach § 10 Abs. 2 EGStPO gilt § 10 Abs. 1 EGStPO „entsprechend" für die in § 268 Abs. 3 S. 2 StPO genannte Frist zur Urteilsverkündung.

64   Folglich wird man die Regelung des § 10 Abs. 2 EGStPO letztlich wie folgt lesen müssen:

> *„Die Frist zur Urteilsverkündung in § 268 Abs. 3 S. 2 StPO ist gehemmt, solange das Urteil aufgrund von Schutzmaßnahmen zur Verhinderung der Verbreitung von Infektionen mit dem SARS-CoV-2-Virus (COVID-19-Pandemie) nicht verkündet werden kann, längstens jedoch für zwei Monate; diese Frist endet frühestens zehn Tage nach Ablauf der Hemmung. Beginn und Ende der Hemmung stellt das Gericht durch unanfechtbaren Beschluss fest."*

Ist also eine Urteilsverkündung binnen der Frist des § 268 Abs. 3 S. 2 StPO aufgrund von Corona-Schutzmaßnahmen (vgl. hierzu oben die Darstellung zu § 10

---

[50]   MüKoStPO/*Moldenhauer* § 268 Rn. 28.
[51]   BGH Beschl. v. 20.6.2007 – 1 StR 58/07, NStZ-RR 2007, 278.
[52]   BeckOK-StPO/*Peglau,* Stand: 1.1.2020, § 268, Rn. 15.
[53]   KK-StPO/*Kuckein/Bartel* § 268 Rn. 9; MüKoStPO/*Moldenhauer* § 268 Rn. 29; BGH Beschl. v. 11.2.2003 – 4 StR 5/03, NStZ 2004, 52; BGH Beschl. v. 30.11.2006 – 4 StR 452/06, NStZ 2007, 235; BGH Beschl. v. 20.6.2007 – 1 StR 58/07, NStZ-RR 2007, 278; BGH Beschl. v. 14.5.2014 – 3 StR 130/14, BeckRS 2014, 11834.
[54]   KK-StPO/*Kuckein/Bartel* § 268 Rn 9.

Abs. 1 EGStPO) nicht möglich, so wird der Lauf der Frist des § 268 Abs. 3 S. 2 StPO durch die Regelung des § 10 Abs. 2 EGStPO für längstens **zwei Monate** gehemmt.

Hierbei greift wiederum auch die Regelung in § 10 Abs. 1 S. 1 EGStPO, wonach **65** die gehemmte Frist des § 268 Abs. 3 S. 2 StPO frühestens zehn Tage nach Ablauf der Hemmung endet.

Somit ergibt sich also folgender **Maximalzeitraum** für die Verkündung eines **66** Urteils:

- Nach **§ 268 Abs. 3 S. 2 StPO** muss ein Urteil – unabhängig von der CO-VID-19-Pandemie – spätestens am **elften Tag** nach dem Schluss der Verhandlung verkündet werden.
- Die Frist des § 268 Abs. 3 S. 2 StPO kann nach **§ 10 Abs. 2 iVm § 10 Abs. 1 S. 1 EGStPO** nun im Fall von Corona-Schutzmaßnahmen für bis zu **zwei Monate** gehemmt werden.
- Die nach § 10 Abs. 2 iVm § 10 Abs. 1 S. 1 EGStPO gehemmte Frist des § 268 Abs. 3 S. 2 StPO endet hierbei nach § 10 Abs. 2 iVm § 10 Abs. 1 S. 1 EGStPO frühestens **zehn Tage** nach Ablauf der Hemmung.
- Ein Urteil muss im Fall von Corona-Schutzmaßnahmen also **spätestens** an dem Tag verkündet werden, der **zwei Monate und einundzwanzig Tage** nach dem Schluss der Hauptverhandlung liegt.

IV. Zur „automatischen" Aufhebung von § 10 EGStPO zum 27. 3. 2021

In Art. 4 des COVFAG ist ein **„automatisches Verfallsdatum"** vorgesehen, **67** wonach § 10 EGStPO – in der durch Art. 3 des COVFAG geschaffenen Fassung – zum 27. 3. 2021 aufgehoben wird. Die Geltungsdauer des neugefassten § 10 EGStPO ist also von vornherein auf ein Jahr befristet.

Sachverzeichnis